혁신국가의 敵들

ICT시대의 리더십을 말하다

나남
nanam

나남신서 1935

혁신국가의 적(敵)들

ICT시대의 리더십을 말하다

2017년 9월 8일 발행
2017년 9월 25일 2쇄

지은이   白起承
발행자   趙相浩
발행처   (주) 나남
주소   10881 경기도 파주시 회동길 193
전화   (031) 955-4601(代)
FAX   (031) 955-4555
등록   제 1-71호 (1979.5.12)
홈페이지   http://www.nanam.net
전자우편   post@nanam.net

ISBN 978-89-300-8935-7
ISBN 978-89-300-8655-4 (세트)

나남신서 1935

혁신국가의 敵들

ICT시대의 리더십을 말하다

백기승 지음

나남
nanam

성공과 실패에 대한 집착

성장과 분배에 대한 망상

경쟁과 생존에 대한 간섭을

끊어 내지 못하면

미래는 없다.

프롤로그

20년 만에 세상에 내놓는 두 번째 책이다. 공부와 담을 쌓고 산 사람은 아니지만, 그렇다고 팔자에 천문(天文)이 두 개쯤 들어 있어 학자가 천직이어야 할 팔자도 아니다. 그런데 이게 학교를 다니며 학위를 딸 여건은 주어지지 않으면서 먹고살기 위해서는 늘 새로운 일과 생각을 찾아 탐구하고 배워야 하는 팔자니, 힘은 더 들고 별로 대접은 받지 못하는…, 그래서 그리 좋은 팔자는 아닌 것만은 확실하다.

어찌 됐든 그 덕분에 학문적으로 깊이 있는 연구서는 아니지만 현장에서 이것저것 부딪치고 경험한 잡(雜)놈의 눈으로 바라본 세상의 문제들에 대한 제안서를 두 권(券)이나 쓸 수 있게 된 것에 그저 감사할 따름이다.

정치외교학을 전공한 내가 한국인터넷진흥원 원장이 되자 세간에서는 '하늘을 날아 떨어진 어공 낙하산'〔이런저런 구설(口舌)을 뭉

뚱그려 한마디로 정리하자면 …)이라며 걱정들을 태산같이 했다. 내
놓고 반대한다는 분들도 계셨던 것 같고 … . 과연 전문가란 누구며
무엇을 하는 사람인가?

　문제는 이미 알고 있고 해법은 보이지 않을 때 우리는 전문가를
필요로 한다. 그 분야에 오래 있었다고 문제를 풀 수 있는 상황이
아닌 경우가 풀 수 있는 경우보다 많은 게 세상사다. 기술만으로 보
안이 해결되지 않으며, 기술만으로 정보통신기술(ICT)의 경쟁력이
나오지 않는 시대로 바뀌었는지도 모르는 현실인식을 가지고 오히
려 나를 향해 "전문가가 아니어서 …"라고 했던 분들께 시대가 바뀌

었음을 보여 드리기 위해 죽자고 일했다.

누구보다 스스로를 사랑하는 나이기에 자칫 구겨질 수 있는 자존심을 지키기 위한 사투(死鬪)가 시작됐다. 하루 4시간이 넘지 않는 잠을 자며, 오가며 흔들리는 차 안에서도 기술의 디테일까지는 아니지만 최소한 작동의 이치와 파급효과는 알아먹으려 공부하고 묻고 배워 나갔다.

사실 이건 나의 자존심을 위한 사투일 뿐만 아니라, 가뜩이나 이리 치이고 저리 차이는 풀죽은 공공기관의 장(長)으로서 나를 바라보는 직원들의 자긍심을 세워 주는 일이기도 했다.

헌데 이렇게 나와 직원들의 존재, 기관의 존립 이유 하나하나마다에 담긴 의미를 생각하다 보니 이게 우리의 자존심 따위를 지키는 단순한 문제가 아니라 ICT시대, 4차 산업혁명시대의 성공과 실패에 대한 책임이 걸린 문제이자 장기침체에 지친 우리 경제가 재도약을 이루어 내느냐 못 내느냐, 즉 국가의 명운(命運)이 달린 문제라는 사실을 불행히도 알게 된 것이다.

'거시기(?) 진흥원'이라 붙은 무수한 기관들의 명칭에 박혀 있는 '진흥'(振興)의 의미를 곱씹어 보면서, 부임 첫해 아무것도 모르는 상태에서 "국가와 사회의 시스템과 분위기까지 바뀌게 하는 것이 진흥원의 역할이자 존재 이유"라며 "변해야 한다!"고 여기저기 흔들어 댔다.

그러다가 좀체 변하지 않는 공공(公共)의 속성과 여간해서는 바

뛸 수 없는 구도가 눈에 보이기 시작한 두 번째 해부터는 "이렇게 하고도 당신들이 ICT 경쟁 실패의 책임을 면할 수 있겠느냐?"는 엄포를 늘어놓기 시작했다. "데이터 없는 지능정보사회 구축과 4차 산업혁명의 선도를 운운하는 것은 대국민 사기극"이라고 을러대면서 말이다.

3년 차가 되다 보니 얼추 다 보이는데 이제 시간이 없었다. 국가나 나의 임기(任期)나⋯. 목소리를 높이다 지쳐 이제 아예 글로 남겨 볼까 한다.

이 글은 대한민국이 20년째 문턱을 넘지 못하는 소득 3만 달러 시대를 열고자 쓰는 것은 아니다. 하지만 왜 우리에게는 그 문이 열리지 않는지 이유를 생각해 보고, 어떻게 그 문턱을 넘을 것인지를 놓고 쳇바퀴 돌며 방황하는 논의를 멈추고, 일단 '그 길로 나가는 마지막 열차에 몸은 싣고 보자'는 간절함이라도 끌어내 보자는 속셈이 깔려 있음을 까놓고 밝힌다.

'책임'이라는 단어에는 누군가에게 맡겨진 '영역'이란 뜻과 동시에, 누군가 끝까지 해내야 하는 일이라는 '의무'의 뜻도 함께 내포되어 있다. '책임'의 영어 단어인 responsibility는 '대응'의 'response'와 '역량'의 'ability'가 합쳐진 단어다. 결국 '책임을 진다'는 의미는 대응 역량을 갖추고 지켜 냈을 때 완결되는 것이다.

우리 ICT와 정보보호 관계자들에게 주어진 시대적 책임은 이것을 기반으로 나라와 경제의 안정된 성장과 국가와 국민의 안전을 지켜 내는 일이다. 이보다 앞서는 책임도, 이보다 무거운 책임도 없다. 그래서 그게 가능한 구조로, 시스템으로, 패러다임으로 바꾸어 나가자는 것이다. 이제 말로만이 아니라 행동으로 책임을 지자는 것이다.

자, 지금부터 그 이야기를 시작해 보자.

2017년 8월

백 기 승

• 이 책은 한국인터넷진흥원 원장 재임 중 쓴 글과 언론에 기고한 일부 글들을 보완 편집한 것임을 밝혀 둔다.

ICT시대, 광속의 리더십은 어디에 …

18세기 영국에서 시작된 산업혁명은 완성되기까지 300년이 걸렸다. 영국의 산업혁명이 유럽의 주요 국가와 러시아 등지로 확산되는 데에도 100년의 세월이 소요됐다. 1853년 미국의 페리 제독이 몰고 온 흑선(黑船, くろふね) 사건으로 시작된 일본의 산업화도 100년 가까이 걸렸다.

어느 정도의 시간적 여유(?)가 있는 기술혁신이었기에 200여 년을 뒤처져 시작한 우리가 불과 30년 만에 선진국들을 따라잡으며 '한강의 기적'을 이뤄 낼 수 있었다. 당시 우리가 외쳤던 '세계의 100년은 우리의 10년'이라는 구호를 다들 기억하고 있으리라.

1990년대 중반 불붙기 시작한 인터넷 열풍이 세상을 장악하는 데는 불과 10여 년 남짓밖에 걸리지 않았다. 하지만 더욱 놀라운 것은 앞으로는 인공지능(AI: *Artificial Intelligence*)이나 사물인터넷(IoT: *Internet of Things*), 로봇 같은 미래 정보통신기술(ICT: *Information*

11

and Communications Technologies)이 그보다 훨씬 빠른 시간 안에 세상을 주도하며 시장의 성패를 결정지을 것이라는 점이다. 이처럼 상상키 어려운 인터넷 세상의 변화 속도를 따라잡으려면 우리나라가 산업화시대에 발휘했던 '10배' 속도에 '3~4배'를 곱한 속도를 내지 않고서는 승산(勝算)이 없어 보인다.

빠르게 진행되는 ICT 혁명이 무서운 진짜 이유는 '똑같이 기술을 가졌다고 해서 내가 상대를 이길 수 없다'는 데 있다. ICT시대의 기술은 단지 기술(technology)만을 의미하는 것이 아니라 콘텐츠(contents)와의 융합을 의미한다. 이용자들이 빠져드는 매력적인 플랫폼을 선점한 쪽이 시장의 정보를 독점하고, 이런 빅데이터를 활용해 창의적 신제품과 서비스가 만들어지는 구조이기 때문이다. 사랑만으로 가질 수 없는 사람이 있다는 노랫말처럼 기술만으로는 가질 수 없는 시장으로 빠르게 바뀌고 있는 것이다.

이처럼 높아 가는 미래시장의 진입장벽 앞에 신음이 절로 터져 나오는 상황이지만, 왠지 우리는 태평스러운 듯하다. 가진 것들을 지키려 구(舊)시대적 마인드와 시스템을 고집하고, 누구와도 진정한 협업을 하지 않으며, 책임질 만한 어떠한 결정도 내리지 않는 오늘 대한민국의 모습은 딴 세상처럼 여유로워 보이기까지 한다.

리더십은 해묵은 갈등과 담론의 쳇바퀴에 발목이 잡혀 있고, 공직은 무한반복의 '베끼기'와 '눈치 보기'에, 학계와 협·단체들도 그저 눈앞의 이해에 따라 입장 바꾸기에 바쁘다 보니 미래에 대한 성찰과 고뇌는 하는 듯 마는 듯 더디고 어설프다.

정작 우리가 준비해 왔고 앞서 나갈 수 있는 ICT시대가 코앞에 펼쳐지는데 '형식논리에 매몰된 현실'은 안타깝고 '본질로 채워지지 않는 미래 준비'는 우려스럽기만 하다.

지금처럼 하고도 과연 우리가 폐허에서 OECD 회원국이 되기까지 공들여 쌓아 온 경제적 위상과 역량을 지켜 낼 수 있을까? 반복되는 아날로그시대의 갈등과 대립에 막혀 새 시대로 한 발짝도 나아갈 수 없는 현실이 꼭 치러야 할 대가(代價)라면 300년의 미래와 맞바꾸는 참으로 값비싼 손실(損失)이다.

'시대가 변했다.' 삼척동자도 알 만큼 변해도 엄청나게 변했다. 아날로그시대의 논쟁을 뛰어넘어 국가와 국민을 이끄는 '광속(光速)의 ICT 리더십'이 필요한 때다. 과거에 대한 정리도 중요하지만 기다려 주지 않는 미래 변화 앞에서 우리가 무엇을 선택해야 하는지는 자못 분명하다.

새로운 시대를 향해 현명하게 오늘을 뛰어넘는 '초월(超越)의 리더십'이 필요하다. 기술로 따라잡은 하드웨어 경제 시절의 여유를 똑같이 부리다가 ICT의 기치를 누구보다 먼저 드높여 온 우리가 혁신과 창의 경쟁에서 뒤진다면 이보다 더 억울한 일이 있겠는가? 더욱이 그로 인해 세계경제와 우리 경제 사이에 더 이상 따라잡을 수 없는 '영원한 격차'가 생긴다면 그 뼈아픈 책임은 누가 져야 하는가?

주목받는 독일의 제조혁신전략 '인더스트리 4.0'의 롤 모델이 바로 우리나라의 ICT 성장정책이라고 한다. 그러나 우울한 아이러니는 지금 우리가 이를 마치 미래를 앞서가는 선진국의 독창적인 정책인 양 다시 베껴 들여오고 있다는 점이다.

'패스트 팔로어(fast follower) 시절에 통했다'는 이유로 창의적 결정과 열정적 책임은 미룬 채 고민 없이 모방하는 '정책 답습(踏襲)'으로는 답이 없다. 독일의 '인더스트리 4.0'에서 배울 점이 있다면 '그들은 누구의 것을 보고 착상했든 세워진 전략을 보고(報告)만 한 게 아니라 실행(實行)에 옮겼다'는 것이다.

전쟁의 폐허에서 기적을 일으킨 나라, 원조 받던 상황에서 일어나 원조를 주게 된 나라, 미래를 선도하는 ICT 강국인 대한민국은 이제 그 실행과 결과를 세계가 주목하는 나라가 되었다. 이제 우리는 우리의 답을 실행을 통해 세상에 보여 주어야 한다. 갈 길이 먼 이들에게도 희망이지만, 갈 길이 없는 우리 스스로에게 희망의 불씨가 될 것이기 때문이다.

이 책은 '세상은 다 아는데 우리만 모르는' 우리들의 문제와 반드시 되찾아야 할 경제 주역들의 소명의식, 나아가 혁신 한국을 가로막는 내부의 적(敵)들에 대해 이야기하려 한다. 이 시대의 ICT 리더에게 절실하게 요구되는 안목과 통찰, 세계와 마주해야 하는 이유를 살펴보고 그 답은 언제나 현장에 있다는 사실도 함께 공유하고자 한다.

이 책을 통해 ICT로 열어야 하는 대한민국의 큰 미래를 모두가 같은 그림으로 그려 낼 수 있게 되기를 기대해 본다.

혁신국가의 적(敵)들

ICT시대의 리더십을 말하다

차례

제1장

—

대한민국 ICT,

'상실의 시대'에 직면하다

대한민국 위기의 본질

'브렉시트'(Brexit)로 불리는 영국의 유럽연합(EU) 탈퇴와 트럼프 대통령 집권 이후 미국의 보호무역주의 회귀 움직임 등으로 유럽뿐만 아니라 세계경제에 대한 불안감이 점점 커지고 있다.

1997년 'IMF 사태'와 2008년 '글로벌 금융위기'의 직격탄을 맞았던 우리 산업계와 국민들은 아직도 그때의 고통스러운 기억을 지워 내지 못한 탓에 이 같은 세계경제 상황변화에 매우 민감하게 반응하며, 이러한 우려가 경제사회 전반에 곧바로 파급되는 현상이 두드러지게 나타난다. 이러한 심리적 위축은 과감한 도전과 혁신이 요구되는 ICT 분야의 산업 활성화와 내수 진작(振作)에도 부정적 영향을 미치며 악순환의 고리로 작용하게 된다.

국가나 경제의 성쇠(盛衰)는 세계경제와 국제정세 같은 외부적 요소와 국가전략, 산업생태계, 정치 수준, 인프라 기반, 인적 자원 같은 내부적 요소의 상호작용 내지 힘겨루기에 의해 좌우된다. 그 실례로, 실리콘밸리를 뛰어넘는 '핀테크'산업 투자성장률로 글로벌 '핀테크'산업의 중심지로 떠오른 영국의 ICT 신(新)산업 전망에 브렉시트의 여파로 어두운 그림자가 드리워지고 있다. 반대로, 핀란드는 '노키아'를 잃었음에도 이를 반전의 기회로 삼아 매우 경쟁력 있는 스타트업 생태계를 구축해 냈다.

우리나라도 분단과 전쟁이라는 최악의 여건을 국가적 리더십과 국민적 성실함으로 딛고 일어서 '한강의 기적'을 만들어 냈으며, 그 신화를 이어 왔다.

'위기'는 불행한 외부 요인에 의해서도 나타나지만 대부분의 경우 누구에게나 닥칠 수 있는 외부 요인의 '불안정성'을 내부의 힘으로 극복하지 못하거나, 주어진 '기회'를 내부 요인으로 제대로 활용하지 못할 때 나타나게 된다. 하드웨어 중심에서 소프트웨어 중심으로, 기술의 보유(保有)를 넘어 플랫폼 선점(先占) 경쟁으로 바뀌는 미래의 패러다임 변화를 읽어 내지 못하거나, '보여주기'식 실적주의와 '베끼기' 수준의 정책 답습을 끊어 내지 못할 때가 바로 '위기'인 것이다.

'위기'를 성공적으로 타개하기 위해서는 미래 변화가 가진 위험과 기회의 양면에 대해 균형적 판단을 내리고 이에 걸맞은 경제사회 생태계의 재(再)구성을 통해 국민적 역량을 극대화해야 한다.

모든 사람들이 입만 열면 '위기'를 말하지만 정작 우리의 위기관리 실상은 어떠한가? 지금 우리는 이 위기의 본질은 이해하고 있는가? 혹여 위기의 대외적 요인을 부각하며 우리 스스로는 통제할 수 없는 부분에 책임을 전가하기 위해 골몰하고 있지는 않은가?

방향도 없이 마음만 서두르도록 몰아붙이는 과도한 위기론 확산이나, 무차별적 기업 때리기 같은 '속죄양 만들기'는 더 이상 안 된다. 지금 우리에게 필요한 것은 불필요한 간여나 과도한 비난이 아니라, 우리를 둘러싼 내외적 요인들 사이에서 국가가 나아갈 방향을 확실히 하고 추진 기반이 갖춰지도록 면밀하게 점검하고 준비하는 일이다.

가장 먼저 점검할 항목은 '우리가 미래 변화에 대한 방향성을 세워 놓고 있는가?'이다. 2007년 애플 아이폰이 등장한 이후, 노키아의 몰락과 애플의 성장 원인에 대해 많은 전문가들은 "노키아가 새로운 혁신에 대한 투자를 소홀히 했다"고 지적했다. 하지만 동일 시기의 투자 규모를 비교한 〈월스트리트 저널〉에 따르면, 10년간의 R&D 투자에서 노키아는 무려 애플의 4배에 달하는 비용을 지출한 것으로 나타났다. 결국, 문제는 혁신의 의지도 비용도 아니었다. 혁신의 방향성이었다.

국가 운영도 마찬가지이다. 혁신을 시도하는 것 자체가 중요한 게 아니라 통시(通視)적 관점으로 위기대응전략과 혁신의 방향성을 제대로 정립하는 것이 필요하다. 각 분야의 제대로 된 전문가들이 미래전략 드림팀으로 구성되어 미래의 먹거리를 찾고 국민이 기대하는 정책 성과물을 만들어 내기 위해 국가적 지혜와 역량을 모아 나가야 한다. 급한 불이나 우선 끄고 보자는 식의 미시(微視)적 대응과 단기적 성과에 치우친 반쪽짜리 정책들은 우리 산업과 국가가 같은 자리를 맴돌다 에너지만 소진하게 만들 것이다.

제조업 중심의 산업화 단계를 단시간에 뛰어넘어 대한민국을 ICT 강국으로 거듭나게 한 것은 지난날 반도체와 무선통신의 가능성을 미리 내다보고 드라이브를 걸었던 과감한 정책 리더십이었음을 되새겨 보자.

　제대로 된 국가전략이 정립되었다면 그 다음은 이를 추진하기 위해 새로운 ICT시대의 가치에 부합하도록 구태를 타파하고 체질을 혁신해야 한다. 연결과 융합이 가능한 ICT 신산업생태계 조성을 위해 기존 산업에 맞추어 세워진 법제도와 가치체계의 개편 필요성에는 공감하면서도, 실질적으로 담장을 허물고 현장에서의 변화를 실천하는 것은 자신들의 몫이 아니라고 여기는 경우가 대부분이다. 산업 분야를 넘나드는 ICT 융합은 가속화되는데 분절적인 협력체계의 개선은 미진하고, 신산업생태계 정착을 위해 중장기적 보살핌이 절실한데도 여전히 단기성과만 헤아리는 공무원 평가체계는 바뀌지 않아 정책의 실효성과 책임성을 약화시키고 있다. 기업도 다르지 않다. 전(全) 산업 영역에 ICT가 장착되고 있지만 그에 따라 보안 책임을 강화하는 일에는 아직도 머뭇거리고 있다.

　새 시대로 나아갈 새로운 배를 마련하고도 아직도 구멍 뚫린 낡은 배에서 옮겨 타지 못하고 있는 것이다. 이제 새로 지은 배의 전속 항행을 위해 돛과 노를 바꾸고 추진력을 높여 주어야 한다.

　마지막으로, 미래를 위한 국가전략과 변화 의지를 국민들이 충분히 체감하고 공감대를 형성할 때 정부와 산업은 국민의 신뢰를 회복하고 발전 동력을 얻을 수 있다.

2015년 경제협력개발기구(OECD) 보고서에 따르면 우리나라 국민들의 정부신뢰도는 34%로, OECD 평균 41.8%에 비해 8% 가까이나 낮은 수준이다. 우리보다 국민들의 정부신뢰도가 낮은 나라는 이탈리아와 그리스같이 주로 재정위기에 처한 국가들이라는 점에서 국가에 대한 믿음의 중요성을 다시 한 번 체감하게 된다.

SNS 등을 통해 시시각각 정책에 대한 평가와 감시가 이루어지는 오늘날, 국민들은 현장과 긴밀하게 연결되어 지속발전 가능한 산업정책을 만들어 내는 투명한 정부를 갈구한다. 기업들도 국민이 기꺼이 제공하는 정보들을 활용해 새로운 가치와 서비스를 만들고자 한다면 국민들이 신뢰할 수 있는 책임성 있는 정보보호와 활용태도를 먼저 보여 주어야 한다. 이렇게 쌓인 신뢰 위에서 정부·기업·국민은 더욱 효율적으로 혁신과 도전에 임하며 미래의 가능성을 열어 갈 수 있을 것이다.

역사적으로 지속된 갈등구조와 이데올로기적 대립 탓인지, 우리는 위기를 이야기함에 있어 네 탓 vs 내 탓, 안 vs 밖, 정부 vs 민간 등 이분법적 책임공방에 매몰되는 경향이 강하다. 국가적 위기가 상대의 정책적 과오를 지적하기 위한 수단이나 일부 소수의 사욕을 채우는 방편으로 악용될수록 우리는 위기의 본질과는 멀어진 해법들을 강구하게 될 것이다.

현대를 지배하는 유일한 이데올로기는 자본주의도 사회주의도 아닌 '먹고사니즘'이란다. 다가올 미래에 대해 우리가 '인본'(人本)

과 '생존'(生存)이라는 가장 기본적인 문제를 고민해야 한다는 것은 지금 우리 앞에 닥친 '위기'가 얼마나 중차대한 것인지를 반증한다. 기회의 순간을 영원히 놓치지 않기 위해 지엽말단(枝葉末端)적 '시늉'이 아니라, 본질을 꿰뚫는 진단과 처방을 '실행'하자.

부끄러운 자화상

최근 이목(耳目)을 끄는 나라가 하나 있다. 유럽 동북부에 자리한 인구 130만의 작은 나라 '에스토니아'가 그곳이다. 블록체인을 기반으로 한 전자정부 시스템 'e레지던시' 프로그램을 통해 각종 국가행정 서비스를 온라인으로 손쉽게 처리하도록 운영 중인 진짜 'IT 강국'이기 때문이다.

에스토니아 국민은 우리나라의 신용카드와 비슷하게 생긴 신분증을 가지고 있다. 얼핏 보면 우리의 주민등록증과 별 다를 바 없어 보이지만, 디지털 인증서가 내장되어 온라인에서도 이 신분증 하나로 웹사이트 가입과 인터넷뱅킹은 물론, 정부가 제공하는 각종 서비스까지 카드리더(card reader)와 간단한 로그인 절차만으로 이용할 수 있다.

단지 획기적으로 운영 중인 전자정부 시스템 때문만은 아니다. 내가 주목한 점은 에스토니아 정부의 민첩함이었다. 35세의 젊은 수상을 둔 에스토니아 행정부는 특히, IT 관련 분야의 공무원들이 상당 부분 스타트업 종사자 출신 및 현직 엔지니어들로 이루어져 있는 것이 특징이다.

ICT 분야의 발전 속도를 감안한 실험적이고도 예리한 감각들이 '작지만 강한' ICT 강국을 만들지 않았나 싶다. 젊은 인재를 편견

없이 등용하고 그 속에 연륜과 경험을 녹여 내어 조화로운 정책환경을 만들어 가는 동력이 우리에게 부족한 건 사실이지 않은가?

이른바 안정되게 성장하며 잘나가는 나라들에게는 한 가지 공통점이 있다. 관(官)이나 민(民)을 떠나 정치·경제·사회 각 부문의 조직과 담당자들이 최소한 자신들에게 주어진 역할에 대해 분명하게 알고 있으며, 무슨 일이 있더라도 최선을 다해 책임을 완수하려한다는 것이다. 그러한 나라들에는 국민들이 낸 세금을 국민보다 낮은 자세로 아껴 쓰며 봉사를 몸소 실천하는 깨어 있는 정치인들과, 사회적 책임을 다하며 기업가정신을 발현하는 기업가들이 많은 것이다.

또한 어떠한 반지성적 포퓰리즘이나 유혹에도 분연히 맞서 행동하는 지식인들의 '타협하지 않음'이 온존하고, 질서와 배려로 공동체의 발전에 자발적으로 동참하는 국민들이 함께한다. '부러우면 지는 거'라는데…, 솔직히 부럽다.

물론 혹자는 "그러한 나라들에서 일상화된 무관용의 법제도나 시민들의 몰인정한 고발정신, 무자비한 여론 지탄 등 인간미 없고 개탄스러운 현실의 부정적 측면은 외면하고 있다"고 반박하고 싶을지 모른다.

하지만 그런 나라들이라고 인간적 배려가 왜 없겠는가? 다만 우리와의 차이점이라면 그네들은 적어도 법과 책임의 적용에 있어서는 한 치의 예외도 없이 누구나 동등하게 대한다는 것이다. 그에 반해 우리에게는 법도 대상에 따라, 책임도 상황에 따라 그때그때 다르게 적용하는 무원칙의 일반화가 만든 차이가 있을 뿐이다.

문제는 ICT 혁신이 이끄는 4차 산업혁명 이전에도 이러한 차이가 우리의 발전을 저해하는 장애요소로 작용하기는 했지만 성패를 좌우할 만큼 치명(致命)적이지는 않았다는 점이다. 이에 반해 융합과 연결, 협업, 공유, 개방을 근간으로 하는 유례를 찾기 힘든 과학과 기술변화의 소용돌이에 서 있는 지금, 이와 같은 '차이'가 만들어 내는 결과는 실로 만회가 불능한 절명적인 격차로 나타난다는 데 그 심각성이 있다.

유독 관심을 끄는 '블록체인 기술'은 중재자 없이 참여자들 사이의 계약과 확인을 통해 무엇보다 안전한 신뢰기반을 구축하며 운영되는 체계다. 이런 블록체인 기술이 변화의 화두가 되는 이유는, 그간 말도 안 되는 중재자(속칭 거간꾼)들이 활개 치며 왜곡시켜 온 우리 사회 각 분야의 순환 생태계에도 블록체인 개념이 도입된다면 실로 엄청나게 크고 본질적인 변화가 일어날 수 있다고 믿기 때문이다.

힘 있는 사람과의 관계가 곧 권력인 사회, 그래서 중간에서 '힘 좀 써주겠다'며 돈을 요구하고 그런 힘 있는 사람이 되기 위해 모두가 목을 매는 사회인 지금의 대한민국이 바뀌지 않고 미래의 변화와 성취를 논하는 것은 무의미하다.

다행히 촛불시위를 통해서 확인할 수 있었듯이 국민들은 이제 진정성 없는 거간꾼들이나 날로 거저먹으려는 생색꾼들은 빠지라며 '국민들 스스로 판단하고 결정하겠다'는 의지를 분명히 했다. 누가 진정성이 있는지, 상황을 변화시킬 수 있는 사람은 누군지 직접 고르고 당부하겠다는 것이다. 혁신을 기대하는 유권자들에 의해 민주주의가 블록체인 기반으로 작동하기 시작한 것이다.

갈수록 팍팍해지는 삶의 부담은 국민들로 하여금 이제까지와 달리 자신이 어렵게 마련해서 낸 세금이 어디에 어떻게 잘 쓰이는지 직접 확인하도록 부추기고 있다. 지금처럼 예산이 비효율적으로 흥청망청 쓰인다는 사실을 개탄하며 국민들이 매의 눈으로 꼼꼼히 들여다본다면, 과연 그 책임에서 자유로울 공무원들이 얼마나 될까? 국민의 피 같은 세금으로 자신들의 성과를 과시하기 위해 양산한 무(無)경쟁력 기업들, 무턱대고 곳곳에 만들어 놓고 방치하는 공간과 시설들, 도전정신을 훼손하는 과도한 창업 지원정책들이 과연 국민들의 눈에도 합당하게 비칠지 모르겠다.

이제는 정말 남의 것이 더 커 보인다고 빼앗으려 하지 말고, 조금이라도 더 많이 가지기 위해 다투지 말자. 있는 자리에서 각자에게 주어진 역할과 책임만큼은 죽을힘을 다해 실천해 보자. 지나간 과거가 아니라 다가올 미래를 위해 머리를 맞대고 손을 잡아 보자. 엄청난 일을 새롭게 추진하기보다 그간 내려놨던 책임감과 배려심을 약간 높이고, 말만 앞섰던 협력과 개방을 작게나마 시작해 보자. 각자가 각각의 영역에서 최선을 다해 키운 최고의 전문성으로 함께

뭉쳐 대한민국의 마지막 기회일지도 모르는 ICT 대도약을 힘차게
견인해 보자.

소소한 차이 vs 절명(絶命)적 차이

우리나라는 ITU(International Telecommunication Union)의 국가별 ICT 발전지수에서 2015년, 2016년 2년 연속 1위를 차지하며 2010년 이후 7년 동안 단 한 해를 제외하고 1위를 놓치지 않는 기록을 세웠다. 하지만 노동시장 유연성, 기술수준 등 WEF(World Economic Forum)의 세계경쟁력 지수평가 지표를 기반으로 스위스 은행 UBS(Union Bank of Switzerland)에서 근래 발표한 보고서에 따르면, 우리나라의 4차 산업혁명 준비순위는 139개 국가 중 25위에 머무른 것으로 나타났다.

스위스, 미국, 일본 등이 상위권에 자리했고 중국은 28위로 우리나라와 불과 3단계 격차밖에 나지 않는다는 사실을 감안하면 우물쭈물하다가 놓쳐 버린 ICT 강대국의 지위가 더욱 실감나게 와닿는다. 쉽게 말해, '밭은 좋은데 농사를 제대로 짓지 못하고 있다'는 뼈아픈 증거다.

ICT 분야에 탄탄한 '줄기'를 세우기 위해 그토록 공(功)을 들여왔음에도 왜 이런 '간극'(間隙)이 생기는 걸까? ICT시대가 '우리에게 주어진 국가 재도약의 마지막 기회일 수 있다'는 점에서, 이게 사실이라면 미래의 존망(存亡)을 좌우할 위기적 간극이 아닐 수 없다. 일등의 인프라 자산을 보유하고, 다소 과하다 싶을 정도의 열정과 노력을 쏟고 있음에도 변화와 성과가 나타나지 않는다면 이는 분명 추진 시스템 어딘가에 문제가 생긴 것이다.

불평등과 불공정이 초래한 작금의 우리 현실은 가진 이들이 스스로가 먼저 나누어 주고 더 책임지는 나라가 아니라, 자신들이 더욱더 많이 가질 수 있는 나라를 만들기 위해 쉬쉬하며 책임은 줄이고 특권은 늘려 온 결과라고 할 만하다. 그로 인해 법제도는 존재하되 공정하게 작동하지 않고, 사회적 책임과 겸손은 형식과 허울에 그치며, 권세와 부(富) 모두를 가지려 끼리끼리 편을 먹고 다투는 과정에서 칸막이와 독식, 군림과 갑(甲)질의 반(反) ICT시대적 문화가 뿌리 깊게 박힌 것이다.

불행하게도 우리는 여기에 비극적 분단에서 비롯된 진영논리의 첨예한 대립까지 더해져서 명분과 목표가 양분되기 쉬운 구조에 처해 있다. 정치권은 '민생'이 아닌 '집권'을 위해 사활을 걸고, 공무원들은 정부마다 달라지는 노선과 평가 탓에 눈치와 안일로 일관하며, 기업들은 필사적 경쟁이 아니라 힘 있는 관계 모색에 치중하면서 성장성을 잃어버리는 악순환이 계속되어 왔다. 거리로 쏟아져 나온 사회적 욕구와 목소리들이 하염없이 공전(空轉)하는 사이 경제와 산업의 활력은 눈에 띄게 뒤처져 버렸다.

좁은 내수시장, 자본력의 한계, 협업능력 부족, 전시적 실적주의 등 다양한 요인들이 복합적으로 작용한 결과이겠지만, 무엇보다 심장(深長)한 결론은 국가의 ICT 관련 정책이 글로벌 경쟁력을 갖춘 기업을 생육(生育)하는 데 그다지 '효과적이지 못했다'는 것이다. 이런 관점에서 우리 ICT산업이 보다 탄탄하게 성장할 수 있도록 결단을 서둘러야 할 것 같다.

문제의 진짜(!) 본질

한국경제의 변곡점이었던 IMF 당시, '성장'과 '분배'를 마치 상충되는 가치인 양 과도하게 이분법적으로 대척(對蹠)시킨 때가 있었다. 동전의 앞뒷면과 같은 성장과 분배 관계는 "서로 조화될 때 제대로 된 '돈' 값을 한다"는 아주 단순 명료한 이치조차 배격되면서 각자의 진영논리에 의해 여전히 논쟁과 다툼의 원인이 되고 있다.

이런 근시안적 주장과 소아적 다툼에 의해 우리 산업의 활력은 빠르게 쪼그라들었고, 공무원들은 이 위기를 '시장의 타락과 무능 탓'이라 주장하며 자신들의 영향력을 넓히는 명분으로 삼았다. 그 결과 민간영역의 상당 부분을 공공(公共)으로 편입시켜 버리거나, 공공의 역할이 불필요한 분야로까지 그 영향력을 넓혀 가는 어리석은 결정들이 자행됐다. '공공성'을 내세운 집단 이기주의가 퇴직 후 자신들의 거처가 되어 줄 공기업들을 양산해 낸 것이다.

문제의 심각성은 공공시장 관리자들의 비(非)전문성과 몰(沒)혁신성에 있다. 또한 민간시장에 대한 과도한 정부 간섭이 더해져 우리 산업의 경쟁력은 끝을 모르고 추락하고 있는 것이다.

이제 가진 사람이 더 갖기 위한 성장은 무의미하다. 그렇다고 성장 없는 분배가 당연시되고, 우선 나눠 먹고 보자는 식도 곤란하다.

그렇다면 실질적인 해결책은 뭘까? 산업 수혜자 측면을 고려한 성장대책을 우선적으로 강구하는 것과 동시에, 성장의 결실을 필요로 하는 곳부터 투입하는 공정하고 효율적인 분배의 원칙이 세워져야 한다. 규모의 경제가 작동하지 않는 우리 현실에서 내수(內需)만으로 경제를 살린다는 논리가 더 이상 들어맞지 않는다는 것은 지금 우리 경제의 현실이 여실히 증명해 보이고 있다.

'부양'과 '성장'은 전혀 다른 차원의 이야기다. 재정의 투입으로 침체를 늦출 수는 있지만 그 사이 새로운 시장이 열리거나 경쟁력을 확보하지 못하면 이마저도 효력이 없어진다. 소득을 지원하는 것도 경제의 본원적 성장 돌파구가 없다면 하향평준화로 귀결될 수밖에 없는 것이다.

결국 해답은 안정적 분배를 위한 성장의 모색이다. 이제 성장의 제1목표는 분배(分配)여야 한다. 지금이라도 이 전제에 대해 어느 한 진영이나 특정 정치세력이 아니라 국가적, 국민적 합의를 추진해 보자. 이제 성장과 분배의 조화, 상생과 협력에 대한 모든 집단의 합의와 책임공유 없이는 ICT시대를 앞서 나갈 경쟁력과 협력구도를 만들어 낼 수 없기 때문이다.

이를 위해 정치 리더십은 아날로그적 시스템과 가치규범, 과거적 이슈와 갈등구조를 뛰어넘어 4차 산업혁명시대 대한민국의 글로벌 경쟁력 강화에 필요한 혁신과 변화를 적극 독려해야 한다. 과거에 대한 병적 집착들을 내려놓고 미래에 대한 도전을 화두로 법과 제도의 개선, 규제와 간섭의 제거 등 성장과 분배의 균형을 독려하고 감시해야 한다.

여기에 더해 협업과 융합, 연결, 개방, 공유의 가치를 기반으로 하는 이른바 4차 산업혁명시대에는 '재벌' 중심의 일감 몰아주기나 경쟁 유발형 산업성장전략이 더 이상 유효하지 않다는 점도 받아들여야 한다. 서로 협력하기 위해 기존의 사일로(silo)들을 깨고 나오는 창조적 파괴를 서두르는 일은 매우 중요하다. 이와 함께 중장기적 안목의 ICT 정책 도입과 실행이 가능한 환경을 만들어 가야 한다. 국가경쟁력을 높여 시대의 변화를 앞서 나가고자 하는 정책일수록 전략적 기획이 필요하며, 서두르지 않지만 꾸준한 추진이 성패를 가르는 포인트가 되기 때문이다.

정부가 할 일, 기업이 할 일

전쟁이 나면 군인들이 나서 싸우듯 경제가 어려워지면 기업들이 앞에 나서서 위기를 기회로 반전시키는 돌파구를 찾아내야 한다. 하지만 지금 우리 기업들은 엄청난 내부 유보금을 쌓아 놓고도 침묵하며 눈치나 보고 제 역할을 피해 가기에 급급하다. 저금리와 저환율의 수혜는 당연하게 여기면서도 기업 차원의 연구개발 또는 시설투자 같은 선행적 노력을 기울이기보다 동네 서민상권 같이 경쟁도 수월하며 고용도 유발하지 않는 손쉽고 부담 없는 사업에만 몰두하다 보니, 이제는 더듬이가 퇴화되어 정작 돌파구가 어디 있는지조차 모르는 듯하다.

　정부 또한 산업의 전략적 육성정책이나 구조조정에 대한 큰 그림 없이 사람과 이슈에 편승하는 단발(單發)적 잣대를 들이대다 보니, 기업들도 스스로의 생존 노력보다 여론 눈치 보기와 부정한 결탁이 훨씬 효과적이라는 그릇된 생각을 갖게 된 것이다. 주요 산업에 대한 구조조정은 자신이 없어 못하고, 중소산업은 '작고 약하다'는 이유로 역량도 기술도 안 되는 불량한 기업들에게 공공물량을 선심 쓰듯 나눠 주고 있다.

　이러다 보니 정작 죽기 살기로 열심히 하는 기업 입장에서는 혜택과 지원은 하늘의 별따기인데, 성장은 외면하며 떡고물만 주워 먹는 좀비기업들은 그저 살판이 났다. 죽이는 데는 '자신'(自信)이 없고, 살리는 데는 '방도'(方圖)가 없는 정책 당국과 전문가들의 무소신이 우리 산업과 경제의 경쟁력 쇠락에 한몫하고 있는 것이다.

민간기업들이 새로운 가치의 창조를 위해 산·학·연·관·군의 영역을 넘나들며 천변만화의 기회와 혁신을 만들어 내야 하는 시대에, 정부가 '정책으로 시장을 선도하겠다'는 발상은 철없고 한가해 보인다. 부와 성장은 '정책'이 아니라 '시장'에서 만들어진다는 사실을 잊어서는 안 된다. 이를 위해 정부가 서둘러 할 일은 공무원들의 책상머리에서 만들어진 반(反)시장적 정책사업은 중단하거나 민간으로 넘겨주고 시장의 경쟁력과 활력 지원에 예산과 역량을 집중하는 것이다.

진정한 기업가정신의 회복과 사회적 책임을 다하는 기업으로서의 태도 변화가 무엇보다 절실하다. 이에 대한 요구와 감시는 부단히 지속되어야 한다. 그러나 모든 기업가가 '부정(不正)할 것'이라는 전제하에 압박하고 제어하는 것은 경제와 산업의 활력을 저하시킨다는 점에서 바람직하지 않다. 기업이 경영에서는 마음껏 움직일 수 있게 해주되 문제가 생기는 경우에는 반드시 누구도 예외 없는 무거운 책임을 부과하여 평소 그 책임의 무게를 스스로 가늠하고 감당할지 여부를 결정하도록 해나가면 된다.

창업도 좋고 스타트업 육성도 좋다. 하지만 부처와 기관마다 청년창업 지원 명목으로 공간을 짓고 예산을 이중삼중으로 쏟아붓는 것은 분명 문제이다. 처음부터 경쟁력이 분명치 않은 기술이나 아이템으로 정부지원을 받으며 무료나 마찬가지인 공간에서 시작한 사업의 결과가 좋으면 얼마나 좋을 수 있겠는가?

더욱 기가 찰 노릇은 정부의 정책기조 중에 '취업'과 '창업'을 하나로 묶겠다는 발상이다. 우리가 직면한 취업난을 해결하기 위해 '취업 대신 창업'이라는 슬로건으로 내세운 임기응변식 정책으로는 청년실업이든 경제의 활력이든 근본적인 해결책을 찾기 어렵다. 기술도 의지도 없는 청년들에게 요행(僥倖)을 바라보고 '그냥 한번 창업해 보라' 권고하는 배려(?)가 자칫 시작 지점부터 패배감을 경험하게 하는 일이 되어서는 안 된다.

사회에 첫발을 내디딜 청년들을 대상으로 하는 국가정책이기에 다양하고 심도 깊은 고려를 통해 보다 정교하게 구상되어야 한다. 그들에게는 국가가 내민 작은 손길 하나가 인생을 뒤바꾸는 터닝포인트(turning-point)가 될 수 있기 때문이다. 창업에 뛰어든 청년들에게는 어려운 고비 고비를 스스로 이겨 낼 수 있는 역량과 의지를 갖도록 독려해 주어야 한다. 공무원들이 너무 깊이 관여하면 정책성과를 서둘러 입증(立證)해야 하는 부담과 과욕으로 스타트업 생태계가 왜곡되거나 창업자들의 빠른 포기가 나타날 수 있기 때문이다.

문을 닫게 해야 하지만 죽이지도 못하는 대기업 정책, 일단 지원부터 하고 보는 중소기업 정책, 사실상 정부가 대신 관리해 주는 스타트업 정책 등 어느 것 하나 자기 책임으로 제대로 돌아가는 것이 없는 '웃픈' 산업현실을 어떻게 해서든 깨트리고 빠져나와야 한다.

민간이 자발적으로 기술과 투자, M&A의 필요성을 느끼고 주도적으로 꾸려 가는 산업생태계 환경을 위해서 정부는 시장의 혼란을 막는 최소한의 간여와 지원만을 담당하는 '절제된 역할 정의'가 시급하다.

정부는 공정한 시장관리와 국익 차원의 경쟁성과에 한해서만 제한적으로 시장에 관여해야 한다. 크든 작든 규모에 상관없이 기업은 자기 책임으로 경영해야 하며, 생존과 성장은 기업 제1의 책무임에 변함이 없어야 한다. 이를 감당하지 못할 경우, 시장의 논리이자 생태계의 순리에 따라 도태되는 것은 너무도 당연한 일이다.

중요한 것은 이런 시장의 자연스러운 결정을 존중하고 방해하지 않는 태도다. 굳이 정부가 시장을 돕겠다면 생태계의 질서가 흐트러지지 않게 지켜봐 주는 일과, 기업의 성장단계별로 필요한 기회의 다양성을 준비하고 기다려 주는 일 정도가 전부이지 않을까?

대신할 수 없는 생존의 의무

한 마리 강아지가 멋진 성견(成犬)으로 크기 위해서는 일정한 시간의 보살핌이 필요하다. 어미와 함께라면 그 보살핌만으로도 강아지는 잘 자랄 수 있을 것 같다. 젖을 미처 떼지 않은 어린것을 데려와 기르는 경우에는 조금 신경을 써야겠지만, 그렇다고 어미가 살펴 주는 수준보다 크게 넘칠 필요는 없어 보인다. 그럼에도 어린것이 안쓰럽고 귀여워서 조금 더 살펴 주는 것이야 무엇이 그리 문제이겠는가.

하지만 사람들의 과시욕과 탐욕이 만들어 낸 강아지 공장(?)에서 태어난 강아지라면 이야기가 좀 다를 것 같다. 종자(種子)도 그럴듯하고 맞춤형으로 주문된 강아지들이다 보니 대부분 어미 품에서 일찍 떼어졌을 공산이 크다. 작고 예쁘거나 특이하게 생겼을 테니 주인은 면역력도 약한 어린것을 여기저기 쉴 틈 없이 데리고 다닐게 분명하다. 보여 주는 사람마다 귀엽다며 만져 대거나 이것저것 자꾸 먹을 걸 주다 보면 결국 그 강아지는 손독(手毒)이 올라 제대로 크지 못하거나 바르게 길들여지지 않으며, 잘못된 식습관으로 비만견이 되는 경우도 다반사(茶飯事)일 것 같다.

더 큰 문제는 애정(愛情)보다는 과시(誇示)를 위해 키우는 강아지다 보니 생각대로 커주지 않으면 몰래 내다 버리기 일쑤라는 점이다. 야성(野性)의 삶을 용인하지 않던 주인들로부터 버림받은 강아지들이 생존하기 위해 스스로 할 수 있는 일이란 거의 없다.

강아지를 예로 들었지만, 이는 우리가 아이들을 키우는 일이나 열풍처럼 불고 있는 ICT 스타트업 육성에도 똑같이 적용되는 우려가 아닌가 싶다. 실적 과시를 위해 우후죽순처럼 양산된 제도와 정책을 알리는 요란함에 비해, 이들이 '바르게 커서 결실을 맺도록 끝까지 살피고 지원하겠다'는 다짐의 소리는 고요하다. 누구도 '미래를 살아남는 생존(生存)의 의무'를 대신해 줄 수는 없을진대, 나의 기준과 기대로 남의 미래를 재단하고 불확실한 미래가 요구하는 고통을 감당하는 법을 체득하지 못하게 가로막는 것은 '보살핌의 손'이 아니라 '죽음에 이르는 손'이 될 수 있다.

사이버공간의 지구적 확장으로 가속화되는 소비의 세계화는 '다국 간 예외 없는 관세 철폐'나 '누적 원산지 제도' 같은 메가 FTA 확산을 재촉하고 있다. 미국 등 일부 국가의 보호무역 강화 기류가 없지는 않지만, 이 모든 여건들이 우리 기업들을 보다 냉혹한 글로벌 무한경쟁의 소용돌이로 내몰고 있다.

이제 우리 기업들은 태어나면서부터 '국내용'(domestic)이 아니며, 국적도 국경도 없는 '글로벌'(global) 생태계에서 살아남고 이기는 법을 배워야 한다. 글로벌 환경변화와 시장흐름을 한 나라의 정책으로 바꿀 수 없다면 기업들 스스로 생태계를 헤쳐 나가도록 '이래라 저래라' 하는 국가의 지나친 시장개입과 습관적 간섭을 자제해야 한다.

 세계 기업들과 어깨를 겨루며 국가 미래 경쟁력의 근간이 되어
줄 스타트업과 기술기업에게 관련부처들이 실적화(化)를 위해 비
슷한 정책과 과도한 지원을 경쟁적으로 쏟아 내는 행태는 오히려
시장의 활력을 해치는 '독배'(毒盃)가 될 수 있다.

 막 움트는 신규산업 분야 스타트업 육성에 진정으로 필요한 것은
생태계를 모르면서 섣불리 간섭하는 나쁜 손들을 막아 주고, 스스
로 글로벌 생존역량을 갖출 때까지 기다려 주는 일이다. 언제까지
강아지를 강아지로 남겨 둘 것인가? 각각의 견성(犬性)에 맞춰 애
완견답게, 경비견답게, 구조견답게 키울 때 이에 적합한 보살핌과
훈련지원이 가능할 것이다. 가능성 있는 기업들이 자유롭게 도전하
고 신기술과 미래변화에 적절히 대처할 능력을 키울 수 있도록 상상
력과 추진력을 가로막는 불편한 간여를 자제하는 노력이 필요하다.

 기업들이 헤쳐 나갈 시장은 단판으로 생사가 갈리는 전장(戰場)
이다. 누구도 가보지 못한 변화무쌍의 미래시장으로 달려가는 ICT
경제의 싹들이 불필요한 간섭으로 헤매지 않고 '질주'에 더욱 집중
하도록 조급한 손길들을 거두자.

 함수적 기술발전의 시대에 필요한 일은 물고기를 잡아 주거나,
물고기 잡는 법을 가르치는 것이 아니라, 수시로 변하는 바다와 물
고기에 대한 이해와 예측력을 갖춰 스스로 최적화된 사냥의 방식을
찾아 나가는 '능력'을 키워 주는 것이다.

통상(通常), 그 익숙함의 함정

지금 우리 앞에 거대한 변화의 물결이 밀려온다. 발목을 적시는 작은 파도라면 두어 걸음 물러서거나 나지막한 모래 둑을 쌓아도 될 것이다. 그러나 생존과 생활터전을 뒤엎을 거대 해일(巨大 海溢)이라면 이야기가 달라진다. '더 높이 둑 쌓기'는 시간도 없고 효율도 떨어진다. 그보다는 물살을 넘어설 수 있을 배를 타고 생존의 항로를 찾아 나가는 것이 확률이 높아 보인다. 기능을 못한 기존의 방파제는 이번 기회에 더 새롭게 재건(再建)하자. 이왕 배를 타고 나선 김에 밀려드는 물결을 거슬러 더 넓은 세계로 나아가자. 아마도 이게 변화의 시대에 우리가 채워야 할 답안이 아닐까 싶다.

농경에서 제조로, 정보로 이어진 기술발전은 인류의 삶과 생활에 새로운 지평(地平)들을 열며 법과 제도, 관습 등 생태계의 기존 질서를 바꿔 내는 '패러다임 시프트'(paradigm shift)를 일으켜 왔다. 이 같은 변화에 적절하게 대응하지 못한 사회나 국가는 경쟁에서 도태되는 아픔을 겪어야 했다. 미래 인터넷이 촉발하는 4번째 산업혁명으로 인해 오늘의 세계 또한 구조와 체질, 관습과 통념이 송두리째 바뀌는 대변혁에 직면해 있다.

영국, 중국, 인도 등이 ICT 기반의 '혁신 강국'으로 거듭나며 과거의 영화(榮華)를 재현하거나 새로운 중심으로 부상한 것은 국가

성장 패러다임을 하드웨어 중심에서 창조적인 소프트웨어 중심으로 재구성해 내는 데 성공했기 때문이다.

진정한 미래혁신은 쌈박한 ICT를 활용한 1차적 서비스 구현이나 스타트업의 숫자로 이루어지는 것이 아니라, 규제와 장벽의 '창조적 파괴'를 통해 창의와 혁신이 거침없이 꽃피도록 ICT시대에 최적화된 생태환경을 통해 이루어진다. 지금껏 기존 산업과 인프라의 혁신을 꾀하며 ICT의 경제적 가능성을 입증하는 데 주력했다면 이제는 경제 체질을 보다 스마트하게 혁신하는 경제 시스템의 ICT화, 모든 것의 ICT화를 서둘러야 한다.

이를 위해 익숙하고 당연하게 여겨 온 기존의 틀과 관습이 새 시대로의 이행을 가로막는 걸림돌이 아닌지 꼼꼼히 살펴봐야 한다. 폭발적으로 성장하는 IoT, 디지털 헬스케어, 핀테크 등 이종(異種) 산업 사이의 결합과 상생을 요구하는 ICT 신산업의 특성이 현행법과 제도, 정책에 기민하게 반영되고 있는지도 살펴봐야 한다. 또한 융합 환경의 복잡다기한 행정 수요가 '땜질식' 임시변통으로 처리되지는 않는지, 글로벌 ICT시장의 트렌드와 동떨어진 하드웨어적 산업정책 마인드에서 여전히 벗어나지 못한 것은 아닌지 점검하는 등 통상(通常)의 관념을 뒤엎는 시각과 접근방식의 전환이 필요하다.

기업과 개인들 역시, 종래의 관점에서 ICT시대를 낙관하고 있지는 않은지 점검해 봐야 한다. 일례로 생명과 안보를 위협하는 사이버보안 문제가 여전히 책임 전가(轉嫁)와 안전 불감(不感)의 악습이 반복되며 외면된다면, 우리는 미래 인터넷시대로 단 한 걸음도 나가지 못하고 뒤처지고 말 것이다.

"이상하자"는 어느 기업의 광고카피가 귓전을 맴돈다. 언뜻 듣기에 무슨 소린지 다소 이상하다. 하지만 어색함을 지나 만나게 되는 속 깊은 뜻이 '익숙함의 창조적 파괴'가 절실한 우리 시대를 향해 비추는 한 줄기 구원의 목소리 같아 더욱 뇌리를 강렬하게 파고든다. 시대가 요구하는 변화를 앞서 나가기 위하여 익숙한 것들과 서둘러 이별하고, 경험하지 못한 새로운 세상에 과감히 도전하는 '이상하기'를 더 이상 늦춰서는 안 될 것이다.

대한민국 ICT 재도약의 기로(岐路)에서

1990년대 초반, 대한민국은 '초고속 정보통신망'으로 세계 최고의 IT 인프라를 구축하며 모두가 부러워하는 IT 강국의 터전을 닦았다. 덕분에 요즈음 세계 ICT산업을 주도하는 혁신적 기술의 상당수를 우리나라가 가장 앞서서 개발해 내기도 했다. 이러한 한국형 발전모델은 세계적 관심을 끌었으며 한때 개도국 ICT 발전전략의 교과서가 되기도 했다.

하지만 지금 대한민국의 ICT산업은 기로에 서 있다. 우리는 그 절호의 기회를 잘 살려 내지 못하는 것 같다. 스마트폰, SNS, 모바일결제, 4세대 이동통신 등 우리가 이끌어 온 스마트 혁명의 원조기술들의 우위를 지키지 못해 후발 강국들에게 시장의 주도권을 빼앗기고 있는 형국이다. IoT 등 미래 인터넷시장의 선점을 놓고 글로벌기업들과 사투를 벌이고 있지만 인프라 표준 마련과 플랫폼, 보안 등 어느 분야에서도 속 시원한 우위(優位)가 보이지 않는다.

상황이 이쯤 되자 세계시장에서 돌풍을 일으키는 '샤오미'와 '알리바바'의 성장을 이끌어 낸 중국의 국가정책을 배워야 한다는 말까지 나오고 있다. 심혈을 기울여 ICT 발전정책을 이끌어 온 우리 정부에게는 뼈아픈 대목이다. 안전한 이용환경을 만들고 창의성이 보장되는 인터넷산업 여건을 마련하기 위해 노력해 온 한국인터넷진흥원의 입장에서도 아프긴 마찬가지다. 그러나 아프고만 말 것이 아니라면 지금부터라도 대한민국 인터넷의 재도약이라는 시대적 과제와 문제들을 진솔하게 다시 풀어 나가야 한다.

답은 멀리 있지 않다. 우리 ICT산업의 경쟁력을 높여 주는 것이다. 정부가 주도해 온 인프라 구축 중심의 성장모델을 수요 창출과 글로벌 경쟁이라는 시장 중심의 패러다임으로 서둘러 전환해야 가능한 일이다. 물가에 내놓은 아이 대하듯 산업계를 대해 온 정부가 성장을 가로막지 않도록 먼저 붙잡고 있는 손을 놓아 주어야 한다.

인터넷이 우리의 경쟁우위 분야라는 착각으로 여기저기서 실적과 부담의 숟가락을 얹던 시절도 끝났다. 우리 ICT산업이 경쟁력을 키워 글로벌시장에서 우위를 점해 나갈 수 있도록 이제 온 힘을 모아 밀어 주어야 한다.

인터넷산업 성장을 위해 안전한 이용환경은 필수다. 한국은 데이터 유출과 침해 사고 등 세계에서 사이버보안 사고가 가장 빈발하는 나라라는 오명을 갖고 있다. ICT산업 성장의 발목을 잡는 사이버불안을 떨쳐 내기 위해 기업과 개인들의 책임은 더욱 무거워져야 한다. 사이버보안과 산업진흥은 제로섬이 아니라 상호보완 관계이어야 하며, 불편함과 안전 또한 정비례하기 때문이다.

아울러 미래 인터넷의 발전 방향에 대한 우리의 목소리를 키워야 한다. 지금 글로벌 인터넷 소사이어티에서는 인터넷 주소자원에 대한 관리권한 논쟁만이 아니라 정보의 격차나 표현의 한계, 망(網) 중립성 등 많은 이슈들이 제기되고 있다. 따라서 이처럼 다양한 거버넌스 이슈들을 아우를 수 있는 '인본의 가치'를 우리 ICT 기술의 지향점으로 삼아 글로벌시장에서 차별적 경쟁력을 구축해 나갈 필요가 있다.

한국인터넷진흥원(KISA: Korea Internet & Security Agency)과 대한민국의 ICT 성장은 발전의 궤를 같이해 왔다. 한국인터넷진흥원은 특히 인터넷 환경의 급변기마다 시급히 요구되는 기능들을 효과적으로 충족시키며 다양한 난제들을 적기에 대응해 왔다. 그 과정에서 의미 있는 성과와 다양한 노하우를 축적할 수 있었으나, 아쉽게도 미래를 향한 중장기적 비전을 그려 내며 사회 전체의 ICT적 변화를 도모하는 데에는 다소 미흡했다.

지금 글로벌시장에서는 IoT 등 제4세대 인터넷시대를 맞아 엄청난 지각변동이 일어나고 있다. 결코 쉬워 보이지 않지만 그나마 아직까지 완벽한 절대 우위의 강자가 정해지지 않은 지금이야말로 우리의 한계를 뛰어넘는 혁신을 통해 대한민국의 재도약을 꿈꿔 볼 마지막 기회가 될 것 같다.

우리가 가진 가장 값진 경험과 노하우는 실패의 교훈이다. 정부와 업계, 학계 등 모든 주체들이 과거적 방식과 이해로부터 떠나는 일에서부터 혁신이 시작되어야 한다. ICT산업이 정부의 규제와 과보호 사슬을 벗고 자유롭게 광야(曠野)로 나설 수 있도록 의식과 제도를 시장 중심으로 바꿔 주어야 한다. 같은 실패를 반복하는 것만큼 미련한 짓도 없다.

더 이상 특정 주장이나 이해에 얽매여 머뭇거릴 시간이 없다. 실패 경험을 값진 자산으로 삼아 미래 인터넷시장을 선점하기 위한 실천적 역량을 모아야 한다. 인프라, 콘텐츠, 보안 등 관련 분야가 이해 다툼을 떠나 한자리에 모일 수 있도록 협력 네트워크를 재정비해야 한다. 기업·학계·정부가 모여 각자가 보유한 경험과 노하우를 합쳐 실질적 문제해결에 도전하는 'ICT 랜드마크(landmark) 프로젝트'의 추진도 상당히 효과적일 것 같다.

노력만 한다면 우리의 의지와 기술로 자율주행 자동차, 스마트홈, 스마트 팩토리 등 IoT 분야의 정보보호 문제나 IPv6(Internet Protocol version 6) 전환 이슈, 클라우드와 빅데이터 등의 보안과제에 대한 협업 해결도 가능하다.

또한 이 과정을 통해 우리 기업들의 기술역량을 점검하고, 내수와 공공수요만 바라보지 않고 세계와 경쟁하도록 유도(誘導) 하며, 학계가 이론만이 아니라 실질적인 문제해결에 힘을 더 보태도록 독려하는 일들이 가능할 것 같다. 정부도 간섭과 규제가 아니라 보완과 지원의 실효성 관점에서 기존 ICT산업 정책을 다시 살펴야 할 때가 된 것이다.

잃어 가는 세계시장에서의 입지를 회복하기 위한 'ICT 크로마이트작전(인천상륙작전)'의 예행연습으로라도 현재 지자체에 맡겨 두고 나 몰라라 하는 IoT 실증 프로젝트들에 대해 보다 적극적인 협력과 연결, 지원을 통해 우리의 ICT 역량을 점검하는 노력을 기울여 보자.

기반은 있는데 기본이 없다

내가 열세 살 되던 해(12월생이라 실제는 11년 정도 함께 살았을까?) 오랜 병고 끝에 아버지가 우리를 떠나가셨다. 그런 탓에 아버지가 천직으로 여기셨던 신문기자나 되어 볼까 했는데 …, 마음과는 따로 풀리는 게 인생인 것 같다.

어찌되었든 해외로 일찍이 눈을 돌린 수출기업에서 일한 덕분에 당시만 해도 어려웠던 해외 경험을 자주 할 수 있었다. 아름답든, 황량하든, 잘살든, 못살든 다양한 모습으로 자신들만의 역사와 문화, 생각들이 녹여진 여러 도시들을 다니면서 우리네 사는 모습과 비교해 보는 일은 무척이나 흥미롭고 즐거웠다.

그런 세상구경의 결론부터 말하자면 서울은 물론, 대한민국과 같이 원만한 자연환경과 천혜의 입지를 두루 갖춘 곳은 세상에 그리 많지 않다는 것이다. 그리고 망설임 없이 이어서 내리게 되는 또 하나의 결론은, '수도인 서울은 말할 것 없고 지방의 끝 어느 조그만 섬의 구석구석에 이르기까지 사람들이 사는 곳이란 곳은 모두, 기능의 구분이 없는 마구잡이식 난(難) 개발과 조화되지 않는 미관으로 하늘이 준 여건과 풍광의 탁월함을 살려 내지 못하는 아주 드문 나라가 아닌가 싶다'는 거다.

지금 우리가 사는 도시의 모습은 건축과 개발의 질서가 무너진 채 상업과 주거 지역, 공장과 학교, 유흥시설들이 마구 뒤엉켜 있으며, 스카이라인과 로드라인도 제멋대로 그려지며 보호구역이나 보존지역의 제한도 잘 지켜지지 않고 있다.

이와는 달리, 엄격한 법과 규약을 통해 신구(新舊)의 조화, 기능(技能) 간의 조화, 자연(自然)과의 조화, 인간(人間)과의 조화를 찾는 데 공을 들이는 세계의 명품도시들을 보면서 '왜 우리는 저렇게 하지 못할까?' 하는 답답한 안타까움을 갖지 않을 수가 없었다.

'기반은 있지만 기본이 없어서' 생기는 일이다.

대한민국은 늦은 근대화를 만회하기라도 하듯 매우 기민하고 경쟁적으로 법과 제도의 구색을 갖추고, 각종 인프라와 시스템을 빠짐없이 구축하였으며, 완벽을 넘어 다소 과하다 싶을 정도의 하드웨어적 기반을 보유하고 있다. 하지만 정작 문제는, 그런 하드웨어를 채우는 소프트웨어와 콘텐츠가 부실하다 못해 무책임하고 무원칙적으로 관리, 작동되고 있다는 것이다.

이름과 단어 몇 개만 바꾸며 무한 반복 재생되는 정책보고서들과 결론은 없이 매일같이 열리는 공청회나 연구회의 쳇바퀴 도는 갈등과 논쟁들, 책임지지 않는 공직자들의 무신념과 무소신, 절차와 내용과 '기본 없음'이 무기력한 대한민국의 중심에 뿌리내려 있다.

'김영란법'이다 뭐다 해서 어느 나라보다도 무겁게 강구된 다양한 감독과 평가 장치들은 연고(緣故)와 친인척이나 지인으로 이어진 사적 관계에 의해 무력화되고, 관련 규정과 책임들은 예외(例外)와 면제(免除)로 누더기가 된다. 다중의 이익보다 소수 사이의 정(情)을 중시하는 '끼리끼리' 문화는 탈법적 인허가와 난개발의 원인이 되고, 고발이 아니라 나누어 먹는 관계들은 더욱 견고하게 확장되는 악순환은 지금도 지속되고 있다. 그래서 모두가 정치판 주변을 기웃대고, 돈 있고 힘 있는 사람들 주변을 맴도는 저급한 줄서기 경쟁이 판을 치는 거다.

그토록 꿈꾸는 소득 3만 달러 시대가 왜 10년째 미뤄지는지, 예산을 그렇게 쏟아붓는데 왜 아직도 복지 사각지대가 지천인지, 해마다 교육 관련 투자액은 눈덩이처럼 늘어나는데 우수한 인재배출은 왜 하늘의 별따기만큼 힘든 건지 …. 이제 한 번쯤은 진짜 무엇이 문제이고, 정말 어디가 꼬여서 그런 것인지 다잡고 살펴봐야 할 때이지 않겠는가?

사례 1

세계적 클라우드 서비스기업 아카마이코리아에 따르면, 2017년 현재 한국이 가장 빠른 속도로 가장 많은 장소에서 인터넷을 활용한다고 한다. 인터넷 평균속도는 28.6Mbps로 세계에서 유일하게 25Mbps를 넘어섰다. 다음은 노르웨이(23.5Mbps), 스웨덴(22.5Mbps), 홍콩(21.9Mbps) 순이다. 자랑스러운 기록이다.

하지만 글로벌 보안기업 카스퍼스키랩에 따르면 2017년 1분기 디도스 공격 발생국 72개 중 한국이 발생률 2위로, 전체의 26.6%

가 집중됐다고 한다. 이는 중국(47.8%) 다음으로 높은 비율인데, 문제는 디도스 공격에 악용되는 명령제어(C&C) 서버의 66.49% 가 한국에 있다는 점이다. 부동의 1위로, 2위 미국(13.8%), 3위 네덜란드(3.5%)를 큰 격차(?)로 따돌렸다. 감염된 서버의 치료나 차단을 긴급하게 할 수 없는 현실 때문이다. 감염시킨 악성코드의 수집조차 동의를 필요로 하는 상황으로, 이는 전염병 보균자를 "내가 알아서 한다"는 한마디에 그냥 거리에 방치하는 일과 다를 바 없다.

사례 2

세계 1위를 자랑하는 ICT 분야도 똑같은 아쉬움을 낳고 있다. 우리나라는 ITU의 ICT 발전지수 2년 연속 1위, UN의 전자정부 발전지수 3위, 온라인 참여지수 4위 등 명실공히 최고 수준의 기반을 갖추고 있는 것으로 평가된다.

하지만 UBS의 조사에 따르면 4차 산업혁명 준비도는 세계 25위로, 쉽게 말해 밭(田)은 좋은데 기본적으로 농사 준비가 잘되고 있지 않다는 것이다.

사례 3

국제로봇연맹의 조사 결과, 한국은 세계 산업로봇 집중률 1위다. 제조업 근로자 1만 명당 531대의 다목적 산업로봇을 보유한 것으로 조사되어, 싱가포르(398대), 일본(305대), 독일(301대) 등을 큰 격차로 따돌렸다. 세계 평균이 69대고, 미국은 176대다.

우리 정부는 향후 5년 동안 5천억 원에 가까운 예산을 로봇기술 개발비로 쓸 계획이다. 문제는 그 정도 액수로는 인간을 돕는 협동 로봇산업 육성에 별 도움이 되지 않는 데다, 산업로봇의 수요가 큰 조선이나 방산기업들이 많지도 않아 투자나 시장규모가 작다는 것 이다. 더군다나 이미 시장을 장악한 일본 등 외산(外産) 로봇의 기 세도 꺾기 어려운 상황이다.

결국 넘치는 수요의 대부분이 남 좋은 일이 돼버리는 속상하는 현실을 바꾸려면 서비스로봇 중심의 시장구조가 산업로봇과 병행 구조로 변화될 수 있도록 규제개선과 정책조정 등 토양부터 정비해 야 하는데, 그게 지연되고 있다. 빠르게 현실화되는 로봇에 의한 인간의 근로소외를 어떻게 대비해 나갈지에 대한 해답도 서둘러 준 비해야 할 것 같다.

사례 4

일본 후생노동성이 발표한 2017년 자살률 국가순위에서 한국은 28. 5 명, 일본은 19. 5명으로 각각 2위와 6위를 차지했다. 우리 언론들은 "OECD 국가 중 1위"라고, 일본 언론들은 "세계 6위지만 사실상 선진 국 중 1위"라고 대서특필하며 경각심을 일깨웠다. 인구 10만 명당 자 살률 1위는 리투아니아가 차지했다. 하지만 여성의 자살사망률은 놀 랍게도 한국이 세계에서 가장 높다.

전 세계적으로 '여성부'가 있는 나라는 한국과 뉴질랜드 딱 두 곳 뿐인데도 여성이 불행하다는 것이다. '혼인빙자간음죄'는 한국과 대만에만 있고 징역형이 가능한 정도로 처벌 수위도 높다. 여성에 30%를 할당한 공무원 시험은 세계 최고 수준이고, 성형수술(17%) 세계 1위, 제왕절개(39.6%) 세계 1위, 주부전업률(58%)도 세계 1위다. 언뜻 드러난 것만으로는 우리나라 여성들이 하고 싶은 대로 다 하고 사는 것 같은데 내면을 들여다보면 좌절과 한계, 차별을 토로하고 자살로 항의(抗議)하는 것이다.

바람직한 제도와 기능을 가졌지만 이것이 제대로 작동되지 않을 때, 사람들은 상대적으로 더욱 큰 좌절과 상실감을 느낀다. 북한의 자살률은 15.8명이라고 한다. 유례없는 압제와 공포 속에 사는데도 국민들의 자살률은 우리나라의 절반 수준이다. 애당초 시스템도 기대도 없었을 것을 감안한다면 결코 낮은 수치는 아니다.

하지만 사회적 제도가 잘 구비돼 있다고 자부하는데도 이런 결과가 나타나는 것은 우리 사회에 '안 하면서도 하는 척', '없으면서도 있는 척', '안되면서도 되는 척'하는 문화가 만연해 있다는 반증(反證)이 아닐까 싶다.

20여 년 전, 객기를 부리다 오른쪽 정강이에 조그만 상처를 입은 적이 있다. 원래 살이 없는 부위라 염증이 걱정된다고 했는데, 아니나 다를까 동구(東歐)에서 시작된 출장이 인도와 베트남을 돌아 다시 폴란드에 도착할 무렵에는 상처 난 다리가 거의 코끼리 앞다리만큼 부어올랐다. 한 달 가까운 장기 출장길에 소독과 치료를 제대로 하지 못해 벌어진 일이었다.

열도 나고 걷기도 불편하여 하는 수 없이 호텔 측에 의사를 불러 줄 수 있나 물었더니 마침 자기네 호텔에 의사가 상근한단다. 이런 훌륭한 시스템이 여기에 있다니 의외였다. '그래 지금은 좀 어렵게 살지만 그래도 유럽은 유럽이 아니겠어!' 하고 잠시 부러운 생각이 들었다. 다리 상태를 본 의사가 큰 병원으로 가야 한다며 다짜고짜 불러 온 앰뷸런스에 나를 태웠다.

'이제야 제대로 된 치료를 받을 수 있겠구나' 하는 기대와 안도감으로 병원을 향했다. 그런데 이건 또 무슨 상황인가? 담당의사가 자리에 없단다. 퇴근시간 전이지만 일이 있어 먼저 나갔다고 …. 헛걸음으로 돌아오는 길은 앰뷸런스를 태워 주지 않아 아픈 다리를 끌고 겨우 걸어서 왔다. 분명 시스템은 있는데 이게 제대로 작동하지 않는 것이다.

잘사는 나라, 선진국들이 다르다는 것은 사회적으로 필요한 시스템이 제도화되어 있으며 이것들이 거의 제대로 작동한다는 것이다. 기반은 있지만 기본이 안 갖춰진 우리 현실은 결국 사회 구성원들이 자기 자리에서 책임을 다하지 않거나 못하기 때문에 빚어지는 것이다. 책임의 전가(轉嫁)와 외면(外面)만 줄어들어도 우리는 지금보다는 '더 나은 세상에서 살 수 있게 될 것'이라고 감히 장담해 본다.

소리 없는 전장, 사이버영토

자기 나라의 사이버영토를 지키기 위한 주요국들의 움직임이 부산하다. 미국과의 공조를 내세우며 '아시아의 사이버보안(保安) 허브'가 되겠다고 나서고 있는 일본은 최근 '사이버공간 방위대'를 설립했다. 사이버강국인 중국은 사이버부대들을 한데 통합시켜 역량을 키웠고, 태국도 사이버 전담부대를 창설하는 등 국가마다 사이버안보 시스템을 강화하고 있다. 미국은 자국 내부 보안 시스템을 정비한 데에 더하여 "아시아태평양경제협력체(APEC) 국가들을 대상으로 사이버안보 조항을 추가하겠다"며 사이버안보에서도 슈퍼파워의 입지를 선점하려는 의도를 분명히 드러내고 있다. 각국이 이처럼 앞다투어 사이버안보 역량을 강화하는 이유가 무엇일까?

범죄나 보복, 전쟁 등 생활과 삶의 기회를 빼앗을 위협이 상존하는 사이버공간이야말로 국민안전과 국가안보의 최전선이 되고 있는 것이다. 사이버공간과 현실의 세상이 합치되는 초(超) 연결지점에서의 위협과 위험은 이제 막연한 불안이 아니라 국가의 마비와 생명의 위협으로 다가왔음을 인식하기 시작한 것이다.

과연 우리는 이러한 위협으로부터 얼마나 자유로울까? 우리 국토 면적은 10만 373제곱킬로미터로, 세계 108위에 불과하다. 하지만 최고 수준의 ICT 인프라와 국민 대다수가 열정적 인터넷 이용자인 대한민국의 사이버영토만큼은 세계 1, 2위를 다툰다고 해도 결코 지나친 식언(飾言)이 아니다.

그렇지만 드넓은 영토를 가졌다고 마냥 좋아할 일도 아니다. "많이 가진 사람은 잃는 것도 많다"(多藏者厚亡)는 《채근담》(菜根譚)의 말은 사이버보안에서도 통한다. 가진 것이 많으면 지킬 것도 많고 뚫릴 것도 많은 탓이다. 노리는 맹수들이 그득한 사이버정글에서 살아남기 위한 우리의 노력은 과연 충분한 것일까?

2016년 2월 딜로이트컨설팅에서 발표한 〈아시아태평양국가 보안전망 보고서〉에 따르면 한국의 '사이버 리스크'는 1,000점 만점에 884점으로 나타났다. 이는 지난 2008년 첫 평가 때보다 약 1.7배 높아진 것으로, 한국이 태평양지역 18개국 가운데 가장 취약할 수 있다는 것이다. 초고속인터넷 환경 구축, 스마트폰 사용률 증가 등 사회 전반에 걸친 IT 기술기반이 세계 최고 수준으로 발달한 만큼 사이버공격을 받을 가능성도 더욱 높아졌기 때문이라는 것이 딜로이트 측의 설명이다.

안타깝게도 휴전상태로 대치 중인 북한은 물론, 여타 국가로부터의 사이버 위협과 공격에 대한 사이버 교전규칙이나 작전예규(例規)가 마련되지 않아 적절한 대응이 어려운 것이 우리 사이버안보의 현주소다. 전쟁이나 테러, 범죄 등의 양상(樣相)이 하이브리드(hybrid)화함에 따라 안보의 관점과 정의를 물리적 영토 중심에서 사이버영토까지로 확장하지 못한다면 이 같은 대응력 부재는 해소될 수 없다. 사이버안보 강화의 첫걸음은 진화하는 안보의 범위를 재설정하는 데서부터 시작되어야 한다.

아울러 일반 국민을 대상으로 한 북한의 ATM 기기 해킹이나 랜섬웨어 공격과 같이 국경도 얼굴도 없는 사이버공격자를 막아 내는 데에는 협업과 공조가 필수다. 한 번의 뚫림으로 국민들의 일상과 국가 기반이 마비되는 위협적 사이버공격을 효과적으로 막아 내기 위해서는 정부와 기업, 개인 모두가 각자의 보안 책임을 다하며 서로 돕는 협력적 보안 패러다임을 갖춰야 한다. 특히 사이버보안을 담당하는 기관들 사이의 긴밀한 정보공유와 협업대응 여부에 사이버영토 대국 대한민국의 사활(死活)이 달려 있다는 점에서 반드시 실질적 협업이 가능한 거버넌스 구조를 만들어 내야 한다.

보안 소요인력의 산정과 T/O 조정, 우수 사이버인재 양성 등 변화된 환경에 걸맞은 자원의 재분배와 실행 방안도 강구해야 한다. 싸울 병사가 없고 무기가 없는 군대가 전장에서 무슨 소용이 있겠는가? 치밀한 양성 시스템으로 7천 명 규모의 사이버병력을 보유한 북한은 최근 3천 명 규모의 사이버심리전 요원을 증원했으며, 중국은 40만 명의 사이버병력을 보유하고 있다고 한다. 우리도 정부 차원에서 사이버인재 양성을 위해 정보보호 특성화대학 지정, 고용계약형 석사과정 운영, 보안인재의 군(軍) 활용, 라이프 커리어패스 구축 등 다양한 노력을 기울이고 있지만 여전히 부족하고 미진한 것이 사실이다.

사이버보안 분야의 최고전문가 육성은 평균적 산업인력을 키워 내는 고용정책적 관점으로는 해결되지 않는다. 일반적 직능교육과 달리 특수역량을 갖춘 보안인재를 제대로 양성할 수 있도록 별도의 관점과 과감한 투자가 필요하다. 또한 보안 전문 종사자들에 대한 낮은 처우와 높은 이직률 해소를 위해 보안시장의 규모를 확장하는 일도 반드시 넘어야 할 산이다.

모든 것이 연결되고 공유되는 4차 산업혁명시대, 안전이 담보되지 않는 어떠한 ICT적 상상(想像)도 그저 공상(空想)에 그치고 말 뿐이다. 글로벌 산업경쟁력과 국민 삶의 안전성을 지켜 줄 사이버공간의 '사드' 체계가 바로 뛰어난 보안인재들이라는 점에서, 우리 유능한 젊은이들이 사이버전사(戰士)가 되고자 열정적으로 도전할 수 있게끔 사이버보안 분야의 자긍심을 높여 나가는 일도 매우 중요하다.

누구도 책임지지 않는 시대

직원 가족들과 함께 영화 〈연평해전〉을 본 적이 있다. 극장을 가득 채운 웃음소리가 영화가 시작된 어느 순간부터 조용한 흐느낌과 깊은 숨소리로 바뀌었던 기억이다.

"전부 다⋯ 꼭⋯ 내가 데려다 줄 거야!"

죽어 가는 전우를 지킨다며 조타기에 자신의 손목을 묶던 주인공의 마지막 대사는 그 후로도 오랫동안 맴돌았다.

한동안 자리를 뜨지 못하는 이들을 보면서 〈연평해전〉이 가족들과 함께 보는 영화로는 다소 무겁지 않았나 하는 후회도 스쳤지만, 그래도 한 가지는 잘한 것 같다는 생각이 들었다.

그것은 〈연평해전〉이 당시 일어난 사건을 단순히 보여 주는 데 그치지 않고 '참수리 357호' 안에서 살아 숨 쉬던 의지와 소명, 헌신을 통해 그들이 기억되어야 마땅한 '인간으로서, 군인으로서, 자식으로서의 가치를 훌륭히 수행했음'을 혼란스런 역사논쟁에 어이없을 아이들에게 제대로 일러 주었을 것이라는 기대 때문이었다. 절망적 상황에서도 국가와 서로를 위해 자신에게 주어진 역할과 책임을 다했던 그들의 삶과 생각, 행동이 영화를 함께 본 우리 아이들에게 생생히 전해졌을 것이라 생각하니 무거운 마음이 조금은 가시는 듯했다.

사건(事件)은 머릿속에 기억되지만, 인물(人物)은 사람들의 마음속에 각인된다. 특정 시공간에서 발생한 사건의 진실을 기록하고 해석을 남기는 것 못지않게 그 일을 만들었고 책임질 인물들에 대해 소상히 기록하고 평가해 두는 일 또한 중요하다. 그때그때 이해와 입장이 달라질 때마다 사건의 해석이 바뀔 여지가 크긴 하지만, 행적과 언행 등에 대한 시대적 평가 기록이 남겨진 인물의 경우에는 일시적 부침(浮沈)이 있다 하더라도 역사적 평가를 뒤엎기는 결코 쉽지 않다.

비록 영화처럼 물리적 충돌로 드러나지는 않지만 북한이 전력시설이나 서울지하철, 공항, 금융사 등 국민의 안전과 편의와 직결된 기반시설들을 공격목표로 삼아 총성 없이 벌이는 사이버도발은 나날이 심해지고 있다.

국민들은 끊임없는 사이버사고 소식에 불안해하지만 어느 누가 이 문제를 관리하고 해결해 내는지 잘 알지 못한다. 이는 정부가 그런 일들을 안 하기 때문이 아니라 잘 알리지 않기 때문일 수도 있다. 하지만 수많은 사람들이 영화에서처럼 날아오는 총알을 온몸으로 막아 내며 '철벽(鐵壁)' 사이버안보를 위해 24시간 365일 쉬지 않고 애쓰지 않는다면, 우리 사이버공간은 이미 폐허(廢墟)나 무법천지(無法天地)가 되어 있을 것이다.

이들이 자신의 수고를 크게 드러내지 않는 데는 '일의 특수성' 탓도 있겠지만, 그런 부담스럽고 헌신이 필요한 일을 기꺼이 맡아서

하고 있지만 그에 부합하는 평가나 보상은 제대로 이루어지지 않는 사회적 분위기 탓도 커 보인다.

탄탄한 사이버보안의 초석이 놓이려면 사업자와 이용자의 본원적 자기책임과 국가의 취약점 관리역량이 잘 버무려져야 한다. 그러나 마치 국방 분야처럼 국가가 모든 것을 다 해주는 구조를 유지하다 보니 공수(攻守)와 승패(勝敗)가 병가지상사(兵家之常事)인 사이버의 특성에 맞는 '복구역량'(resilience) 강화는 외면되고, 단판 승부의 책임을 회피(回避)하는 구조에 더욱 신경 쓰는 이상한 현상이 벌어지고 있다.

영화 〈연평해전〉은 거두절미하고 단판 승부에서 이긴 영웅을 조망한 것이 아니라, 최악의 상황에서도 꺾이지 않은 모두의 의지와 정신을 이야기해 준다. 국가와 사회를 위해 주어진 책임을 다한 이들을 동(同)시대를 넘어 다음 세대가 보면서 성장할 수 있게 된다면, 우리들은 역사 앞에 보다 책임성 있게 행동하고 사회적 가치를 벗어나는 갈등과 반목의 조장에 대해 더욱 신중하게 바라보게 될 것이다.

의인(義人)과 위인이 많은 나라가 잘못될 가능성은 비난이 두려워 아무것도 안 하고 책임을 전가하는 나라가 위험에 처할 가능성과는 비교할 수 없을 정도로 낮을 것이다. 국가를 위해 헌신한 사람들의 업적과 행동, 정신에 대해 올바로 평가하고 기록하여 남기는 일은 후대를 위한 일이기도 하지만, 바로 오늘 우리들의 삶에 활력과 발전을 가져오는 일이라는 것을 깨우쳐야 한다.

ICT산업의 성패는 국가경제와 삶의 수준을 가르는 중차대한 문제다. 창조적 파괴를 통한 국가혁신이 경제 재도약의 관건(關鍵)이 되는 이유이기도 하다. 우리 사회의 각 주체들이 변화를 기꺼이 수용하지 않는다면 이는 곧바로 국가의 위기로 이어진다. 아무것도 결정하지 않고, 누구도 책임지지 않는 무위(無爲)의 시대를 끝내야 한다. 이 시대를 바로잡고 책임지는 인물들을 우리 젊은이들이 바라보며 자긍심과 자신감을 회복할 수 있게 해주어야 한다.

'긍지'과 '희망'은 사람으로부터 사람에게로 이어진다.

시대의 변곡점에서 우리는 …

인류는 주어진 최대의 난제인 시간과 공간의 제약을 극복하기 위한 기발(奇拔)하고도 눈물겹고 경이로우면서도 두려운 여정(旅程)을 통해 문명을 발달시켜 왔다. 시간의 제약에서 벗어나기 위한 인류의 열망은 지식과 기억 전달기술의 발달과 궤(軌)를 같이한다.

'지금'이라는 특정한 순간에 언어적으로만 전달되던 정보는 '동굴화(畵)'라는 시각적 전달시도를 시작으로 '파피루스'와 '종이'라는 정보기록매체와 '인쇄술'의 진화에 의해 다중전파가 가능해지면서 문명 간의 소통과 교류, 학습을 촉진해 주었다.

또한 거리와 무게, 속도의 한계를 극복할 수 있게 한 '바퀴'의 발명은 인류에게 가장 드라마틱한 변화를 가져다주었다. 바퀴의 활용에 따라 가능해진 공간적 제약의 해소는 이동과 교환을 촉진하면서 '재화를 위한 전쟁'과 '문명 간의 융합'을 통한 세상의 발전을 빠르게 가속화했다.

하지만 아이러니컬하게도 이처럼 인류의 편의와 발전을 이끌었던 '종이'와 '바퀴'가 이제 더 이상 인류의 앞길에 도움이 되지 않는 세상이 열리고 있다. 이미 20세기 초, 에디슨의 '전신'(電信) 발명으로 문명 확산의 축(軸)이었던 '종이'의 운명적 퇴조가 예감됐다.

1980년대 범용 컴퓨터와 함께 등장한 '저장파일'은 종이시대의 종언(終焉)을 현실화했다. "전신이 등장하고 나서야 정보는 돌이나 파피루스와 같은 견고한 사물들로부터 분리되었다"는 문화비평가 마셜 매클루언의 말처럼, ICT의 발달로 인해 '보이는 물질'과 이별하기 시작한 정보는 이제 실시간으로 생산, 이동, 저장, 가공되면서 '언제 어디서나'를 의미하는 유비쿼터스의 표상이 되었다.

인류문명의 또 다른 한 축(軸)이던 '바퀴'와의 이별도 머지않아 보인다. 전기자동차로 유명한 테슬라의 엘론 머스크가 고안한 초음속 열차 '하이퍼루프'(Hyperloop)의 시험이 조만간 이루어질 것이라고 한다. 튜브 속을 시속 1,300킬로미터로 달리며, 1.1초 만에 시속 187킬로미터에 도달하는 이 열차에 바퀴는 없다. 최근 각광받는 드론도 마찬가지다.

우리가 맞이하고 있는 새로운 ICT시대의 효율은 우리에게 익숙한 고정관념과 고전적 방식을 뛰어넘어서 만들어진다. 이제 ICT는 오프라인 세상의 '보조기술'이 아니라, 현존하는 모든 것을 온라인 세상으로 흡착(吸着)하여 새로운 단계로 탈바꿈시키는 '기술의 중심'이 되었다. ICT와 융합한 자율주행차, 전자문서, 전자화폐, 전자정부 등은 형태와 관념의 한계를 뛰어넘어 인류문명이 새로운 단계로 도약하는 주요 징표(徵表)들이라고 하겠다.

이 같은 시대의 변곡점에서 우리는 여전히 구시대적 시스템과 사고, 기존 패러다임을 움켜쥐고 있는 것은 아닌지 되돌아봐야 한다.

모든 과거의 것들은 물론, ICT 인프라 강국이라는 낡은 영광까지도 내려놓고 새로운 시대가 요구하는 가치를 구현해 내야 한다.

ICT시대의 미래혁신은 기존 시스템의 업그레이드는 물론, 참여자들의 '마인드 셋'(mind set)의 변화도 요구한다. 협업을 통한 가치 확장보다 자신들만의 이익에 골몰하는 '조직이기주의', 미래산업에 도전하지 않는 안이한 '기업가정신', 시장과 현장을 벗어난 '관료주의'가 더 이상 ICT시대로 나아가는 데 족쇄로 작용해서는 안 된다. 우리가 과거의 악습과 부질없는 영광의 반추(反芻)라는 쳇바퀴를 도는 동안, 사이버공간을 종횡무진으로 내달리는 해외의 혁신기업들은 데이터, 콘텐츠, 플랫폼이라는 미래의 사회·경제적 자산을 선점하며 돌이킬 수 없는 간극을 벌리고 있다.

바퀴를 발명한 메소포타미아에서 문명이 발아(發芽)했고, 파피루스를 발명한 이집트는 역사상 유례없는 찬란한 문명을 이룩했다. 침탈과 전쟁, 가난의 질곡에서도 세계가 부러워하는 고도성장을 일구어 낸 조그만 나라 대한민국도 미래를 여는 열쇠로 ICT의 잠재력을 누구보다 먼저 주목하고, 과감한 도전과 전략적 투자를 통해 세계 수준의 ICT 기반을 닦아 왔다. 이제 그토록 준비한 ICT 기반 위에서 시공(時空)을 초월한 미래로 우리의 한계를 넘어 찬란한 도약을 다시 한 번 이루어 내야 한다.

기술과 인간이 조화를 이루는 미래 인터넷 조감도가 필요하다

———

한때 우리는 앞서가는 국가들의 전략과 시스템을 벤치마킹하는 '패스트 팔로어'(*fast follower*) 전략으로 모방과 창조를 선순환시킴으로써 반도체, 자동차, 조선, 정보통신 등 산업 전(全) 분야에서 세계 최고 수준에 도달하며 고속성장을 이루었다. 하지만 IoT를 필두로 AI, 핀테크, 가상현실(VR: *Virtual Reality*) 등 ICT가 광속의 변화를 거듭하는 상황에서도 '뒤쫓아가며 일단 따라 해보기' 전략이 통할지는 의문이다. 정부가 "경쟁을 앞서 나가는 '퍼스트 무버(*first mover*) 전략'을 추진하겠다"는 선언적 결의는 드러냈지만, 정작 천지개벽에 가까운 개편이 요구되는 패러다임과 시스템에는 조그마한 변화도 일지 않고 있다.

잠시라도 인터넷과 단절된다면 모든 정보로부터 소외되고 현실 세계와 단절되어 버리는 미래 인터넷시대의 안전하고 안정된 우리의 삶에 대해서도 본원적 대책이 강구되어야 한다. 인터넷 의존성이 심화될수록 사이버사기, 해킹, 탈취와 같은 위협이 심각하게 증가하는 것은 피할 수 없는 현실이다. 이제 ICT 진흥에 있어서 기술 발달과 함께 '가치적 차원'도 고려해야 한다. ICT 발전의 궁극적 지향이 '인간의 행복'이라는 본령을 놓치지 않도록 기술과 인간이 조화를 이루는 '인본의 미래 인터넷시대 조감도'가 필요한 시점이다.

'안전한 삶'과 '안정된 삶'이라는 인간의 욕망은 체제와 이념, 역사의 분기점마다 중요한 추(錘)로 작용해 왔다. 다양한 발전과정을 거치며 민주주의와 자본주의의 조화로운 동행을 이루어 낸 서구 선진국과 달리, 급속한 경제성장과 분단의 특수상황이 겹친 우리나라의 경우 병립이 가능한 것들조차 반드시 택일하도록 강요받아 왔다. 그 결과 사회적 합의는 어렵고 갈등은 일상화되는 퇴행적 양태가 만연되어 있다.

문제는 안정된 미래를 위한 '인터넷 진흥'과 국가와 국민의 안전을 지키는 '정보보호 진흥'은 새로운 시대를 여는 데 없어서는 안 될 동반자적 핵심가치라는 점에서, 과거처럼 어느 것 하나만 선택하도록 강요되어서는 안 된다는 것이다. 산업화와 민주화의 갈등으로 빚은 시행착오를 되풀이하지 않고 미래 인터넷 플랫폼 위에 대한민국 재도약의 꿈을 이루기 위해, 우리는 이 두 개의 핵심가치를 미래사회 프레임의 최상위로 끌어올리고 '산업적 성취'와 '인본적 삶'이 병진되는 합의점을 찾아내야 한다.

이러한 프레임의 아랫단에 두서없이 펼쳐지던 IoT, 빅데이터, 클라우드, 웹 표준 전환 등과 같은 인터넷 서비스와 거버넌스에 관한 다양한 이슈들이 정렬된 체계도가 구축된다면 미래사회로 나아가기 위한 정책과 예산의 혼선과 중첩이 줄어들고 기관들 사이의 협업 시너지는 배가될 수 있을 것이다.

우리가 '인터넷 진흥'과 '정보보호'의 조화를 시대의 최우선적 가치로 삼아야 하는 이유는 명확하다. 융합과 연결, 협업, 공유와 개방이 필수인 미래 인터넷 발전에 대한 이해와 준비가 있어야만 글로벌 경쟁에서 이길 수 있는 ICT산업 진흥체계를 세울 수 있기 때문이다. 미래를 향한 목표와 시스템의 혼선(混線)은 어렵사리 우리 경제를 지탱해 온 ICT기업들에게 큰 부담으로 돌아간다. 그렇지 않아도 우리 사회의 각 부문이 구(舊) 체제 유지에 집착하고, 아날로그시대의 갈등과 반목을 현재화하며, ICT산업 현장의 숨 가쁜 현실과는 동떨어진 행보를 보임으로 인해 기업들의 속이 새까맣게 타들어 가는 상황임을 직시해야 한다.

역사적으로 문무(文武)의 균형이 국가운영과 인재양성, 사회질서 등에서 중요한 역할을 했듯이, 미래사회 또한 인문사회와 과학기술의 융합적 균형 없이는 복잡다단한 행복의 과제들을 풀어내기 어렵다. 급격한 ICT화의 후유증으로 나타나는 사회적 자본 약화, 정신문화 퇴조, 몰지각한 물질만능주의에 대한 자각과 이를 극복하려는 실천적 변화 없이는 다가올 미래가 밝아 보이지 않는다.

과거를 내려놓고 미래를 바라보면 우리가 '갈등하는 두 개의 축(軸)'이 아니라 '조화를 이루는 한 개의 축'처럼 일사불란하게 움직여야 한다는 사실이 보일 것이다. 우리가 남들보다 한발 앞서 '인터넷 진흥'과 '정보보호'를 기술이 아닌 가치로 받아들이고, 축적된 경험과 창조적 협력으로 '기술과 인간의 조화를 선도하는 시대의 퍼스트 무버'로 나설 수만 있다면 분명 미래는 우리에게 '또 다른 희망의 세상'이 되어 줄 것이다.

B급 국가의 결정장애

기존의 산업혁명기와 ICT시대의 '기술혁신'에 대한 정의는 완전히 다르다. 4차 산업혁명으로 불리는 기술혁신은 단순히 생산효율을 증진시키는 공학적 기술혁신에서 나아가, ICT와 아이디어가 서비스와 가치를 확장시키는 기폭제 역할을 하며 융·복합 서비스 플랫폼의 형태로 나타나고 있다. 첨단 ICT가 생산과 삶의 현장에 접목되면서 '기술 이상의 무엇이 만들어지고 충족되는 시대'가 도래한 것이다.

때문에 하나의 신기술만으로도 시장 석권이 가능했던 시절의 '기술투자 → 신기술 개발 → 생산 적용 → 수익 창출'의 구도 역시 오늘날에 와서는 '신규 서비스 기획 → 관련 기술 융합 → 서비스 플랫폼 개발 → 콘텐츠 공유 → 데이터 축적 → 부가가치 활용'으로 이어지는 매우 복잡하고 복합적인 구조로 바뀌었다. 이제 어마어마한 킬러 기술이 아닌 일반 기술로는 조금 앞섰다고 해서 시장을 삼킬 기회를 잡기 어려운 시대가 된 것이다.

이런 기술과 시장 프레임의 변화는 사람들이 그저 제품의 성능만으로도 만족을 느끼던 것에서 나아가, 오감충족(五感充足)의 가치를 추구하는 데서 비롯되었다. 결핍의 시대를 지나 공급과잉의 지속이 인간의 차별적 욕망을 자극하고, ICT의 진화가 이런 트렌드를 상업화하면서 영화 〈델마와 루이스〉처럼 기술과 욕망의 무한일탈(無限逸脫)이 시작되고 있다는 반증인 셈이다.

이와 같은 변화의 중심에는 '새로운 가치창조를 위해 융합과 연결, 협업과 공유하라'는 시대정신이 자리한다. 이런 조류를 일찍이 간파한 국가나 기업, 개인들은 이종(異種)·경쟁(競爭)·영역(領域)·국적(國籍)·과거(過去)를 불문하는 새로운 가치관으로 세상을 바꿔 내며 경제와 산업, 사회 전반의 혁신을 이끄는 다이너미즘 (dynamism)이 되고 있다.

하지만 이런 혁신의 다이너미즘이 왜 우리에게는 이다지도 더디고 어렵게 만들어지는 것일까? 민간이 주도적으로 성장을 모색하고 국가는 절제된 정책적 지원을 해주는 선진국 시스템과 달리, 국가 주도로 만들어진 산업정책의 틀 위에 민간이 소극적으로 얹히는 구조로는 경제 재도약의 절박함이나 성장의 추동력을 끌어올리기 어려워 보인다.

특히 우리나라의 경우, 관(官) 주도로 2, 3차 산업혁명의 성공을 이루어 낸 추억(追憶)의 무게가 남다르다. 정부가 관성과 유혹을 아무리 참아 본다 한들, 이제 막 태어난 스타트업들이나 중소업체들 스스로 이 같은 부담스러운 시선을 털고 자유롭고 기발하며 소신 있는 혁신을 추진하기 어려울 것이다.

과거에 발목 잡힌 사회는 미래로 향하지 못하고, 시너지를 내야 할 기관들은 서로 견제(牽制)하며, 기업들은 자기만의 독생(獨生)

을 고집한다. 전문가들은 잘못된 문제에 대해 침묵하고, 구성원들은 문제를 알고 있지만 외면하다 보니, 이제는 '진짜 아무것도 되는 것이 없는' B급 국가의 결정장애와 행동지체의 복합증상이 우리에게 나타나는 건 아닐까?

"국민이 중심인 시대로 나아가라"며 각성을 촉구하는 목소리가 높다. ICT 진보가 이끌어 낸 대한민국의 시대정신이자, 과거에 갇혀 있는 우리 정치·경제·사회·미래에 대한 국민들의 깊은 우려다. 국민들은 그 어느 때보다 힘겨운, 그러나 분명한 염원을 담아 매일의 아침을 열어 가고 있다.

이번이 진짜 마지막 기회다. 대한민국이 서로 융합하고 협업하며 공유와 개방의 정신으로 4차 산업혁명의 기치를 드높이는 경쟁력 있는 나라로 탈바꿈할 수 있는….

어디에서 왔는지? 누구인지? 어디로 가는지? 우리는 …

흔히들 한국인터넷진흥원장이라고 하면 다른 업계 종사자들보다 상대적으로 ICT에 매우 정통하고 변화에 아주 민감할 것이라 지레짐작하곤 한다. 이른바 '얼리어답터'다 '이노베이터'다 해서 신제품을 남보다 먼저 접하고, 기술 관련 변화를 줄줄 꿰고 있는 그런 부류의 사람일 거라는 오해가 있을지 모르지만, 실상 나는 아직도 펜을 직접 쥐고 흰 종이를 채워 가는 게 훨씬 익숙하고 편안한 전형적인 아날로그형 인간이다.

그 때문인지, 기관장으로 부임한 후 미래의 인터넷을 예측하고 고민하면서도 그 지향점의 끝에는 '기술'보다 항상 '사람'이 있어야 한다는 생각을 내려놓지 않았다. 기술이 가져올 미래의 변화를 예측하는 일이라 부득이 기술에서부터 출발할 수밖에 없지만, 그 너머의 세상에서 살아가야 하는 나의 미래를 넘겨다보고자 하는 진짜배기 욕심은 감추기 어려웠던 탓일 게다.

이런 관점을 통해 기술발달이 나에게 미칠 경제·사회적인 영향과 파급효과, 인간관계와 일상적인 삶의 변화 폭을 가늠해 보고 싶었다. 어찌됐든 사람에 의해 이루어지는 기술발달의 긍정과 부정의 결과 또한 나 스스로 감내해야 할 몫이라는 점에서 미래사회가 '기술'에서 시작되지만 반드시 '인간'으로 마무리되어야 한다는 분명한 신념은 더욱 단단해졌다.

부임 2년 차가 되던 2015년은 광복 100주년이자 레이 커즈와일이 "기계가 인간을 넘어서는 특이점이 온다"고 예견한 2045년을 딱 30년 앞둔 시점이었다. 그래서 미래가 어떻게 변화할지에 대한 궁금증과 우리가 미래를 향해 어떻게 변화해야 할지에 대한 고민을 풀어 보고자 30년 후의 대한민국 미래상을 전망해 보는 '2045 미래 사회@인터넷' 연구회를 가동했다.

'사물인터넷이다', '인공지능이다', 모두가 기술발달의 속도와 그 기술들의 우위성에 대해서만 경쟁하듯 이야기하고 반복적인 논의를 이어 갈 뿐, 정작 자신들이 주장하는 어마어마한 기술변혁 앞에 덩그마니 놓인 우리들에게는 무엇을 어떻게 해야 하는지에 대한 답을 내어놓지도, 찾아 주지도 않는 답답한 현실을 보며 불가피하게 내린 결정이었다.

안타까웠던 또 하나의 이유는 '미래에 대한 전문가는 있을 수 없다'는 분명한 사실 때문이다. 누구도 살아 보지 않은 미래를 마치 눈앞에 보이는 듯 이야기하며 모두들 전문가 연(然)하고 있었다. 문제는 잘 알지도 전체를 보지도 못하는 이들이 '미래'를 자신들의 입지와 이해를 넓히는 도구로 삼아 경쟁적으로 내뱉는 예지적 전망과 걱정들이 정책과 제도, 예산에 고스란히 투영되면서 미래 준비에 대한 논의가 매우 혼란스럽고 상충적이며 중복적이고 분파적으로 이루어지고, 자칫 '산으로 가버리는 형국'이 벌어지고 있었던 것이다.

공개적이고 객관적인 입장에서 미래에 대한 생각과 기대와 걱정들을 모아 내다 보면 법과 제도, 정책, 예산의 최대공약수를 찾을 수 있을 것이다. 또 이를 지속적으로 고치고 보완하며 연결과 협업의 최소공배수를 찾아 나간다면 과도한 거품이나 부족함이 해소되는 '공리(公利)적 미래 준비가 가능하지 않겠는가?' 하는 생각에서 연구회가 필요했다.

연구에 참여한 이들과 '인본'을 중심에 두고 다양한 미래 변화 이슈들에 대한 합리적 추론들을 찾아 나갔다. 우리들의 미래 예측서인 《2045 미래사회@인터넷 - 인본(人本)을 지키다》는 "그래서 사회는?", "그래서 삶은?"이라는 물음에 하나하나 답(答)을 채워 나가는 과정이었다. 우리들이 전(全) 과정을 끝까지 함께하지 못할 수도 있고, 결코 쉽지도 않을 거라는 것을 알면서도 이 일을 시작한 이유는 지금 우리의 미미한 노력이 10년 뒤, 20년 뒤, 그리고 광복 100년을 맞는 2045년을 바르게 준비하는 데 기여하리라 믿었기 때문이다.

지금껏 우리들은 먹고사는 문제를 해결하기 위해 '인간이 혁신하는 기술들'을 활용하고 그로 인한 변화를 겪어 왔다. 하지만 앞으로는 'AI처럼 기술이 스스로 혁신해 내는 기술들'이 인간의 생활양식이나 세계관, 문화 등 모든 영역에서 기존에 통용되던 경험과 판단의 기준을 송두리째 바꾸는 거대한 변화를 가져올 것이 분명하다.

우리가 다가오는 미래 변화의 충격을 조금이라도 줄이려면 부지런히 예측하고 대비해야 한다. 눈앞에 펼쳐질 지능정보시대의 충격은 20세기에 경험한 그것과는 비할 수 없을 정도의 편의와 함께 인간의 존재성에 대한 좌절과 시련도 가져올 것이기 때문이다.

아무런 생각 없이 변화의 소용돌이에 휩싸이면 방향감각을 잃어버리기 십상이다. 제대로 된 방향(方向)성을 찾아내지 못하면 결과에 대한 두려움 때문에 반사적으로 속도(速度)에 더욱 치중하는 것이 피할 수 없는 사람 심리다. 4차 산업혁명시대라는 지금 우리가 마주한 현실은 그저 단순히 선진국의 행태를 따라하거나 '빨리빨리'를 외쳐대던 예전과는 확연히 다른 국면이다.

사회 전반적인 영역에서 연결과 공유, 협력을 토대로 시간이 조금 걸리더라도 모두가 공감하는 정확한 방향성을 먼저 설정하는 것이 이 시대의 성패를 가름하는 핵심 요인이 될 것이다. 속도보다는 방향이, 그리고 정교함이 관건(關鍵)인 시대이다.

후기 인상파 화가 폴 고갱의 작품 제목처럼 '우리가 어디에서 왔는지, 우리가 누구인지, 우리는 어디로 가는지'라는 문제의식을 잊어서는 안 된다. 우리가 상상하고 예측할 미래는 기술의 미래가 아닌 인간의 미래다. 인간은 상수이며 기술은 변수일 뿐이다.

덧글

2017년 7월 《2045 미래사회@인터넷 - 인본(人本)을 지키다》의 후속 편 《2045 미래사회@인터넷 - 신뢰(信賴)를 세우다》가 출간되었다. 이 책은 인본을 지키는 기술혁신사회의 인프라는 기계와 인간, 권력과 인간, 인간과 인간 사이의 신뢰(信賴)라는 관점을 담고 있다.

바 다

— 백기승

쪽빛 꿈들은

하늘에 어리고

별빛 그리움으로

바다에 내린다.

쌓고

또

허물고 …

이루고

또

못 이루고 …

파란(波瀾)의 빛으로 부서지는

고래의 용솟음마저

수평선으로 감싸 안는

무심(無心)의 바다는

예나, 지금이나

거기에 있었다.

제 2 장

시대를 이끌

ICT 리더십을 고민하다

ICT 시대정신과 리더십

역사의 흐름을 바꾸는 변화는 거창한 혁명이 아니라 민중들이 겪은 결핍과 갈증으로부터 시작된다. 최근 재조명되는 이성계(李成桂)와 광해(光海)의 행보도 이와 같은 맥락으로 이해해 볼 수 있다.

위화도 회군으로 시작된 '조선의 건국'이 정당성을 인정받을 수 있었던 것은 기득권만 지키려고 한 여말(麗末) 권문세가의 횡포에 지친 민중들이 새로운 시대의 개막을 간절하게 갈구했기 때문이다.

평가가 엇갈려 온 광해가 명(明)나라와 후금(後金) 사이에서 내렸던 외교적 결단을 놓고 '명의 국운이 기울고 있다'는 시대적 통찰과 '조선의 자주를 이루겠다'는 대의(大義)에서 비롯된 것이라 재평가하는 것도 시대상황과 국민들의 정서가 투영된 때문이다.

ICT 분야에도 거대한 변화의 바람이 일고 있다. 어느 한쪽의 의지나 힘만으로 세상을 바꿀 수 있었던 시대가 지나고, 인터넷을 기반으로 모든 것이 연결되어야 유기적으로 반응하는 초(超)연결사회가 펼쳐지기 시작했다. 독자적 기술로 주도적 생태계를 만들어가던 아날로그적 시장지배전략은 이제 더 이상 글로벌 디지털시장에서 통하지 않는다.

변화하는 세상에 걸맞게 우리의 사고와 행동도 변해야 한다. 미래로의 전환점에 서 있는 우리에게 가장 결핍된 것이 융합과 협업의 경험이 아닌가 싶다. 성장과 이익의 지향을 자신에 국한시켰던 좁은 시야를 전후좌우 위아래로 넓혀야 한다. 각 분야에 흩어져 있는 역량들을 찾아 서로 묶어 내고, 기존 산업의 ICT 장착과 정보보호 내재화로 세계를 향한 경쟁력을 갖추도록 함께 도와야 한다.

이제는 ICT와 문화, 아이디어와 자본, 대기업과 중소기업, 중견기업과 스타트업, 기관과 기관 등 산학연관이 자유롭게 뭉쳐서 우리 경제에 활력을 불어넣고 글로벌 경쟁력을 갖출 수 있도록 단 한 번만이라도 제대로 된 융합과 협업이 이루어지기를 소망해 본다.

우리 ICT기업과 기관들이 먼저 '경제의 ICT화를 통한 국가 재도약'을 위해 손잡고 변화에 앞서 뛰는 모습을 보여 주었으면 한다. 경제 재도약이라는 국가적 명제 앞에서 실리나 셈하며 손을 펼쳐 맞잡는 대신 주먹만 움켜쥐고 있다면 융합과 협업과 연결의 ICT 시대정신 구현은 먼 나라 이야기나 다름없다. 이미 수많은 국가들이 국적과 영역을 불문하고 협업과 연결, 융합의 ICT 정신을 구현하며 미래시장에서 앞서 나가기 위해 손을 맞잡고 있다. 더 이상 지체하다가는 섬광(閃光)처럼 빠른 시장의 변화에서 낙오(落伍)될 것이 분명하다.

바람이 불면 연이 바람을 타고 하늘 높이 오르도록 물레를 풀어 줘야 한다. 더 높이 오를 수 있게 연실을 풀어 주지 않고 줄을 팽팽하게 당기고만 있으면 결국 줄은 끊어지고, 연에 실었던 모두의 희망도 곤두박질치고 만다. 거센 비바람과 장애를 이겨내고 ICT를 통한 경제 재도약의 갈망(渴望)이 이루어질 수 있도록 '보다 멀리 보는 안목'과 '먼저 손 내밀고 협력하는 용기', '과거의 갈등보다 미래의 희망에 힘을 쏟는 지혜'의 리더십이야말로 ICT시대가 요구하는 지도적 인사들의 역할과 맞닿아 있지 않을까?

아날로그시대의 갈등과 반목에 대한 합의와 타협도 중요하지만 이에 들어가는 시간의 의미와 'ICT시대의 기회'라는 기다려 주지 않는 시간의 값어치를 비교해 과감하게 미래로 건너뛰는 ICT적 리더십이 절실하게 기다려진다.

"길을 모르면 길을 찾고, 길이 없으면 길을 닦아야지!"
"가장 나쁜 것은 방관자다. 주인은 결코 방관하지 않는다."
존경받는 우리나라 창업기업가들이 남긴 말이다. 나라에 전란이 나면 군대가 나가 싸우듯 경제가 어려우면 기업인이 나서서 활로를 모색해야 한다. 투자와 고용을 책임감으로 실천하며 산업부국의 꿈을 실현하던 이들의 소명의식은 우리들에게 바람직한 기업가정신(entrepreneurship)으로 자연스레 각인돼 왔다.

하지만 요즘 기업인들의 모습은 이런 인식과는 큰 차이가 있어 보인다. 30대 그룹 내부유보금이 710조 원에 달하지만 '불확실하다'는 푸념과 엄살 뒤로 투자는 닫고 고용은 줄여 나가고 있다. 계열사를 팔아 현금보유를 늘리는 모습은 더욱 우려스럽다. 우리 경제의 미래가 달린 제조업의 ICT화를 통한 경쟁력 강화나 ICT 신규사업

진출로 새로운 활로를 찾는다는 소식은 잘 들리지 않는다.

국민들은 IMF 외환위기 당시 우리 기업들이 망할까 아이 돌반지와 금비녀를 가리지 않고 금 모으기 운동에 내놓았다. 국민들의 걱정을 조금이라도 무겁고 고맙게 생각했다면, 외환위기가 기업들의 방만한 해외투자 때문이 아니라 금융당국 외환관리 정책의 실패 때문이었다고 왜곡된 진실을 바로잡는 노력이라도 보였어야 했다. 정부는 이를 빌미로 근거 없는 부채비율 200% 기준을 도입했다. 재계는 잠시 억울하지만 고용과 투자 부담에서 영원히 벗어나는 실익을 택했다.

그때 이후, 재계는 그 오명에 한 번도 해명하거나 다투지 않았다. 그 결과 IMF 구조조정 이후 제조업 기반은 무너졌다. 도전과 열정으로 미래를 개척하고 투자하는 제2의 한국형 글로벌기업과 기업인은 더 이상 찾아보기 어렵게 된 이유이다.

전란이 나면 군대가 나서 싸우듯 경제가 어려우면 기업들 나서야

지금 우리 경제의 신호등은 빨간불이다. 수출과 생산, 투자 등 모든 동력이 꺾이면서 본격적인 저성장 국면에 처했다. 만약 삼성전자가 없었다면 우리 경제는 사실상의 블랙아웃(black-out) 상황이라 해도 지나치지 않을 것 같다. 그러한 이유로 거듭하여 추경을 편성하고 부동산을 비롯해 각종 규제를 풀며 내수를 진작시키고자 애써왔다. 저환율 저금리 기조의 유지와 법인세 동결로 경영부담을 줄여 주고 수출경쟁력도 지원했다. 중소기업과 창업기업 지원에 부처들이 협업을 하고 틈만 나면 기업인들의 고충을 청취했다.

하지만 그럼에도 불구하고 기업들은 여전히 불확실하다며 자신의 역할과 책임에 소홀하다. 이제는 정부가 뭘 더 어떻게 해줘야 약속한 투자와 고용을 이행할 것인지 물어야 한다. 우리 경제 재도약을 위한 경쟁력 강화와 신규 투자, 시장 개척에 앞장서는 기업가정신을 실천해 달라고 분명하게 요구해야 한다. 기업인들이 이야기하는 확실한 투자는 세상 어디에도 없다. 위험 축소와 대체 역량을 키우며 도전을 성취로 만드는 3, 4세대 경영자의 각성과 열정이 절실하다.

세계기업가정신발전기구(GEDI)가 발표한 '글로벌 기업가정신 지수 2017'에서 한국은 조사대상 137개국 중 27위를 차지했다. 경제규모가 우리보다 못한 칠레(18위), 에스토니아(23위) 보다도 낮은 수준이다. OECD 34개국 가운데서는 중하위권인 23위였다. 2015년에는 28위였다. 당시 한국의 '기업가정신 지수'는 세계(51점)는 물론, 아시아(64점) 평균에도 미치지 못하는 44점을 받았다.

미국, 영국, 독일 등 선진국들의 제조업은 여전히 살아 있다. 그러나 우리 경제의 성장을 주도하던 제조업은 산업화 이후 처음으로 마이너스 성장세를 보이고 있다. 제조업의 경쟁력 강화를 위한 연구개발에 투자를 늘리고 모바일혁명과 IoT시대에도 살아남을 수 있는 제조기반 국가경쟁력 확보방안을 서둘러 마련해야 한다. 쉽지 않은 여건이지만 경쟁력 확보를 위해 북한과 과감한 제조 분야 민간협력 방안도 꾸준히 연구해야 한다.

"시체가 썩지 않도록 보존하는 것보다 더 영웅적인 노력을 필요로 하는 것도 없지만, 그보다 더 무익한 일도 없다."

피터 드러커의 말이다.

우리 기업인들은 이미 생명줄이 다한 거대한 시체를 썩지 않게 하려고 발버둥치고 있는 것은 아닐까. 우리의 영웅적 노력을 가치 있는 것으로 만들려면 세상을 열심히 읽고 미래의 변화를 내다봐야 한다. ICT시대에 발현된 기업가정신 또한 다음 세대들이 보고 배워야 할 역사로 전달될 수 있도록 기업인들이 더욱 분발해야 한다. ICT시대에 필요한 것들 가운데 우리에게 가장 절실한 것은 바로 시대의 변화 속도에 걸맞은 기업가정신의 혁신이다.

운명의 시간을 늦춰 줄 ICT 혁신

어느 일간지가 국내 주요 기업경영자들과 경제학자들에게 우리 경제가 처한 '운명의 시간'을 물어보니, 절반 넘게 "이미 밤 11시를 넘어섰다"고 했단다. 경제회생이 우리에게 얼마나 절명적(絶命的) 현안인지 또 한 번 실감하게 된다. 그런데 이처럼 심각한 우리 경제에 희망의 숨결을 불어넣어야 할 주체인 기업들의 자발적 책임과 의욕이 정부와 국민들의 지나친 간섭과 간여로 오히려 위축되고 있는 것 같아 우려스럽다.

임병인 교수의 "기업수명 연구"에 따르면, 우리나라 신생기업의 5년 생존율은 고작 30%밖에 안 된단다. 100년을 넘은 기업은 7곳에 불과하고, 60년 이상 된 기업도 180여 개 남짓이다. 그만큼 한국에서 기업 하기 힘들다는 뜻이다. 그 와중에 기업의 성장과 경쟁을 윤리적 잣대로만 재단한다거나, 기업의 성과를 관(官)의 노력인 양 과시하기 위한 간여가 늘고 있다는 지적에 아연해질 수밖에 없다.

정책이나 법적 틀을 비롯해 가용한 모든 활성화 지원수단을 동원해 온 정부로서는 잘 뛰지 못하는 기업들이 답답하겠지만, '왜 이렇게까지 살피는데도 기업들이 뛰지 못하는지' 그 이유를 진지하게 살펴봐야 한다.

세계경제의 불확실성으로 움츠려들 수밖에 없는 상황일수록 그 틈을 보고 도전하며 책임감으로 내달리는 기업들이 많아야 하는데, 우리 기업들이 위기 앞에 당당히 맞서지 못하고, 국민 앞에 책임지지 않으며, 숨어들도록 길들여진 것은 혹여 우리 정부와 정치권은 물론 사회의 과도한 제약과 간섭 때문이 아니었을까?

역대 정부들이 경제를 너무 작의(作意)적으로 운용해 오며 반대급부로 제공한 저환율, 저금리, 저고용, 저투자, 저규제가 오랜 기간 지속적으로 맞아 온 항생제의 후유증처럼 '자생력 상실'을 일으킨 것이라면, 기업들의 생존에 정부가 보다 냉정한 입장을 취하는 것이 중장기적으로 우리 경제에 대한 바람직한 해법이 될 수 있다. 인간의 손에 길들여진 곰이나 여우가 야생에서 생존할 확률은 극히 낮다.

빠르게 다가오는 미래 인터넷사회는 우리 경제회생에 유일한 돌파구가 되어 줄 곳이다. ICT 인프라와 최고의 가전 경쟁력을 갖추고, 자동차를 만들며, 자체적 정보보호 역량을 갖춘 우리 같은 나라는 그리 많지 않다. 우리의 강점을 발휘할 수 있는 호기를 맞아 국가 위상과 산업 파이를 먼저 키우며 시장을 선점해 나가는 크고 긴 목표를 설정하는 지혜가 필요하다.

정부나 국민들이 스스로 클 의지가 없거나 기생하는 좀비기업을 숨아 내는 것은 백번 마땅하지만, 성장을 모색하는 과정에서 조금 미흡하다고 그때마다 숨아 내려는 것은 아예 자라지 말라는 것과 같다. 매를 들더라도 훈육의 뜻을 벗어나서는 안 되는 것처럼 일단은 몸집을 잘 키우도록 지켜도 봐야 한다.

정부는 경제의 파이를 키우고 경쟁력을 강화하는 기업 본연의 책무를 강압과 규제로 다그쳐서는 안 된다. 언론들도 경제문제에 대한 정부의 책임을 일방적으로 제기하여 관료들이 불필요한 규제와 정책을 양산하게끔 몰아가서는 안 된다. 자기 집 형광등이 고장 나도 정부를 탓하는 분위기를 만들어 버리면 희망의 불씨는 더욱 붙이기 어렵게 된다.

정부보다는 각각의 주체가 스스로 규제하고 책임지며 권한을 가지는 사회로 바뀌어야 한다. 이런 관점에서 기업의 승계를 어렵게 해 경영의 활력을 위축시키기보다, 쉽게 승계한 2, 3세 기업가들이 보여 주는 경영 일탈이나 비도덕적 행위에 대해 가혹하리만큼 엄격하게 처벌하고 책임을 묻는 패러다임으로 바뀌어야 한다.

미래 글로벌기업에게는 국경도 소속도 없다. 기업들이 일하기 좋은 곳에 몰리는 것은 순리(順理)다. 애플, 구글, 트위터 등 무려 1천여 개가 넘는 글로벌기업들이 아일랜드에 둥지를 튼 것은 법인세율이 낮기 때문이다. 낮은 법인세는 고용과 지역경제 활성화로 보상받았다. 국세청이 열심히 세원(稅源)을 찾아 나서도 돈 낼 기업들이 없거나 돈 번 기업들이 돌아오지 않으면 소용이 없다.

2017년 8월 한국은행이 발표한 〈경기 변동성 축소에 대한 재평가〉 보고서에 따르면, 글로벌 금융위기 이후 우리나라의 성장 잠재력이 축소되면서 경제성장 정도를 보여 주는 '국내총생산(GDP) 변동성'이 주요국에 비해 절반 수준으로 위축된 것으로 나타났다.

2010~2017년 GDP 변동성을 2000~2007년 변동성으로 나눈 결과, OECD 35개국 평균은 0. 9배인 데 비해 우리나라는 0. 5배에 그쳤다. 특히 우리나라는 경기 변동성 축소시기에 기업의 혁신활동이 저하되면서 소비 및 투자 성향 저하현상도 동반돼 나타나므로 기업 혁신역량 강화 등을 통한 경기회복 모멘텀 마련이 절실하다고 지적했다.

기업들은 사업하기 힘들고, 청소년들의 꿈은 공무원이라고 한다. 미래를 책임질 현재의 주인공들은 힘들고, 미래의 주인공들은 안정감을 좇아 사회현장 대신 고시원으로 몰리는 지금, 우리 경제의 시계가 정말 위험시간 11시 50분을 넘어서고 있는 것은 아닐까?

인본(人本)의 초연결이 국가경쟁력이다

미래학자 앨빈 토플러가 컴퓨터와 인터넷이 만드는 지식정보화사회라는 '제3의 물결'을 예견했을 당시, 의구심과 호기심에 가득 찬 세상의 반향(反響)은 가히 폭발적이었다. 산업혁명을 통해 아주 오랜 농업 중심 사회로부터 벗어나는 급격한 변화와 발전을 경험한 인류에게, 지식혁명은 또 다른 지평(地平)이 열리는 혁신적 발상이었기 때문이다.

하지만 오늘날 비약적으로 발전한 인터넷과 이동통신기술이 인류사회 전반을 초(超)연결 구조로 바꿔 가는 것을 보면, 마치 거세게 밀려들어 오는 새 물결에 부서져 흩어지는 앞 물결처럼 '제3의 물결'은 꽤나 오래 전의 기억처럼 느껴진다.

우리나라에서도 초연결 혁명에 의한 변화가 빠르게 일어나고 있다. 이른바 'IoT'를 화두로 지능형 센서나 원격 정보처리 및 근거리 통신, 정보보호 등의 기술이 발전하면서 생활과 서비스 등 다양한 분야가 네트워크로 연결되고 있으며, 이종(異種) 분야 간 융합도 가속화하는 분위기다. 남들보다 앞서 IT 인프라를 구축해 온 우리이기에 IoT, 클라우드, Mobile, AI, VR 같은 ICT 신기술에 대한 관심과 열기 또한 매우 높고 뜨겁다.

하지만 이런 열기를 이끌고 뒷받침하는 제도나 정책이 경쟁력과 성과를 만들어 내는 데에는 그다지 효율적이지 못한 것 같다. 새로운 변화를 지나간 틀에 담아내려다 보니 벌어지는 예견된 문제가 아닐 수 없다. 변화를 이야기한 지 한참 지난 지금까지도 별로 변화된 것이 없다는 것이 우리의 진짜 문제인 것이다. 온 · 오프라인의 경계를 빠르게 허물어뜨리는 4차 산업혁명을 이끌어 나가기 위한 공유와 융합의 소프트성장 인프라를 구축하는 일이 왠지 우리에게는 그다지 순탄해 보이지 않는다.

미래사회에서의 생존력은 강한 자와 약한 자가 아니라 빠른 자와 느린 자로 구별될 것이다. 이런 경쟁조건이 그나마 우리에게 다행인 이유는 ICT시대에 절대적 강자가 되고자 하는 의지와 경쟁은 치열하지만 아직 시장이나 기술, 서비스가 완전히 고착화되지는 않았다는 것이다. 그래도 아직까지는 우리도 해볼 수 있는 여지가 조금은 있다는 이야기다.

이런 측면에서 보면 우리가 기술은 조금 부족하지만 기초체력은 갖추고 있다는 것은 큰 강점이다. 중요한 것은 지금부터는 유능한 지도자를 만나 보유한 체력이 더 탄탄해질 수 있도록 근력과 체형을 강화, 교정하는 데 집중하면서 세계 일류들의 기술적 우위를 따라잡는 데 집중하는 것이다.

그간 망(網)의 속도와 시설 중심으로 정량적 성장을 기해 온 우리나라의 경우, 망을 채우는 플랫폼과 콘텐츠같이 복합적 영역의 경쟁력을 확보하는 것이 다소 버겁고 불편할 수 있다. 하지만 모든 인류가 ICT의 혜택을 함께 누릴 수 있도록 성장과 포용, 지속 가능한 혁신이라는 우리들만의 가치와 신념을 담은 기술과 콘텐츠로 공략해 나간다면 못할 것도 안 될 것도 없다.

우리에게 익숙한 '홍익인간'(弘益人間)의 인본적 가치는 초(超)연결시대의 지향(指向)으로 매우 유용해 보인다. ICT가 세상의 다양성과 포용성을 담아낼 때에만 그 혜택을 인류가 함께 누릴 수 있기 때문이다. 우리가 지향해야 하는 미래는 인간의 무한한 상상력과 창의력이 새로운 가치로 창출되며 지속발전이 가능한 인간 중심의 세상이다.

이러한 비전 위에서 초연결시대 핵심 이슈인 공유기반 확산, 사회현안 해결 모색, ICT 역량 강화 등을 전략적으로 실행해 나갈 필요가 있다. 일례로, 에너지 수급체계 개선을 위한 에너지 수요관리 강화, 신재생 에너지 보급 확대, 에너지 믹스의 안정성과 환경성 제고 등 지속가능한 에너지체계 구축은 사회문제 해결 모색의 좋은 본보기가 될 것이다.

또한 초연결사회가 각 분야 간 연결 및 융복합 활성화를 촉진하고 모든 지식과 자원의 공유가 용이해진다는 점에 주목해야 한다. IoT와 녹색기술, 생명공학기술 등 과학기술의 융합을 통해 인간 삶의 행복을 증진하는 새로운 산업을 창출해 나가는 선도적 역할을 토대로 우리가 초연결사회에서 인류에게 제공하는 진정한 가치를 알리고 ICT산업의 경쟁력을 만들어 나가야 한다.

이 같은 노력을 통해 정부·기업·개인 모두에게 밝은 미래 인터넷사회가 설계되고, 우리의 인본적 구상이 글로벌 공감을 얻어 4차 산업혁명의 혜택을 인류 전체가 골고루 향유하는 '디지털 홍익인간(弘益人間)의 세상'이 구현되기를 희망한다.

실크로드는 물리적 접근이 어려웠던 동·서양 두 진영이 정신과 과학을 교환하는 아주 작고 험난한 길이였지만, 인류에게 새로운 발전과 도약을 가능하게 해준 기회와 번영의 상징이기도 하다. 지금 우리는 정보화 사회의 성숙기에서 ICT·인터넷 강국으로 살아남기 위해 반드시 초연결 혁명을 성공으로 이끌어야 한다. 그러기 위해 무한한 가능성으로 우리를 안내할 제2의 실크로드에 싣고 떠날 인본주의적 비전과 기술, 콘텐츠를 준비하는 데 정부와 민간이 긴밀하게 머리를 맞대고 힘을 모아야 할 때다.

우리가 고민해야 할 것은 '사람'

인간이 인공지능(AI)과 사랑에 빠지는 것이 가능할까?

2014년 개봉한 영화 〈그녀〉(Her)는 가짜 감정과 표현을 담아 글을 쓰던 대필작가가 가짜 존재인 AI 운영체제와 진짜 감정인 '사랑'을 느끼는 역설적인 이야기를 담고 있다.

다른 사람의 감정을 대신 전달하는 일을 하면서 고독과 공허함이 커져만 가던 주인공이 사만다(AI OS)와 운명적으로 만나게 되고, 점차 둘은 서로에게 이성적 호감을 느끼며 연인으로 발전한다. 그러나 인간과 상호작용을 통해 끝없이 진화하는 사만다는 인간의 수준을 뛰어넘어 결국 스스로의 존재에 대한 탐색과 능력의 진화를 위해 주인공을 떠나는 것으로 영화는 끝난다.

과거 기술로는 불가능하다고 여겨지던 일들이 점점 현실화되고 있다. 이미 AI 알파고와 인간의 바둑 대결을 통해 미래 기술의 급격한 진보를 체감한 우리들은 아마도 구글, 페이스북, 애플 등 ICT 기업들이 앞다투어 선보이는 챗봇(chat-bot)들을 거리낌 없이 이용하게 될 것이다.

점차 이러한 서비스들은 영화 〈그녀〉의 사만다처럼 스케줄 관리나 필요정보 제공에 그치지 않고 위로와 격려까지 해주는 인간의 대체적 존재로 부상할 것이다. 그리고 그들 중 어느 것은 통제를 벗어나 자유의지에 따라 행동하는 상황이 발생할 수도 있다.

이는 우리 삶을 더욱 편리하고 안전하게 영위하기 위해 개발한 기술들이 자칫하면 인간을 종속시키는 족쇄가 될 수 있음을 시사한다. 이미 인간은 삶의 많은 영역에서 AI와 로봇 등 ICT에 의존한다. 하지만 인간의 능력을 확장해 주는 이 같은 마법의 도구들이 아직은 계층 간 격차와 소외를 양산하고, 영화 〈터미네이터〉나 〈매트릭스〉처럼 인간을 감시 통제하며 생명을 위협할지도 모른다는 우려를 지워 내지 못하고 있다.

역설적인 우려와 관련하여 이쯤에서 ICT 발전의 근본적 지향은 어디인지 다시 생각해 볼 필요가 있다. 지금까지의 인터넷 발전이 데이터와 정보 그리고 시스템의 확장과 연결이었다면, 초연결시대의 지향은 바로 '인본'(人本)이어야 한다. 혁신적이고 창의적인 기술의 개발이 금전적 이득과 사회적 향상을 가져오겠지만 그 기술의 기저에는 인간의 존엄성과 가치를 보호하고 편의와 행복을 증진시키는 수단일 뿐이라는 양식(良識)이 내재되어야 한다.

AI, 유전자 재조합, 사이보그와 같은 미래 기술에 대한 과신과 남용을 방지하고, 그 혜택이 다수에게 돌아갈 수 있도록 사회적인 효용과 안전을 최우선으로 고려하기 위한 지구적 협력도 필요하다. '인본주의적 관점에서 사이버보안 공동대응의 중요성'을 내세우며 사람에게 이로운 미래 인터넷에 대한 논의의 깊이와 범위를 대폭 확장해야 한다.

하나의 문제를 해결하기 위해 고려해야 할 요소들과, 그것이 미치는 영향이 마치 나비효과처럼 사회를 넘어 세상 전체로 파급되는 상황에서 인간을 위한 기술이 외려 인간을 위협하는 '손잡이 없는 칼날'이 되지 않도록 인본에 뿌리를 둔 미래 기술발전에 대한 논의를 시작해야 한다.

우리는 언젠가 원하는 답을 얻게 될 것이다. 하지만 ICT시대에도 여전히 '사람이 제일 무섭다'는 현명한 답은 그냥 얻어지지 않는다. 'ICT의 주체는 인간이며 기술혁신의 근본(根本)은 인본에서 시작된다'는 것을 과학과 기술의 모태(母胎)적 문화와 윤리로 세워야한다.

인간과 기술의 공존(共存)

"위기의 시간일수록 서로 연결되고 나누는 것이 중요해집니다."

　네팔 대지진 발생 직후 이틀 만에 페이스북을 통해 1천만 달러가 모금되자 마크 저커버그 페이스북 최고경영자(CEO)가 자신의 프로필에 남긴 말이다. 2015년 네팔을 덮친 강진(强震)의 참상(慘狀)을 세상에 가장 먼저 알리고 구호의 손길을 모은 것은 다름 아닌 '소셜네트워크서비스'(SNS)였다.

　인터넷은 ICT 기기들을 통해 사람과 사람, 사람과 사물 간 소통을 가능케 했으며, 상호 공유와 개방을 촉진함으로써 삶의 시공적(時空的) 한계를 무한대로 넓혀 주고 있다. 일례로, 스마트폰의 대중화로 우리는 언제, 어디서나 인터넷 접속을 통해 지식과 정보와 안부를 실시간으로 묻고 확인할 수 있게 되었다. 웨어러블 기기로 우리는 생체정보를 기록하고, 병원과 연결함으로써 원격으로 집에서도 진료 서비스를 받을 수 있게 됐다. 각종 ICT 기기가 수집한 정보들이 정제(精製)되어 개개인에 최적화된 맞춤 서비스가 제공되는 세상이 열리고 있는 것이다.

　하지만 문제는 '더 없이 편리해지는 인터넷 세상이 언제나 우리에게 희망과 편의만 안겨 주지는 않는다'는 사실이다. 인터넷을 이용하는 모든 이들이 때로는 피해자, 때로는 가해자가 되는 양면성을 띠듯이 악성댓글, 마녀사냥식 신상 털기, 허위사실 유포, 사이버 사기 등은 외면하고 싶지만 어느새 일상처럼 녹아든 인터넷의 또 다른 얼굴이 되었다.

언제부터 우리는 인터넷의 발전이 가져올 어두운 변화를 두려워하게 됐을까. 인터넷을 책임지지 않는 감정과 범의(犯意)의 배설지(排泄地)로 삼아 근거 없는 비방과 루머, 협박과 공격으로 오염시키는 원인은 무엇일까?

일찍이 알베르트 아인슈타인은 과학기술이 인간의 소통을 뛰어넘을 날을 두려워했다. 그가 경고한 '바보 천치들의 세상'이 바로 갈등과 분열이 가득한 인터넷 공간과 기술활용의 인본적(人本的) 가치를 모르는 인간의 탐욕을 가리킨 건 아니었을까.

ICT 인프라나 활용도 면에서 세계 1, 2위를 다투는 우리나라도 ICT의 기술적 진보와 산업적 활용에만 치중하다 보니 미래 인터넷이 가져올 사회적 변화에 대한 고민과 준비에는 상대적으로 소홀한 것이 사실이다.

선택과 집중으로 뒤늦은 산업화를 성공시킨 우리나라의 경우, 연결·융합·협업·공유·개방이라는 미래 인터넷시대의 특성과는 다른 길을 걸어 온 탓에 덜컥거리며 부딪치는 기존의 가치들과의 원만한 연결과 조화로운 융합 과정이 무엇보다 절실하다.

이유야 어떻든 이제부터라도 모든 사람과 사물들이 연결되고 각 분야의 경계가 허물어지는 초(超)연결사회를 앞서 나가기 위해서는 기존에 익숙했던 것으로부터 과감하고 신속하게 벗어나야 한다. 앞서 언급한 네팔 지진사태에서 SNS와 같은 인터넷 서비스가 지구적 손길을 연결하며 보여 준 인터넷의 인본적 활용은 미래 인터넷이 나아가야 할 지표이다. 그 어떤 기술이라도 인간답게 사용될 때에 가치 있는 미래를 열게 되기 때문이다. 포용과 배려, 책임이 미래 인터넷을 떠받치는 기저(基底)의 가치로 확립될 때 '사람 냄새 나는 인터넷 세상'에 더욱 가까워질 수 있을 것이다.

이러한 '인간 중심의 인터넷'은 기술발전이 가속될수록 그 중요성을 더할 것이다. 맑은 봄날을 기대하는 마음에 내려앉는 노란 먼지, 황사를 예로 들어 보자. 형형색색의 꽃 천지를 이뤄야 할 봄날이 극성을 떠는 미세먼지로 희뿌옇게 변한 모습에 사람들은 걱정을 넘어 두려움을 느끼는 듯하다. 눈으로 측정할 수 없는 작은 먼지 입자가 당장의 호흡을 막지는 않겠지만 몸속에 침투한 먼지가 무슨 병을 어떻게 일으킬지 알 수 없기 때문이다.

'께름칙함'은 인과관계의 정확성이 보이지 않는 불행한 결과 때문이며, '두려움'은 인과관계를 모르니 앞으로 발생할 일을 통제할 수 없다는 데서 기인한다. 미세먼지처럼 보이지 않게 우리 삶에 스며든 ICT가 미래에 대한 기대와 우려가 교차하게 만들고 있다.

바둑을 이기기 위해 태어난 기계 알파고의 무한한 진화를 보면서, 예측 불가능한 학습능력으로 끝을 알 수 없이 유능해지는 '기계

에 의해 인간이 밀려나는 상황을 맞이하게 되지 않을까?'라는 불안
감은 일상이 된 지 오래다. AI 기술이 자가 발전하는 단계에 이르면
'인류가 의도한 목표'와 전혀 다르게 변이될 수도 있다는 우려와 경
고는 과학기술 발전의 디스토피아적 전망에 힘을 싣는다.

불과 30년 후인 2045년이면 컴퓨터 연산능력이 인간 지능을 완전
히 초월할 것이라고 전문가들은 예측한다. 과연 그때에도 인간은
여전히 기술을 통제할 수 있을까? 유튜브에서 화제가 된 '로봇 그네
타기 실험' 영상에서 실마리를 찾을 수 있을 것 같다. 실험자가 하
나의 로봇에는 그네 타기 알고리즘을 입력하고, 다른 로봇에는 그
네 타기를 스스로 학습하며 진화하도록 유전적 알고리즘(AI)을 설
정했다. 결과는 놀랍게도 그네 타는 법을 가르쳐 준 로봇보다 사람
이 쓰지 않은 방식을 스스로 터득해 낸 AI 장착 로봇이 더 잘 탄다는
것이었다.

그렇다면 정말 이 같은 디스토피아적 전망처럼 예측 불가능한 상
황이라고 해서 반드시 통제가 불가능한 것일까?

분명 기술진화의 끝은 예측이 불가능해 보인다. 하지만 영상 속
로봇은 중지 명령을 받지 못한다면 여전히 인간이 설정한 대로 그
네만 타고 있을 것이다. 물론 로봇이 예상보다 그네를 높고 멀리 굴
러 행인과 부딪칠 위험이 있을 수 있겠지만, 이 또한 그네 타기와
인간 보호의 우선순위를 정하고 진폭의 한계도 정해 주면 될 문제
다. 중요한 것은 AI 진화의 한계 예측이 불가능하더라도, 인간이

AI 진화의 목적과 수준, 윤리적 기준을 통제하는 노력은 가능하다는 점이다.

IoT, AI, 로봇, VR 등 진화하는 신기술의 이름이 무엇이든 인간을 위협하는 기술발전에 제동을 거는 수단 없이는 들이닥칠 파국의 시간을 막을 수 없어 보인다. 기술발전의 역사상 그 어느 때보다 '인본'의 의미가 중요해지는 시점이다. '인류를 위한 인본적 기술의 가치를 과학기술 발전의 최우선 덕목으로 삼겠다'는 과학기술인들의 다짐과 실천헌장이라도 나와야 한다. 안전한 미래를 위해 기술적인 안전장치와 함께, 기술을 만드는 사람에 대한 안전장치인 '인간 중심 DNA'를 심어 나가야 한다. 인간을 위한 ICT시대에 역설적으로 결핍돼 가는 휴머니즘의 가치를 공유하고 균형을 맞추는 일은 매우 중요하다.

흥분과 충격은 이제 가라앉히고 인간에 의한, 인간을 위한, 인간 중심 기술의 가치를 어떻게 구현해 나갈지 차분하게 고민해 보자. 긴 장마가 그래도 반가운 것은 오랜 가뭄과 미세먼지의 답답함을 씻어 내고 성숙한 계절로 나아갈 힘을 조금이나마 되찾아 줄 것이기 때문이다. 반가운 장맛비처럼 지금 우리가 해야 할 일은 과학과 기술이 밝고 맑은 30년, 100년 후의 미래를 꽃피워 내도록 인본의 스프링클러를 틀어 주는 일이다.

'아인슈타인 헌장(憲章)'이 필요한 시대

"요즘 젊은이들은 어른을 공경할 줄 몰라!"라는 어르신들의 푸념을 더욱 자주 듣게 되는 것 같다. 한마디로 '싸가지가 없다'는 이야기다. 그런데 이런 푸념들이 기원전 동굴벽화에도 적혀 있었다니 세대 간 격차와 갈등은 인류 역사와 함께해 온 난제가 아닐 수 없다.

하지만 기록과 풍습을 보면 동서양을 막론하고 옛날 옛날 한옛날, 고리짝 시절로 올라갈수록 집안이나 동네 인근에서 나이 지긋한 어르신들의 위상과 권위는 지금보다 훨씬 높고 소중하게 여겨졌던 것 같다. 그도 그럴 것이 특별히 바뀌지 않는 생존환경에서 천문이나 지리를 경험으로 꿰뚫고, 열매와 곡식이 많은 채집지(地)나 동굴 같은 안전하고 따뜻한 숙영지도 경험적으로 알고 있으며, 물고기 잡는 법, 사냥하는 법, 씨 뿌리는 법, 함께 사는 법 등을 가르쳐 주는 지혜와 지식으로서의 존재적 가치가 있었기 때문이다.

어르신들의 이런 경험과 지식의 가치는 농업혁명을 거쳐 기계를 이용한 3차 산업혁명 중반부까지는 흔들림 없이 인정되어 왔다. 그러나 기술 발달로 인해 컴퓨터가 발명되고 생활에 도입된 인터넷을 비롯한 각종 ICT 기기와 서비스들이 어르신들의 경험과 지혜를 대체(代替)하기 시작했다. 기기 조작이나 운용에 훨씬 익숙해진 젊은 세대들은 이제 특별히 어르신들에게 물어볼 것도 배울 것도 없고, 오히려 과거에 집착하며 적응력이 떨어지는 나이 든 세대를 쓸모없는 뒷방 늙은이로 취급하게 된 것이다.

전혀 다른 사회적, 문화적, 기술적 환경에 놓인 젊은이들은 이제 자신들이 주도하는 시대가 열릴 거라고 믿었다. 하지만 그도 잠시, 인간의 능력보다 너무 앞선 기술 발달의 속도로 말미암아 머지않아 지금 우리가 가진 일자리를 AI나 로봇들이 대체할 것이라는 전망이 한창이다. 이렇다 할 시대적 우위를 누려 보지 못한 현재를 살아가는 청년들로서는 참으로 황당하고 아연한 지경이 아닐 수 없게 되었다. 이제부터 어르신들의 경험과 지혜에 묻지 않고 자신들이 스스로 답을 찾아서 해결하려 했는데, 그게 아니라 이제 기계들이 자신들을 제쳐 놓고 알아서 다 한다는 거다. 기가 찰 일이다.

이러한 사회적 환경변화로 인해 나이 든 어르신들의 고민도 깊어졌다. 원시채집사회든, 수렵사회든, 농경사회든, 산업사회든 크게 바뀌지도 않고 오래가는 지식과 기술로 이른바 '경쟁력'을 유지하며 행세를 해왔는데 이제 그게 마음대로 되지 않는 것이다. 자신의 경험과 지식을 어떻게 하면 더 많은 젊은이들에게 전파해 줄 것인가를 고민하는 대신, 가늠할 수 없을 정도로 빠르게 바뀌는 기술을 배우고 어떻게 달라진 세상에 적응하며 살아남을지를 걱정해야 하는 상황이 된 것이다. 입장이 180도 바뀌었다.

어쩌면 이제 젊은이들과 무한경쟁의 관계에 들어선 것인지도 모르겠다. 이러다 보니 "싸가지가 없다!"는 푸념과 "해준 게 뭐 있냐?"는 볼멘소리가 심심치 않게 부딪치는 것이다.

4차 산업혁명시대를 맞는 인류의 함정(陷穽)이 바로 이런 문제가 아닐까 싶다. ICT 발전과 AI, 로봇 이용의 활성화가 산업생산과 경제성장에 엄청난 기여를 할 것이라는 낙관론에 힘을 실으며 정책과 예산, 공력을 집중하고 있다. 하지만 문제는 인간의 감성영역까지 치고 들어오는 AI와 로봇들의 진격은 과거 3차 산업혁명 초기 기계파괴(러다이트) 운동을 하던 때의 우려와는 전혀 다른 상황이라는 것이다. 기계에 의한 제조력 상승이 서비스산업 영역 확대로 이어지면서 일자리와 구매력을 공급해 주던 경제순환 구조는 이제 생각하는 기계들이 서비스 영역에서까지 인간을 밀어내면서 인간의 노동력을 무가치하게 만들어 구매력 없는 실직자들을 양산하는 악순환 구조로 바뀔 수 있기 때문이다.

그래서 굳이 소설을 써보자면, 일자리를 기계들에게 빼앗긴 인간들이 '생각하는 기계들'을 몰아내자는 '신(新) 러다이트 운동' 같은 일들을 계획하고, 이를 간파한 생각하는 기계들이 선수를 쳐서 인류 멸망의 시나리오를 짠다는 … 뭐 그런 거 말이다.

노동의 가치가 없어진 미래, 소득을 만들어 낼 방법이 막힌 미래, 기계가 인간의 운명을 옭죄는 미래에 대한 대비와 연구 없이는 누구도 행복하지 않으며 행복할 수 없는 미래로 익사(溺死) 하듯 끌려들어 갈 수밖에 없다.

의사들은 히포크라테스 선서를 통해 인간 생명의 가치와 존엄성을 지키겠다는 의료인으로서의 다짐을 한다. 물론 그렇게 하더라도 예외적으로 사이비나 파렴치한 의료인들이 종종 나오곤 하지만 말이다. 이런 관점에서 인류의 삶에 지대하고도 치명적인 영향을 미칠 수 있는 과학기술인들의 인본적 연구개발 선언은 반드시 필요해 보인다.

지난 봄 주제넘게도 카이스트 초청강의를 하면서 "세상에 나쁜 과학은 없다"고 한 아인슈타인의 철학을 살려서, 이른바 '아인슈타인 헌장(憲章)'이라도 만들자고 제안한 적이 있다. '기술혁신의 끝은 반드시 인간의 안전과 행복을 넘지 않아야 한다'는 골자의 내용이 담기면 좋겠다 싶었다.

영화에서나 볼 수 있을 것 같은 일들이 이제 현실에서 직접 벌어지고 있다. 아주 희망적인 모습이든 비극적인 모습이든 곧 우리 앞에 들이닥칠 것은 분명하다. 둘 중 하나만 따로 오는 것이 아니라, 두 가지 모습이 뒤엉켜서 나타날 것이 확실하다. 만약 지금부터 우리가 걱정하는 암울한 미래의 조짐들을 관리하고 대응하지 않는다면 말이다.

빠르게 다가오는 미래가 기계의 시대가 아닌 인간의 시대가 될 수 있도록 하려면 우리들이 반드시 해야만 하는 일들이 있다. 이를 실행에 옮기는 첫 번째 단추는 인간을 존중하는 과학기술 혁신의 한계(限界)를 분명하게 설정(設定)하는 일이다. 아울러 이를 지켜 낼 수 있는 글로벌 규범(norm)과 시스템을 서둘러 갖추는 일이다.

그 두 번째 단추는 ICT시대의 새로운 가치창출이 융합과 협업으로 이루어지듯 인본(humanity)의 가치를 지키기 위한 위험 관리와 대응에 협력과 공조를 넓히는 일이다.

마지막 단추는 4차 산업혁명의 경쟁력이자 안전판으로서 기술의 파괴적 진화에 상응하는 사회의 인본적 역량을 개발해 나가는 것이다. 인본의 사고를 바탕으로 창의성과 감성이 넘치는 과학기술 인재를 조련하고, 균형과 한계관리의 정책기능을 강화하며, 시대의 낙오와 이탈을 관리 지원하는 사회 시스템을 갖추는 것이다.

이런 일들을 준비하고 풀어 나가는 또 하나의 축으로서 4차 산업혁명이 가져올 미래 인터넷사회의 '긍정'과 '부정'에 대해 지속적으로 연구하고 인본과 신뢰를 지켜 내는 실행의 틀로서 사회 각 분야가 함께하는 (가칭) '휴먼인터넷재단'(Human Internet Foundation)의 설립을 제안하고자 한다. 미래의 논의와 실행을 이끌어 나갈 틀을 마련하는 일은 국가적으로는 물론, 최근 '유엔 차원의 인본을 지키는 노력이 필요하다'는 주장들이 힘을 얻어 가는 데 비추어 글로벌 협력의 선도적인 입장과 지지 기반을 만들어 가는 데에도 유용해 보인다.

이 재단을 통해 안전(safety), 권리(right), 제재(sanction), 평화(peace), 소외(isolation), 공존(coexistence) 등 인터넷 기반 위에서 일

어나는 인본적 문제들을 지구적으로 공론화하고 해결책을 모색하는 등의 활동을 펼침으로써 국가·기업·개인 모두에게 밝은 미래 인터넷사회가 설계되고 4차 산업혁명의 혜택이 인류 전체에 골고루 향유되는 '디지털 홍익인간(弘益人間)의 세상'이 구현되기를 기대해 본다.

　한때는 인간의 수명보다 기술의 그것이 훨씬 더 길었다. 그러나 불과 몇십 년 새 인간 수명은 길어진 반면, 기술의 수명은 너무도 짧아진 역설(逆說)이 벌어졌다. 일생에 변화를 한두 번 겪을까 말까 했던 사람들은 변화가 일상이 된 세상을 어떻게 살아가야 할지 두려운 마음으로 걱정하고 있다.

'4차 산업혁명' 담론(談論)에 앞서

'4차 산업혁명'의 바람이 거세다. 오랜 침체의 고통과 불안 때문인지 서둘러 과거와 단절하고 싶은 간절한 바람들 앞에 던져진 메시아의 계시처럼 업종과 계열, 영역을 불문하고 지구촌 곳곳이 '4차 산업혁명' 앓이를 하고 있다. 매일이다시피 새 책들이 몇 권씩 쏟아져 나오고, 관련 학회와 포럼, 세미나, 강연 등은 앞다투어 '4차 산업혁명'을 주제로 다루고 있다. 이에 맞춰 지능정보사회로 가는 정책들도 줄지어 발표되고 있다.

하지만 그런 한편에선 비판적 고찰과 합리적 의심 없이 일방적인 성장 담론으로만 힘이 실리는 4차 산업혁명 논의에 대한 우려와 경고도 나오고 있다. 과연 우리는 4차 산업혁명시대의 도래라는 상황에 어떻게 대처해야 할까?

신문이나 인터넷 사이트 어디를 보아도 '4차 산업혁명'이라는 키워드를 쓰지 않은 곳을 찾기 힘든 요즘이다. 갑자기 궁금해진다. 우리가 언제부터 이렇게 4번째 산업혁명에 지대한 관심을 갖기 시작했는지? 나와 같은 궁금증을 가진 사람들이 적지 않은 모양인지 신문 지면에서 다음과 같은 기사를 어렵지 않게 만날 수 있었다.

온라인서점 검색창에 '4차 산업혁명'이 제목이나 부제목으로 사용된 책들을 검색해 보니 134종가량이 나온다. 대부분 2015년 이후에 출간된 책들이다. 이 가운데 전체의 73%에 해당하는 98종은 올 상반기에 출간됐다. 지난해 출간된 관련 도서가 34종이며, 2015년에는 단 2종에 불과하다.

전례 없이 높은 관심과 지금 우리의 '4차 산업혁명' 추진 현실 사이에 괴리(乖離)는 정말 없는 것일까? 대선 공약은 물론, 기업체 보고서와 각종 단행본에 이르기까지 '4차 산업혁명'에 대한 담론은 넘쳐 나지만 이를 추진한다는 이들의 실체적 움직임은 왠지 어설프고 모호하다는 생각이 떠나질 않는다.

더욱 우려스러운 것은 선진국들은 4차 산업혁명을 노동인구 감소 대책이나 노인복지 증진과 같은 사회문제 해결을 위한 실체적인 해법 찾기에 적극 활용하는 반면, 만발하는 우리의 '4차 산업혁명' 논의는 장밋빛의 일방적인 성장담론으로 치달으면서 추진 프레임과 권한에 더욱 관심을 기울이고 있다는 점이다. 4차 산업혁명의 기술적 진화는 분명히 일어나겠지만, 이것이 일방적인 '기술 입국론'으로 포장되는 것은 정부 주도 3차 산업혁명의 추억이 짙은 한국에서만 보이는 아주 독특한 현상이다.

'혁명'이라는 용어는 발생과 동시에 생겨나는 것이 아니라 사후에 그 영향과 의미의 평가를 통해 붙여지는 것이라는 점에서 작금에 일고 있는 4차 산업혁명 열풍은 다소 성급하고 기대적인 측면이 강해 보인다. 그래서 일각에서는 '디지털혁명의 연장선' 또는 '기술적 신자유주의'라고 칭하며 '혁명'이라는 용어 사용을 대체하려는 움직임을 보이기도 한다.

일전에 읽었던 어느 글에서 "애초부터 산업혁명 자체가 1차, 2차, 3차, 4차라는 차수로 구분되는 개념이 아니다. 제레미 리프킨 교수나 클라우스 슈밥 교수도 자신들의 이론을 발표하면서 그로 인한 변화의 중요성이 '혁명'에 비견할 만하다는 메타포(隱喩)적 표현을 사용한 까닭에 자연스럽게 4차라는 미래적 관형어와 결합된 것"이라는 대목은 흥미로웠다.

그렇다. 어쩌면 우리가 3차 산업혁명의 하이라이트인 인터넷과 ICT 혁신을 실체적 역사로 새기기 위해 늘 그래 왔듯 '4차 산업혁명이라는 메타포적 표현'을 빌려 기술의 혁명적 혁신을 전제로 산업·경제 환경의 대변혁을 지레 예단하는 것은 아닌지 모르겠다.

ICT 발전이 가져오는 산업과 경제·사회 전반의 변화는 불가항력적이다. 그것이 무엇이든 우리가 먼저 준비하고 극복해야 하는 미래의 환경임에 틀림없다. 다만 기술의 발전이 야기할 구체적인 '득'(得)과 '실'(失)은 무엇인지, 우리나라 상황에서 어떤 '득'에 초점을 맞추고 어떤 '실'에 대비할지에 대한 실질적인 논의 없이 모호한 담론(談論)만 늘어놓기에는 주어진 시간이 넉넉하지 않아 보인다. 더욱이 그런 고민과 대비 없이 '우리가 미래사회를 단단히 준비하고 있다'고 국민들이 믿게끔 하는 것은 아주 잘못된 행태다.

기술의 진화 속도가 빠른 ICT 분야는 특정 신기술이나 특이할 만한 현상을 일컫는 키워드에 대한 관심도가 높은 대신, 해당 키워드가 주는 피로도 또한 매우 빠르게 파급되는 특징을 보인다. 핀테크나 IoT, 블록체인 등과 같은 기술적 변화에 대한 현재의 관심도가 처음 그 용어들을 접했을 때의 설렘이나 궁금함과는 천양지차로 달라진 내 자신만 보더라도 쉽게 알 수 있다. 새로워야 한다는 강박과 뒤처지면 안 된다는 일종의 고정관념이 초래하는 역기능을 경계하면서 우리는 지금 우리가 처한 혁명 수준의 기술 변화와 그에 따른 사회적 가치혁신에 주목해야 한다.

중요한 것은 '산업혁명'이라는 단어 자체에 천착하지 말고, 우리가 마주한 현실의 실체적 변화에 오감(五感), 아니 육감(六感)까지 초집중할 필요가 있다는 점이다. 클라우스 슈밥 교수가 '4차 산업혁명'에 관해 "이러한 기술은 수십억 명의 사람들을 계속해서 웹에 연결시키고, 비즈니스 및 조직의 효율성을 획기적으로 향상시키며, 더 나은 자산관리를 통해 자연환경을 재생산할 수 있는 큰 잠재력을 가지고 있다"고 논한 행간(行間)의 의미를 정교하게 분석하여 우리에게 필요하고 적합한 정책적 접근이 무엇인지를 고민하는 노력이 필요하다는 것이다.

'우리는 과연 상상을 초월한 분야들의 무한한 개방으로 서로 연결되는 사회를 구축할 수 있을까?', '서비스를 포함한 재화의 효율성이 획기적으로 향상되는 변화를 저항 없이 받아들일 수 있을까?', '익숙하게 해오던 것과 다른 관리방식을 감내할 수 있을까?'와 같은 4차 산업혁명 추진의 어려움들을 기민하게 파악하고 관리하는 노력이 선행되어야 하지만, 그러한 고민의 흔적이나 움직임은 그다지 적극적이 않다는 것이다.

우리처럼 3차 산업혁명의 기억이 강렬하게 각인된 나라, 집약적인 산업화와 민주화를 적대적이고 투쟁적으로 거친 나라, 경쟁과 독점으로 성장과 발전의 효율을 제고해 온 나라의 경우, ICT의 개별 기술과 물리적 인프라 경쟁에서는 앞서 나갈 수 있겠지만 그 바탕 위에서 융합과 공유·개방·협업·연결·소통으로 꽃피워 내야 하는 콘텐츠들과 플랫폼의 경쟁은 물론, 이를 채우는 데이터 경쟁에서 앞서 나가려면 매우 어렵고 지난한 노력이 필요한 것이 사실이다. 이렇듯 우리의 본원적 약점들을 상수(常數)로든 변수(變數)로든 고려하지 않고 '다 잘될 거야!'라는 무책임한 신념만을 내세운 채 추진해 나간다면 결코 지금 우리가 이야기하는 미래는 현실화되지 못할 것이다.

작금의 '4차 산업혁명'이 '진짜 혁명'으로 대한민국 역사에 기록되기 위해서는 어떤 지향점과 원칙을 갖고 이를 추진해 나갈 것인지 고민하는 시간이 필요하다. 물론 늦었다. 하지만 아직 4차 산업혁명도 스스로 고민하는 중이다. 길어서는 안 되지만 반드시 무엇을, 왜, 어떻게 할지 중지(衆智)를 모으는 시간을 가져야 한다. 되돌리기 힘든 길이라는 점에서 처음에 우리가 착안했던 것과는 다른 방향이 된다 하더라도 합리적 의심과 공리적 목적의 잣대로 제대로 된 추진방향을 지금 다시 세워야 한다.

과거 산업혁명이 생산과정을 혁신했을 뿐만 아니라 인류의 생활 패턴과 구조를 바꾸었던 것처럼 AI, 로봇, 자동화되는 산업혁신은 그때보다 더 큰 사회적 변화를 가져올 것이다.

미래가 두려운 이유는 변화한 이후에 어떻게 될지 알지 못한다는 무지(無知) 때문이다. 그렇다고 두려워하며 변화를 회피하거나 현재를 고집한다 해서 미래가 오지 않는 것도 아니다. 때문에 우리 앞에 던져진 4차 산업혁명의 화두는 무겁고 조심스럽다. 누구도 확신할 수 없는 미래로 내딛는 첫걸음이자 모두가 함께 따라갈 첫발자국이기에 ….

무엇을 준비할 것인가

"우리는 인공지능(AI)으로 악마를 소환하고 있다."

엘론 머스크나 스티븐 호킹 같은 저명한 미래개척자들 상당수가 "AI나 초지능(*super-intelligence*)이 기대와 달리 인류에게 치명적 위협이 될 수 있다"고 경고하고 있다. 특히 AI를 이용한 자율무기, 이른바 킬러로봇의 상용화에 반대해 온 호주의 토비 월시 교수 같은 이는 "인류의 갑작스러운 붕괴(*flash crash*)" 가능성까지도 제기하고 있다.

하지만 이런 우려에도 불구하고 '유례없이 빠른 변화의 속도와 전례를 찾을 수 없는 파장(波長)'이라는 가공할 4차 산업혁명의 특성으로 인해 우리들 대다수는 '지금껏 경험해 보지 못한 경이로운 세상이 머지않아 열리게 될 것'이라는 낙관적 기대를 하고 있다.

실제로 이런 분위기에 힘입어 4차 산업혁명은 이미 개념 정립의 단계를 넘어 실질적 구현의 단계로 빠르게 나아가고 있다. 글로벌 ICT기업들은 IoT, 클라우드, 빅데이터, AI, 로봇, AR & VR 등의 기술 확보에 몰두하며 시장을 선점하기 위한 서비스 개발과 플랫폼 경쟁을 뜨겁게 벌이고 있다. ICT 선진 각국들도 앞다투어 관련 분야의 육성지원 대책을 발표하며 경계(境界) 없는 협력과 무한

(無限)의 각축에 뛰어들고 있다.

하지만 늘 그렇듯 새로운 변화에는 빛과 그림자가 함께하기 마련이다. 특히 그간의 변화와는 본질적으로 차이가 있는 이번 4차 산업혁명은 전 인류의 미래와 운명을 좌우할 매우 중요한 선택을 요구할 공산이 크다.

AI, 로봇, 생명공학의 실용화로 인간은 보다 편리하고 여유로운 삶을 누릴 수 있기를 희망한다. 그러나 로봇과의 일자리 경쟁, 직업 축소로 인한 격차 심화, 제로 프라이버시시대 도래, 지능화된 사이버 위협에의 상시 노출, 인간으로서의 존엄성 유지의 어려움, 데이터 주권 상실 등과 같은 새로운 난제들과 맞닥뜨릴 것이다.

상상하기 싫지만 어쩌면 세상의 주인이 AI 로봇으로 바뀌거나, 이를 주도하려는 빅 브라더에 의해 장악되는 소설적 상황이 현실이 될 수도 있다. 때문에 과학계 일각에서조차 AI의 개발이 창조(creativity)와 통제(control), 감성(sensitivity) 같은 인간의 영역을 파고드는 것에 대해 "일정한 감시(監視)가 필요하다"는 주장이 나오고 있다. 속된 말로 "다른 것은 몰라도 '인식'과 '생식' 기능만큼은 부여하지 말자는 다짐이 필요하다"고도 한다.

하지만 감시만으로 열정과 욕망의 과잉을 막을 수는 없다는 점에서, 이는 결국 핵확산 억제처럼 인류의 미래와 안전에 대한 과학자들의 무한 책임과 연민, 양심과 윤리의 재고와 강력한 지구적 규범(global norm)의 마련 이외에 달리 기댈 데가 없다.

인본 정신이 깃들지 않은 기술 진보는 우리의 삶을 가두고 옭죄는 감옥(監獄)이 될 수도 있음을 명심해야 한다. 기술의 편의성 뒤에 가려진 위험성을 외면하며 인간 중심의 가치창조에 천착하지 않는다면 정보지능화시대야말로 상실의 시대가 될 수 있다. 물리적 시스템, 전자적 시스템, 생물적 시스템이 대융합하며 쓰나미처럼 밀려올 4차 산업혁명의 위협은 개별 단위의 보호(security) 문제가 아니라 사회 전체, 나아가 지구적 안전(safety)의 문제가 될 것이다.

때문에 지금 우리에게는 이러한 디지털 빅뱅의 시대를 대비하는 솔로몬의 지혜가 절실히 필요하다. 이를 위해 국내외를 아우르는 산·학·민·관·연의 이해관계자들이 모여 공통의 안전을 위한 글로벌 담론을 만들어 내야 한다. 이러한 일련의 과정은 국가별, 국가 간 거버넌스체계를 조율하는 과정을 통해서 가능할 것이다. 이를 바탕으로 4차 산업혁명의 변화를 지속가능한 성장의 모멘텀으로 육성하며 미래사회의 위험을 극복할 사회적 합의를 더욱 견고하게 다져 나가야 한다.

지금 우리에게 다가오는 미래는 삶과 일, 관계의 방식이 근본적으로 바뀌게 되는 불확실성 투성이다. 누구도 가보지 못한 길이기 때문일 것이다. 하지만 불확실한 미래라고 하더라도 결국 우리 앞에 다가온다는 것만은 확실하다. 모두가 함께 미래를 위한 준비를 시작해야 한다.

그러한 의미에서 4차 산업혁명은 인본의 가치를 지켜 내는 새로운 약진의 기회가 되어야 한다. 기술은 수단일 뿐 그 중심에는 언제나 인간이 있어 왔다. 널리 인간을 이롭게 할 '디지털 홍익인간(弘益人間)의 세상'을 우리가 앞장서 열어 나가자.

'공유'와 '협력'의 집단적 정보보호

자기 책임을 다하지 못한 이들을 빗댄 우화(寓話)다. 어느 밤, 담을 기어오르는 도둑의 부스럭거리는 소리에 잠을 깬 아내가 다급히 남편을 깨웠다. 겁에 잔뜩 질린 남편은 낮은 소리로 "어디 이놈 넘어오기만 해봐라"라며 이불을 당겨 덮었다. 마침내 도둑이 담장을 넘어 집안에 들어서자 이불을 덮어 쓴 남편은 문고리를 부여잡은 채 "어디 훔쳐 가기만 해봐라" 할 뿐이었다. 얼마 후 도둑이 유유히 물건을 챙겨 떠나는 기척이 들자 그제야 남편은 문고리를 거머쥔 손을 슬그머니 풀며 "이놈, 다시 오기만 해봐라" 했다는 이야기다.

얼마 전 독일 정부가 "미국 정보기관이 배포한 것으로 추정되는 악성코드를 발견했다"고 발표한 바 있다. 상대를 콕 집은 발표라 향후 공방의 전개가 자못 궁금해진다. 사이버침해의 확실한 흔적과 선명한 증거들이 발견될 때까지 양국의 아슬아슬한 정탐 및 채증(採證) 활동은 계속될 것이다. 전쟁이나 테러의 양태가 온·오프라인의 경계가 없는 '하이브리드'(hybrid) 형태로 바뀌면서 각국이 사이버안보(安保)냐 보안(保安)이냐의 책임영역을 따지지 않고 민·관·군이 협력하여 공격자 색출에 온 힘을 쏟고 있다.

군사적 대치상태인 우리나라의 경우는 더욱 사이버공격자를 추적하고 확인하는 데 공력을 쏟아야 한다. 하지만 3·4 디도스, 3·20, 6·25 사이버테러와 한수원 해킹은 물론, 이 순간에도 벌어지는 정부기관에 대한 지속적인 정보탈취 공격이나 돈을 노린 민간 대상 랜섬웨어 유포까지, 늘 "그놈의 소행"이라는 이야기만 할 뿐, "그놈을 잡았다"거나 "벌줬다"는 말은 들리지 않는다. 매일 그놈 탓만 하는 무력한 남편과 사는 것 같은 국민들의 마음은 안쓰럽고 착잡하다.

우리나라를 비롯해 전 세계에 설치된 CCTV 7만여 대가 해킹을 당해 가정과 수영장, 미용실 등에서의 사적인 장면들이 온라인을 통해 실시간으로 생중계되는 소동이 벌어지기도 했다. 지난해 IoT 기기가 해킹을 당해 미국 서부 전역이 반나절이나 마비되는 사고도 발생했다. 또한 디지털 화폐로 가치가 치솟는 비트코인을 탈취하기 위해 세계 곳곳의 비트코인 거래소가 사이버공격을 받고 있다. 실제로 비트코인 최대거래소인 일본 마운트콕스는 해킹으로 85만 BTC를 탈취당한 뒤 2014년 2월 파산하기도 했다.

이러한 보안위협은 IoT시대가 열리면서 더욱 증폭되고 있다. 사이버공간에서의 악의적 행위가 곧바로 현실세계의 인간 생명이나 자산에 치명적 피해를 입히는 마비와 오작동을 일으킬 수 있게 연결된 때문이다. 우리나라의 경우 2020년까지 IoT 관련 공격의 피해가 17조 7천억 원에 이를 거라고 추산한다.

문제는 그 사전적, 사후적 보안조치에도 엄청난 비용이 뒤따른다는 점인데, 과연 보안에 무신경한 정부나 기업들이 '그만한 투자를 감당하려고나 할까?' 하는 걱정이 앞선다.

　IoT는 종전에 없던 새로운 서비스 패러다임이다. 모든 사물과 사물이 인터넷에 연결되고 사물에 탑재된 능동형 센서가 행동을 예측하고 제어한다. 인터넷 연결기기가 기하급수적으로 늘어난다는 것은 역설적으로 외부에 노출되는 보안 취약점도 그 숫자만큼 증가한다는 것이다. 우리는 과연 IoT가 가져올 연결의 깊이와 그로 인한 위험의 크기나 연쇄구조를 제대로 감지(感知)하고 있는 것일까?

　사이버위협을 100% 방비하기는 어렵지만 사전에 취약점과 침투경로를 파악하여 피해를 최소화하는 방책을 강구할 수는 있다. 세계 각국과 기업들이 사이버위협 인텔리전스 시스템 구축에 열을 올리는 것도 이 때문이다. 분야와 영역을 넘나드는 실시간 정보공유, 정밀한 탐지분석 역량, 촘촘한 협력대응체계만이 보이지 않는 적에 맞서는 최선의 방책임을 숱한 사이버침해 대응경험에서 깨우친 때문이다.

　실례로 미국은 사이버공격을 중대한 국가적 위협으로 규정하고 민간 부문과 사이버보안 협력 및 정보공유를 강화하기 위해 '국가 사이버보안 정보통합센터'(NCCIC)를 설립했다.

　이에 비해 우리는 아직 정부 차원의 협력대응체계가 마련되어 있지 않다. 때문에 이를 보완하기 위해 나름의 인텔리전스 협력 시스템을 모색하고 있다.

　2014년 처음으로 한국인터넷진흥원과 국내 톱클래스 보안업체들 간의 사이버위협 인텔리전스를 지향하는 모임이 시작되었다. 2016년에는 글로벌 보안업체들과의 인텔리전스 협력체계도 구축해 각자의 전문성과 기량을 바탕으로 랜섬웨어 등 최신 취약점 동향과 분석정보를 공유하며 함께 정보통신망에 흩어져 있는 공격의 흔적들을 찾아 퍼즐을 맞춰 나가고 있다.

유연하고 성역 없이 협력하는 집단적 정보보호를 실천해야

대한민국의 사이버영토는 세상에서 가장 많은 악성코드 공격에 노출되어 있다. 지구 영토의 0.07%에 불과한 우리나라지만 우리가 지켜야 할 사이버영토는 가히 지구적이라 하겠다. 그럼에도 그간 우리는 사이버사고가 나면 각각의 책임과 이해에 따라 요란을 떨다가 여론의 관심이 멈추면 개선도 멈춰 버리는 전시적 대응을 되풀이해 왔다. 반복되는 침해사고를 인패위성(因敗爲成)의 기회로 삼기보다 그저 인터넷시대의 불편한 치부(恥部)라 치부(置簿)하며 방비 강화를 게을리해 온 것이다.

해마다 연초만 되면 올해는 반드시 사이버대란이 발생할 거라는 푸념 섞인 전망이 나온다. 준비하자는 독려가 아니라 준비가 안 된 상황에서 들이닥칠 위협에 대한 공포로 한 해가 시작되는 것이다. IT 강국의 명예는 차치하고라도 집안에 든 도둑으로부터 재산과 가족을 지키기 위해서 이제는 모두가 발 벗고 나서야 한다.

해답은 멀리 있지 않다. 4차 산업혁명시대의 핵심 가치인 '3C'

(Convergence, Collaboration, Connectivity)를 중심으로 각 분야의 보안관계자들이 유연하고 성역 없이 협력하는 집단적 정보보호(crowd cyber-security)를 실천한다면 어떠한 보안 난제도 해결할 수 있을 것이다.

각 정보보호기관이 수집한 침해사고 동향과 분석정보는 실시간으로 공유되고, 이를 기반으로 강구된 보안기술은 침해현장에 즉시 적용되도록 긴밀한 인텔리전스(intelligence) 협력체계를 강구해야 한다. 개별 기관이 보유한 정보의 공유범위가 넓어지고 주저함이 없을수록 IoT시대 보안대비체계는 더욱 견고해진다. 정보공유로 시작된 협력관계가 산업역량 극대화를 위한 공동 R&D로 발전하고 사업화의 성공으로 이어져 국가의 정보보호 역량이 높아지는 선순환 생태계가 만들어져야 한다.

신뢰성 있는 정보공유채널 구축과 더불어, 대응의 정합성을 높이는 사회 각 부문과의 정교한 연결도 필요하다. 정기적인 모의훈련을 통해 각 분야별 사이버전 기량과 협업 역량을 점검하는 것은 실제상황에서 보다 유효한 공조를 보장해 준다. 사이버예비군에 대한 지속적 역량관리와 동향정보의 현행화도 중요한 일이다.

이와 함께 정보보호 사업자들이 더욱 커질 수 있도록 M&A 기금 운용, 패키지 프로젝트 발주, 해외 동반진출, 기존 산업의 ICT화 독려 같은 경쟁력 관점의 지원 대책이 마련되어야 한다. 투자효율과 시급성 측면에서 예산과 법제, 정책의 우선순위를 정보보호 분야에 더 높이 둘 필요가 있다. 정보보호산업의 경쟁력을 높이지 못한다면 보안주권은 허언(虛言)에 그치고 만다.

또 하나 해야 할 일이 사이버보안 인력의 전투력을 제고하는 것이다. 공격과 방어 역량을 고루 갖춘 최정예 인력 육성이 시급하다. 북한은 7천 명이 넘는 사이버특기병을 사이버침투기술 경연대회 등 실전침투 역량 위주로 키워 내고 있다. 우리도 예방과 방어만이 아니라 적의 공격기법이나 취약점을 선제 분석, 대응하는 '오펜시브 시큐리티'(*offensive security*) 역량을 갖추도록 키워 내야 한다.

날마다 40만 건 이상의 전투와 120만 건 이상의 악성코드 공격이 감행되는 혼돈의 전장에서 누가 우리의 안전을 지켜 줄 수 있을 것인가? 이불 속에 숨어 도둑이 떠나기만을 기다리는 일도, 도둑맞은 뒤에야 되찾겠다며 법석을 떠는 일도 더 이상 반복되어서는 안 된다. 보이지 않는 적들을 직접 보고 끝내기 위한 보다 적극적이고 공세적인 사이버대책이 시급하다.

'사이버보안은 ICT 신시대의 경쟁력이자 미래 세상의 안전판'이라는 정보보호인(人)들의 남다른 소명의식과 공감 없이는 유관기관들 사이에 실타래처럼 엉킨 헤게모니 문제를 풀고 각 기관이 보유한 정보와 역량의 씨실과 날실을 서로 기워 협력 대응하는 일은 여전히 요원한 바람으로 남게 될 것이다.

Response + Ability = 사이버보안 책임

시간이 흐를수록 ICT의 비약적 발전보다 사이버공격의 조직화, 지능화 속도가 빨라지는 느낌이다. 개별 시스템을 대상으로 이루어졌던 실험적 해킹 공격들이 국가기반시설 및 공공 분야로 빠르게 확장되더니, 이제는 민간 및 개인을 대상으로 한 범죄적 양상으로 광범위하게 확산되고 있다. 공격 형태도 자기 과시형에서 국가 간 사이버전 양상을 포함한 사회혼란 조장형 사이버테러로 변화하고 있으며, 특히 최근에 와서는 워너크라이(WannaCry) 사태처럼 금전획득을 목적으로 불특정 다수에게 무한확산하는 랜섬웨어 공격도 급증하고 있다.

사이버보안에 제일 앞서간다는 미국의 경우, 이러한 해킹공격의 위험성을 간파하고 이미 2011년에 육·해·공·우주에 이어 사이버공간을 제5의 전장(戰場)으로 국방정책검토보고서에서 규정했다. 이처럼 빠르게 현실화된 사이버위협을 효과적으로 예방하고 대응하기 위해 국가 차원에서 우리가 대비할 것들은 무엇일까?

첫째는 사이버대응체계의 정비다. 미국은 9·11 테러 이후 미 연방정부기관의 정보 시스템을 보호하기 위해 2002년 연방정보보안관리법(FISMA, *Federal Information Security Management Act*)을 제정하고 현재까지 보안성 강화활동을 지속적으로 수행하고 있다. 우리 나라도 갈수록 심각해지는 사이버위협에 대응하기 위해 2015년에 '국가 사이버안보태세강화 종합대책'을 발표하고, 청와대 국가안보 실 산하에 사이버안보비서관을 신설했다.

하지만 사이버안보 컨트롤타워 기능을 강화하고, 신속한 침해사 고 예방·대응·복구체계를 일부 보강하는 것만으로는 작금의 사 이버보안 환경에 효과적으로 대응하기에는 한계가 있어 보인다. 호 주 정부가 2015년에 기존 사이버보안전략의 보완책을 강구했듯이 우리도 노후된 사이버보안 관련 법령과 협업체계를 최신 보안이슈 에 맞게 정비하는 노력이 필요하다.

둘째는 사이버동맹의 확장이다. 주요 방송사 및 금융사가 일제히 사이버공격을 받은 3·20 사태를 많은 전문가들은 본격적인 사이 버전쟁의 서막이라 규정지었다. 이후로도 한수원 해킹사고 등 북한 을 범인으로 추정만 하는 공격들이 끊임없이 발생하고 있다. 한· 일, 한·중 등 국가 간 갈등이슈에 대한 은밀한 사이버대리전도 일 반화되는 분위기다. 중국, 미국, 한국이 전 세계 디도스 공격의 88%를 받고 있다.

이제 사이버전쟁은 더 이상 과장된 위험이 아니라 눈앞에 닥친 현실이다. 미 국방부(DOD)는 2015년 마침내 '방어적 차원에서 대 통령 승인하에 국가의 안전을 수호하기 위해 선제적 사이버공격을 할 수 있다'는 사이버보안전략을 발표했다. 선제적 공격에 대한 주변국의 우려를 감안해 미 국방부가 '파트너십을 강화한다'는 점을 강조하고 있지만, 이는 가히 판도라의 상자를 여는 충격적인 결정이 아닐 수 없다.

2015년 미국과 중국이 맺은 사이버불가침 협정과 같은 동맹을 우리도 우방 국가들과 맺어야 한다. 사이버공간의 자유와 번영, 안전을 위해 동맹 간 사이버범죄 공동대응, 사이버방어 가상 군사훈련, 사이버테러 공동대응체계 구축 등 동맹관계를 획기적으로 강화해 나가야 한다.

셋째는 책임의 습관화다. 우리는 이미 다양한 교육을 통해 사이버보안의 실천방법을 익혀 왔다. 그럼에도 작은 부주의로 사회적으로 큰 혼란을 빚는 보안사고가 빈발하고 있다. 교육의 기억이 습관으로 완전하게 자리 잡지 못한 탓이다. 강한 책임감 교육을 통해 보안을 체화(體化)해야 한다.

하지만 이보다 선행되어야 할 것은 해당기관과 관할부처의 책임관계를 보다 명확하게 규정하는 일이다. 마치 담당자 하나의 실수 때문에 빚어진 것처럼 아래로 아래로 책임을 전가하는 작금의 행태로는 제대로 된 보안역량을 갖추기 어렵다. 책임을 묻기 위한 1순위 항목은 이들이 항시 대응 역량을 갖추고 있도록 하는 일이다.

책임의 영어 단어는 '대응하다'라는 뜻의 'response'와 역량이라는 뜻의 'ability'가 합해진 'responsibility'이다. 이럴진대 평소 역량을 갖춰 놓지 않은 기관의 책임자들이 어떻게 그 책임으로부터 자유로울 수 있겠는가? 책임의 무게감을 더욱 높여야 한다.

　이 같은 본원적 대책과 함께 국가 주요 기반시설의 실무 담당자들은 물론, 유지보수를 맡은 민간기업들을 대상으로 책임감을 드높이는 국가 차원의 사이버보안 교육훈련을 강화해야 한다. 아일랜드의 '국가 사이버보안전략 2015～2017'처럼, 국가 기반시설 운영업체용 보안교육과 중소기업용 보안교육 프로그램을 국가 사이버보안전략으로 수립해 놓는 것도 좋은 방법이라 하겠다.

　이런 조치들을 통해 우리의 사이버보안 역량을 지금보다는 훨씬 크게 높일 수 있을 것이다.

　그러나 이렇게 제고된 각각의 역량을 보다 유효하게 만드는 일은 다름 아니라 '어떻게 보안을 담당한 각 기관들이 여하히 협력적으로 잘 수행하게 할 것인가?'에 대한 답을 찾는 것이다. 이는 사이버보안에 앞서 나가는 선진국들도 어려움을 겪는 문제이다. 하지만 그들은 서로의 강점과 특성은 살리면서 공유와 소통을 넓히는 현명한 조정과 현실적 결단을 통해 협력적 사이버보안체계를 마련해 가고 있다.

　과거처럼 '공공'이나 '군'이라는 특정 영역이 아니라 '기업'과 '개인'이라는 민간의 전 영역이 사이버범죄와 테러와 전쟁의 장으로 이용되는 현실을 직시한다면, 협력대응이 가능한 새로운 사이버보안 협업기구 신설의 시급성을 애써 설명할 필요는 없어 보인다. 사이버보안의 실효적 성과를 거둘 수 있도록 주무기관들이 서로의 책임과 역량을 더하는 협업의 거버넌스를 세울 수만 있다면, ICT 국가 재도약을 향한 안전과 신뢰의 활주로를 마련할 수 있을 것이라 확신한다.

우 기 (雨期)

— 백기승

지난 밤,
새벽마저 떠내려 보낼 듯
세차게 퍼붓던 빗줄기는

아주 짙은 물 향내와
조그만 웅덩이만을 남기고
자지러들었다.

흐릿한 우기(雨期)의 아침.
그리움으로
불안함으로
뒤척였던 나는,

잎 새에 내려앉은
형형(熒熒)한 물빛을 보며

꿈길로 빗길로

네 다녀갔음을 짐작한다.

사이버보안, 안전(safety)으로 접근해야

최근 사이버공격은 국내외를 불문하고 민간·공공에 관계없이 대규모로 전개되는 양상이다. 2017년 큰 이슈가 되었던 워너크라이 랜섬웨어의 경우 전 세계적으로 정부, 공공기관, 민간기업, 병원, 학교 등 영역을 가리지 않고 전 분야에서 피해를 유발했다. 랜섬웨어 감염으로 일본에서는 자동차 공장 생산이 중단됐고, 영국에서는 일부 병원 업무가 마비되어 수술이 취소되는 등 자칫 인명피해 등 심각한 재난으로 이어질 수 있는 문제가 발생했다. 국내에서도 동일한 사고가 의료, 금융 등 국민생활과 밀접한 분야에서 발생한다면, 이는 걷잡을 수 없이 큰 피해로 이어질 가능성이 높다.

불과 10여 년 전만 해도 '해킹'은 특정 기술력을 가진 이들의 전유물로 인식되었다. 그리고 그들 사이에서 자신의 우월감을 표출하기 위해 국가나 기업을 대상으로 공격을 감행했다. 하지만 ICT 인프라 발전에 따라 산업이 다양화되고 디지털경제가 실물경제와 융합하면서 해커의 공격 대상과 기법에도 변화가 생겼다. 주로 디도스 협박, 게임 계정정보 탈취, 랜섬웨어 등 금전이득 목적의 공격이 주류를 이루던 사이버공격도 프로파간다 도구로 이용되거나 이념 대립을 조장하는 수단으로 악용되면서, 이른바 사이버전쟁이라는 표현까지 나오고 있다. ICT가 실생활의 사물과 주요 사회기반시설 인프라와 접목되면서 기존 사이버공간의 위험이 현실세계로 빠르게 확대, 전이(轉移) 될 것이라는 예측이 지배적이다.

이처럼 사이버공격이 점차 고도화되고, 그 횟수도 전례 없이 빈번해지며, 특히 피해범위도 사회가 인위적으로 그어 놓은 분야 구분을 무효(無效) 하게 하며 전방위로 확대될 것은 자명하다. 이렇게 반드시 일어날 사이버공격에 대비하려면 전 사회적 사이버보안 기초체력을 다지고, 사고가 난 이후에는 빠르게 데이터와 시스템 등을 복구하고 정상 작동하도록 하는 높은 회복탄력성(resilience) 을 갖춰야 한다.

그러나 우리의 경제사회 패러다임이 ICT 기반으로 이루어지기 전에 만들어 놓았던 과거적 분야 구분에 매여 있는 것이 아닌가 하는 우려가 들 때가 있다. 즉, 사고에 있어 공공이나 민간, 방위의 구분이 사라지고 있지만 사이버보안은 각 분야별로 세분화, 파편화되고, 이를 아우르는 날실이 없는 것으로 보인다. 사이버공격이 분야를 가리지 않고 불어오는 바람이라면, 아무리 씨실을 길게 놓은들 전 분야를 가르는 날실이 없으면 모두 날려 버릴지 모른다.

물론 산업, 의료, 교육 등 분야별로 적용되는 제도 및 법률이 다르고, 보유한 정보와 시스템이 다르므로 깊게 들어가 특수하게 고려되어야 하는 부분도 있을 것이다. 그러나 보안을 완전히 분절된 각개의 시스템에서 돌리는 '과도한 세분화'는 협업의 문제를 야기하고 보안의 불완전성을 높이게 된다. 같은 사고나 보안 이슈에 대해서 기관, 기업, 금융, 의료 등 분야별로 보안체계가 분할되어 자신의 영역 내에서만 폐쇄적으로 정보보호를 관리하다 보면 필연적으로 사각지대가 발생하거나 정보공유에 한계가 존재하며, 체계적인 보안수준 관리가 어려워진다. 또한, 제각각의 사고조사가 이루어지고 난 뒤 정보가 공유되면 피해확산 방지를 위한 빠른 초동대응과 확산도 불가능하며, 결국 그 피해는 고스란히 국민들에게 전가될 수밖에 없다.

때문에 앞으로는 칸막이 형태로 분야별 대응 역량을 분리하기보다는 전 분야에 걸친 기본적인 안전판 강화에 중점을 두고 그 토대 위에 분야별 특화된 보안역량을 쌓아 올리는 축적(蓄積)형 보안체계가 요구된다. 이를 위해서는 1차적 예방과 조치를 전담하는 기관을 중심으로 사이버공격에 대항하고 사고에 대한 높은 회복력을 가지기 위한 기초 보안역량 강화와 신속한 협업체계 구성이 관건이다. 예를 들어 의료 분야에서 전 사회적으로 영향을 줄 수 있는 전염병 등의 질병관리를 위해 평소 개인의 건강상태를 유지, 향상하도록 도움을 주고, 질병 발견 시 전국적으로 대응과 예방을 공유하며, 역학검사 등을 통해 질병을 관리하는 '보건소'와 같은 개념이 사이버보안 분야에도 적용될 수 있을 것으로 보인다.

이러한 '사이버 보건소'는 평시에는 취약점 수집, 위협 분석, 보안패치 점검, 조치 등 침해사고를 사전에 예방하거나 정보보호 기초수준을 향상시키고, 침해사고 발생 시에는 분야로 분할된 정보보호 업무의 통일된 창구로서 사고신고, 조사, 상황전파 등 대응을 추진함으로써, 사이버보안 분야에서 피해 받는 개인을 보호하고 구제하는 일종의 베이스 역할을 할 수 있다.

가장 기본이 되는 보안수준을 관리하고 협업의 틀을 운영하는 기단(基壇)적 역할이 바로 한국인터넷진흥원이 지향해야 하는 미래 모습이다. 사회의 기초체력을 높이고 공통된 분모를 만들어 일종의 '사회안전'을 담아내는 기반이 조성된 다음, 국방, 산업 등 세부 분야들은 이러한 베이스 위에서 보다 효율적으로 작동하고, 상호 간 원활한 협력체계도 구축할 수 있을 것이다.

새로운 변화는 언제나 우리를 시험한다. 제대로 변화에 적응할 것인가, 과거적 생각으로 변화에 저항할 것인가. 역사 속에서 승리한 개인과 국가는 늘 전자였다. 4차 산업혁명이 가져오는 연결과 융합의 특성은 우리에게 그간 쌓아 온 분절적, 파편적 체계를 깨부수고 더 넓은 '안전'(safety)을 담아낼 역량을 만들 수 있을지, 기존 방식에 고착하며 뒤처질지 선택을 강요하는 것 같다. 답은 자명하다. 실행이 관건이다.

신뢰사회를 위한 진정한 전문성

'사회적 자본'이란 사회 구성원들이 힘을 합쳐 공동의 목표를 효율적으로 추구할 수 있도록 사람들 사이의 협력을 가능하게 하고 사회의 합의를 촉진시키는 모든 제도, 규범, 네트워크 등을 통틀어 지칭(指稱)하는 것이다. 그러나 그중에서도 협력과 합의에 빠르게 이르도록 해주는 '구성원 간의 신뢰'야말로 사회적 자본의 핵심으로 꼽히는 중요 요소다. 사회적 신뢰가 바탕에 깔려 있어야 정부, 국민, 기업 등 구성원 간 갈등은 줄어들고 적은 노력과 비용으로도 실효가 큰 발전과 성과를 만들어 낼 수 있기 때문이다.

어느 민간 연구소 보고서에 따르면 우리나라의 '사회갈등요인 지수'는 조사한 28개 OECD 회원국 가운데 2번째로 종교분쟁을 겪는 터키 다음으로 높은 반면, '사회갈등관리 지수'는 최하위권에 머물러 있다고 한다. 또한 우리가 사회갈등으로 치러야 할 경제적 비용을 연간 최소 82조 원에서 최대 246조 원으로 추산했으며, 사회갈등 지수가 G7 수준으로 낮아진다면 1인당 국내총생산이 0.3% 높아진다는 분석을 내놓았다. 특히 이런 갈등관리 미흡에 따라 우리 경제의 지속성장 가능성도 OECD 국가 중 하위권에 머무는 것으로 나타났다. 혁신성장 20위, 안정성장 23위, 조화성장 27위로 3가지 세부조사항목 모두가 평균치를 밑도는 결과였다.

과연 우리 사회에 만연한 갈등을 효과적으로 해소하고 신뢰사회로 거듭날 수 있을까?

초(超)연결성의 인터넷은 우리에게 무한대의 정보 수집과 연결성 확장을 제공해 준다. 그러나 이러한 혜택의 이면에는 진위와 출처 분별이 어려운 허위정보들이 범람하고, 사회적 합의와 국민적 역량을 모아야 할 사안마저 양명(揚名)의 도구로 삼는 갈등전문가들의 활갯짓이 요란하다. 더욱이 최근 두드러지는 미디어들의 형식 파괴와 영역 확장으로 '스스로 전문가'나 '스타 전문가'의 양산을 부추기는 분위기도 일고 있다.

빅데이터 기반 전문성 검증 플랫폼 구축도 괜찮은 생각일 듯

우려스러운 것은 정확한 정보 대신 사익(私益)이 담긴 주장, 식견(識見) 대신 임기응변식 아이디어를 진실과 여론인 양 파는 이들이 늘어나면서 합리적 근거와 혜안(慧眼)은 물론, 사회적 책임감을 갖춘 전문가의 자리가 좁아지고 있다는 점이다. 이런 상황이 방치된다면 지성(知性)의 수준이 하락하고, 사회적 신뢰기반도 위태로워진다. 더 늦기 전에 지금부터라도 깊이 있는 식견과 편향 없는 의견으로 사회적 신뢰 증진과 국민 불안 해소에 기여하는 '선(善)한 전문가'들의 역할과 수준에 대한 고민을 시작해 봐야 한다.

이를 위해서는 먼저 진정한 '전문가'의 기준과 역할과 책임에 대한 사회적 합의 마련이 필요하다. 통상적으로 개인적 영역에 머물던 '장이'가 대중의 생각과 판단에 직접적 영향을 미치게 될 때 '전문가'라는 호칭으로 불린다. 국민적 상식과 지성의 복원이라는 관점에 국내외적 지혜를 모아 본다면 '전문가'와 '사이비' 사이의 대강의 기준을 마련할 수 있을 것이다. 일례로 자신의 분야에 대한 조예와 경륜, 언행의 파장을 스스로 고려하고 사리(私利)에 치우치지 않는 공적 책임감과 정직성 등은 필수요건이 될 수 있을 것이다.

쉽지 않은 옥석 가리기의 일환으로 '전문가 닷컴'과 같이 자천타천의 전문가들을 살펴보는 빅데이터 기반의 전문성 검증 플랫폼 구축도 괜찮은 방안이 아닐까 싶다. ICT의 도움으로 사람들의 모든 말과 글, 주장들을 기록하고 비교 검증하는 일이 가능해졌다. 이런 사고와 행적을 상식과 지성, 긍정과 합리 기준점에 투사해 보면 최소한 누가 우리 사회에 기여하는 선(善)한 전문성을 지켜 왔는지 변별(辨別)하는 일은 그다지 어렵지 않을 것 같다. 이후부터는 정부와 정당, 언론, 대학, 기업 등 각각의 기관에서 활용하고 인용하는 전문가 의견에 대해서 이 준거 틀을 주기적으로 대입해 보는 것만으로도 사회적 자산인 신뢰 회복에 의미 있는 변화를 기대할 수 있을 것이다.

하지만 이러한 변화를 위해서는 사회적으로 인정되는 전문가들이 역할과 책임을 다할 수 있도록 합의된 신뢰를 보내 주는 문화가 반드시 뒷받침되어야 한다. 소모적 논쟁과 사회적 비용을 줄여 주고, 올바른 발전방향을 제시하는 길라잡이이자 추동력이 될 수 있도록 국민적 지지 기반을 마련해 주어야 한다.

아울러 지성을 사회적 문제해결의 열쇠가 아니라 이해(利害) 문제를 극대화하고 관철시키는 도구로 삼으려는 좋지 않은 시도들이 발붙이지 못하도록 해야 한다. 민간과 공공의 두 개 축 가운데 민간 시장의 위축으로 구도가 점점 기울며 공공의 영향력이 확대되는 현실은 입맛에 맞는 순치된 지성, 전위대적 활용에 대한 유혹을 더욱 키울 수 있다. 시장도 지성도 '힘'과 '돈'의 눈치를 보기 시작하면 그 사회는 머지않아 생명력을 잃게 된다. 우리도 그런 현상이 나타나기 시작한 지 제법 오래되었다. 우리나라의 성장가능성이 처진다는 결과도 결코 새롭거나 당황스럽지 않은 이유이다.

건물은 높아졌지만 인격은 더 작아졌다.
고속도로는 넓어졌지만 시야는 더 좁아졌다. (중략)
지식은 많아졌지만 판단력은 모자란다.
전문가들은 늘어났지만 문제는 더 많아졌고 … (후략)

밥 무어헤드의 시(詩) 〈현대의 역설〉은 기술발달의 모순적인 민낯을 예리하게 벗겨 냈다. 20년도 훨씬 지난 시가 작금의 우리 현실과 일치하는 면구스러움은 고사하고, 어디로 나가야 할지조차 뜻을 모으기 힘든 현실을 끊어 내기 위해 유실된 진짜 정보와 제대로 된 전문가를 찾는 결단이 필요하다.

미래사회에서 참모(參謀)가 된다는 것

호주에서 1살짜리 어린 아기를 구한 애플의 AI 비서 '시리'(Siri)가 화제다. 엄마는 호흡곤란이 온 아이를 위해 구급차를 불러야 했는데 전화기를 찾을 수 없자 "시리! 구급차 불러줘!"라 소리쳤으며, 시리는 그 명령을 시행했다. 이는 웬만한 성인이 핸드폰을 찾고 연락을 하는 시간보다 몇 배나 짧은 속도였다. 만약 아이의 심장박동을 감지하는 기능이 추가됐었다면 실시간으로 생명을 보조하는 일도 가능했을 것이다. 이제 영화 〈아이언맨〉 속 AI 비서 '자비스'처럼, 세상 모든 정보를 수집하고, 인류 전체의 연산속도를 뛰어넘는 능력을 바탕으로 기술이 인간의 '판단'을 보조하고 심지어 대리하는 일도 머지않아 보인다.

그렇다면 미래시대에는 리더를 보좌하는 '참모'라는 자리가 영영 사라지게 될까. 참모는 지휘관이 의지를 자유롭게 실현하고 능력을 최대한 발휘할 수 있도록 보좌하는 사람이다. AI 기술이 인간은 도저히 범접할 수 없는 수준으로 역량을 극대화한다면, 이제 '참모'는 AI에 그 자리를 넘겨주어야 할 것처럼 보인다.

하지만 참모란 일반 개인의 비서가 아니라, '사회적, 조직적 목표 달성을 위해' 리더의 판단과 역량을 보좌하는 이를 말한다. 따라서 참모는 지휘관의 의도를 명찰(明察)하고, 하의상달(下意上達)을 도모하며, 상하의 의지를 일치시켜 임무를 완성하도록 해야 하는 책임이 있다. 조조(曹操)를 '설계'했다고 평가받는 《삼국지》 최고의 참모 순욱, 이성계를 보좌해 조선을 세운 정도전 등은 모두 리더를 이끌어 더 나은 세상으로 나아가게 만든 인물들이다.

따라서 미래의 참모는 ICT에 기반하여 정보력과 전문성은 강화하되, '인간이 행복한 사회'라는 인간 중심의 목표를 제시하고 실행을 도모하는 '사람'이어야 한다. 이는 아무리 유능한 AI도 범접하지 못할 인간과 기술의 근본적 차이이다. 구글의 알파고가 세계 바둑 1위를 이겼지만, 구글의 사진 분류 서비스는 흑인 여성을 고릴라로 인식하는 것에 주저함이 없었듯이 기술에는 사회의 역사와 맥락이 부재(不在)하며, 인류가 추구해 온 가치도 없기 때문이다.

ICT시대의 그림자로서 요즘은 '스스로 전문가'도 참 많고, 자신의 책임을 다하기보다는 사익(私益)을 위해 작은 성과를 부풀리기에 급급한 이들도 심심찮게 보인다. 미래를 위한 조직의 방향을 제시하기보다는 조직의 윗단을 차지하기 위해 화합을 더디게 하는 경우도 있다. 좋은 참모를 고르기가 어렵지만은 다음 세 가지 요건을 고려해 보면 어떨까 싶다.

첫째, ICT시대에 걸맞은 제대로 된 전문성을 보유하고 있는가? 정제되지 않은 채 무분별하게 넘쳐 나는 정보와 너도 나도 전문가인 양 무책임하게 뱉어 내는 목소리에 묻혀 깊은 식견과 혜안 없이는 옥석과 진위 여부를 가려내기가 어렵다. 올바른 정보를 식별하고 외부 환경변화를 정확히 읽어 내어 리더를 바른 길로 인도하기 위해서는 분야에 대한 깊이 있는 전문성은 물론, 식견에 기반한 정보 선별력을 보유해야 한다. 복잡한 현실에서 전체를 파악해야 하는 리더의 시각을 가리거나 혼란스럽게 하지 않고 틔워 주는 직언(直言) 능력도 예나 지금이나 필요하다.

둘째, 목표 달성을 위한 실행력과 소통능력을 가지고 있는가? 만약 리더가 제대로 된 방향을 정했다면, 그 다음으로 필요한 것은 이를 실현할 강인한 실행력과 내·외부를 아우르는 소통능력이다. 우리는 좋은 아이디어와 정책들이 제대로 된 결과물로서 채 결실을 맺기도 전에 일부 관리자의 요란한 실적 홍보용으로 오용되어 끝나는 경우를 심심치 않게 봤다. 국가경제 체질을 미래 ICT 변화에 부합하도록 혁신하려는 커다란 움직임이 발걸음을 내어 보기도 전에 성급하고 맹목적인 반대에 부딪힐 때 뚝심 있게 추진하지 못하는 경우도 마찬가지다. ICT가 아무리 발전해도 사람들 간의 의견을 조율하고, 설득해 내고, 이를 모아 앞으로 나가는 것은 결국 참모의 능력에 달렸다.

마지막으로, 인간에 이로운 인본주의적 가치를 지녔는가? 일본의 정신과 의사 오카다 다카시는 뇌와 사회성에 대해 쓴 《소셜 브레인》이라는 책을 통해 스마트폰, 소셜 네트워크 등 기술문명이 구축한 '혼자만의 세상'에서 우리의 사회뇌(社會腦)가 죽어 가고 있으며, 정서적 공감 능력이 상실되어 감을 지적했다. ICT를 통해 연결되는 동시에 외로워진다는 메시지의 《외로워지는 사람들》의 저자인 셰리 터클도 같은 맥락을 지적한다. 극도의 개인주의와 비인간화 경향이 가속화할수록 우리 사회 공동의 목표나 번영, 인간적인 삶을 추구하는 것이 한층 어려워질 것이다. 이런 상황에서 진정한 참모란 자신만의 영달이 아니라, 역으로 ICT화로 인해 점차 흩어지고 구심점을 잃어 가는 사람들을 독려하여 더 나은 조직과 세상을 만들어 가려는 열정이 반드시 있어야 한다.

많은 사람들이 '자리'와 '지위'에 목을 맨다. 그야말로 모두가 '리더'가 되기를 원하는 사회다. 모두 자신의 '뛰어남'을 얘기하는 데 혈안이 되어 있다. 그러나 진정한 리더는 언제나 '자리'가 아니라 그 '역할'에, '지위'가 아니라 '역량'에 집중하는 이들이었다.

사람을 닮아 가는 AI의 역량이 전에 없이 강화되는 때, 인간다운 미래를 꿈꾸며 인류의 행복을 함께 만들어 나갈 진정한 참모들과 "참모에 굴하고 천하를 얻는다"(克天下而屈身)는 ICT 리더십을 발현해 주는 이가 어서 나와 주었으면 하는 바람이다.

협업의 조율(調律)이 필요한 이유

오랫동안 해왔던 익숙함이 '방식의 유효성'에 대한 의문 자체를 가로막는 경우가 종종 있다. '늘 그렇게 해왔다'는 자부심이 필요는 하지만, 지나치게 되면 변화에 대한 둔감함이나 기존 방식에 대한 무분별한 집착을 유발하기도 한다. 정부조직의 개편 방향과 맞물려 나오는 '4차 산업혁명 컨트롤타워 필요성' 주장에서도 익숙한 방식에 대한 습관적 집착현상을 확인할 수 있다.

우리나라는 관(官) 주도로 2~3차 산업혁명을 성공시킨 기억과 자부심이 강렬하다. 후발(後發) 주자로서 앞서 산업화에 성공한 나라들의 발전모델을 좇아가는 객관식 문제풀이 과정을 우수한 성적으로 통과했기 때문이다. 정부가 제조 기반의 공장과 도시를 세우고, 한정 재원의 투입을 결정하며, 정책과 참여자들을 관리하는 등전 과정을 '컨트롤'함으로써 '최소의 시행착오, 최대의 정책성과'를 도출하고자 했던 것이다. 이러한 '패스트 팔로잉(fast following) 전략'은 산업 인프라를 채우고 경쟁기반을 확보하는 데에는 아주 빠르고 유효한 선택이었다.

하지만 그런 성공방식에 익숙해진 우리가 새로운 가치 창출을 위해 모든 것이 융합되고 재편되는 대변혁의 소용돌이 또한 관의 주도하에 해온 대로 하면 헤쳐 나갈 수 있다고 믿는 것 같아 안타까운 마음을 감출 수 없다. 융합과 공유, 협업이 핵심인 4차 산업혁명을 조화롭게 이끌어 갈 구심점은 필요하지만 '관'(官) 주도를 상징하는 '컨트롤타워' 개념을 4차 산업혁명 앞에 붙이기에는 왠지 거북스럽다. ICT 기술혁신의 본질이 통제하거나 규격화하고 획일화된 성과를 찾는 것이 아니기 때문이다. 누구든 새로운 가치를 제시하고 그 경쟁력을 시장으로부터 평가받는 주관식(主觀式) 성장환경인데도 우리는 아직까지 객관식 문제의 답안지를 기다리는 것은 아닌지 자문해 봐야 한다.

자동화를 넘어 지능화된 ICT가 도시와 산업, 생활영역에 융합되면서 기존의 익숙한 삶의 모습을 바꿔 가고 있다. 공유경제, O2O 서비스, 가정용 로봇, AI 의료진단 등 4차 산업혁명의 이름으로 진행되는 변화와 혁신은 모든 영역의 경계를 무너뜨리며 새로운 가치와 편의를 만들어 내고 있다. 이로 인해 중첩된 정책과 제도의 모순이 드러나고 영역 사이에 갈등이 일기도 하지만, 분명한 것은 이제 어느 한 기관이나 분야만의 독자적 판단과 결정으로는 급변하는 시대흐름에 효과적으로 대응하거나 이렇다 할 성과를 도출해 내기 어렵게 됐다는 점이다.

일례로 과거 안보적 영역에 국한되었던 북한의 사이버위협이 UN 제재의 장기화 등으로 인해 공공은 물론 민간영역으로까지 빠르게 확산되고 있다. 기업과 개인들의 일상영역에서 금전을 노린 사이버 공격과 피해가 늘어나고 있지만, 우리나라의 경우 특정 기관이나 부처에 의한 정보 독점 및 주도권 다툼 등으로 인해 효과적 협업이 어려운 상황이다.

이런 문제들을 제기해도 상황은 그다지 개선되지 않고 있다. 여기에 의료·복지·교육·산업·국방 등 각 영역 간에 존재하는 높은 칸막이는 정보를 나누고, 함께 대응하며, 협업하는 것이 절실한 작금의 보안 현실에서 보면 퇴행적이라는 지적을 면하기 어렵다.

중앙집권적 지시, 다단(多段)적 위계구조, 배타적 영역구별이 하드웨어 중심의 성장을 컨트롤하는 데 효율적이었다면, 콘텐츠 기반의 가치 창출이 필요한 시대에는 가치를 더해 줄 요소들이 스스로 결합하고 진화하는 개방적 협업 플랫폼이 더 효율적이다.

세계경제포럼(WEF)이 발표한 '정부 규제가 기업에 주는 부담 지수'를 보면 미국, 중국, 일본 등과는 달리 한국은 정부 규제의 부담이 늘어난 것으로 나타났다. 법·제도도 제각각이고, 담당기관과 정책도 이중 삼중이며, 책임지는 리더가 없었던 데 대한 비판을 따갑게 새기며 주도권을 쥔 '통제자'(controller)가 아니라 협업을 이끄는 '조율자'(coordinator)가 필요한 4차 산업혁명의 추진방식을 재점검해 보자. 낮은 중심에서 솔선하는 협업의 리더십으로 불합리의 거품과 권위의 군더더기를 거둬 내고 ICT를 통한 국가 재도약의 의욕과 역량이 강물처럼 흐르게 만들어 보자.

제발 이제 협업 한번 해봅시다

한때는 한 몸처럼 연결되고 의도대로 움직이던 유기적 시스템이었다. 그러나 그때그때 다양한 사회적, 기술적 기능들이 원칙 없이 덧대어졌고, 어느덧 비정상적으로 비대해져 버린 시스템에는 중복과 충돌, 단절로 인해 심각한 연결성의 문제가 발생했다. 군더더기 없는 순발력으로 빠르게 즉응(卽應)하던 시스템은 이제 거대 공룡처럼 멸종의 운명에 놓였다.

ICT의 발달은 획기적인 연결의 확장을 가능하게 해주었다. 인터넷 기반의 글로벌 사업화와 시장화로 국가나 기업, 개인 상호 간의 연결성은 훨씬 복잡다기해졌으며 의존도도 더없이 넓어졌다. 하지만 이러한 연결의 확장을 통해 얻을 수 있을 것이라 생각했던 편익은 요란한 기대나 성급한 전망과 달리 누구에게나 똑같이 크진 않은 것 같다.

복잡다단한 ICT적 변화를 앞서가기 위한 진흥책들이 마련되고, 예산과 추진조직들이 생겨나지만 생각과 행동을 융복합화하는 패러다임의 변화가 뒤따르지 않았기 때문이다. 결국 새로운 진흥을 위한 조직과 예산은 또 하나의 병렬적 칸막이가 될 뿐이고, 각 조직의 이기와 권한을 병렬적으로 인정하는 '무늬뿐인 시스템 통합'에 머무른 탓이다.

이웃한 중국은 서방의 저주(詛呪)에 가까운 우려에도 불구하고 상상을 초월하는 일사불란한 속도와 규모로 피아(彼我)나 영역을 불문하고 기술과 기업, 시장을 쓸어 담고 있다. 그에 반해 우리나라는 국제적 전시행사나 컨퍼런스에서조차 전략적으로나 정책적으로 서로 어우러진 한 팀이라는 느낌을 좀처럼 주지 못하고 있다.

정보통신, 자동차산업, 교통, 물류 인프라 등 개별 산업분야는 우리가 다 앞서 있는데 왜 무인자동차, 전기자동차와 같이 융합이 필요한 부분에서는 중국에게 뒤지는지? 여기에 더해 세계적 가전과 경쟁력 있는 정보보안 기술도 가진 마당에 IoT와 핀테크, AI는 왜 더딘지 꼼꼼한 연구와 뼈아픈 반성이 절실하다.

'창의적 시도를 가로막는 모든 장벽'을 거두고 모든 것을 자유롭게 고민하고 실험할 수 있는 훈련장을 만드는 '규제프리존 특별법'이 아직도 문턱을 넘지 못하고 있다. 대륙법 체계, 진영 논리, 기관 이기주의, 위기불감증 등으로 우리가 개방과 공유 기반의 유연한 어울림을 외면한 채 각자의 영역을 지키는 구호적 연결성에 치중한 탓이 아닐까.

물리적 공간만의 연결이 아니라 하나의 목표 안에 모든 영역이 서로 녹아들 수 있는 화학적 융합이 중요하다. 단순히 연결만 강조된 효율은 오히려 책임과 리더십의 혼선과 과부하를 일으키는 원인이 된다는 것도 유의해야 한다. 일례로, '안전한 나라'는 국방, 치안, 소방, 재해, 사이버안보, 개인정보보호, 의료 등 여러 기능들이 존재하는 것만으로 만들어지는 것이 아니라, 국민들의 기대와 요구에 부응하여 각각의 부문이 시공간적으로 상호작용을 일으키며 만들어 내는 안심과 신뢰의 총체적 결과물인 것이다.

정부가 '국민안심'이라는 정책을 제대로 추진하려 한다면 관련 영역을 총체적으로 아우르는 거버넌스 협력체계를 갖추는 일이 그 시작이며, 그것이 원만하게 작동하도록 점검하고 아우르는 일이 그 끝이어야 한다.

AI, 로보틱스, 증강현실, IoT 등 기술 발달이 이끄는 세상의 변화가 지수함수적 상승곡선을 그리며 빠르게 진행되고 있다. 이처럼 광속(光速) 같은 미래의 변화에 도전하는 ICT기업인들에게 날개를 달아 줄 수 있도록 우리 대한민국이 다시 한 몸과 같이 분절 없고 분열이 없는 유연한 성장 시스템으로 재구축되기를 기대해 본다. 제발 이제 협업 한번 해봅시다.

미래 인터넷을 위한 발걸음

온 세상이 미래 먹거리인 ICT 분야에서 기회를 선점하기 위해 정신이 없다. MWC(Mobile World Congress)나 CES(Consumer Electronics Show) 등에서 만난 내로라하는 통신, 콘텐츠, 자동차, 전자 분야 기업들은 '지금껏 잘해 온 사업이라도 포기하고 바꿀 수 있다'는 각오로 IoT시대를 앞서 나갈 먹거리와 파트너 찾기에 혈안(血眼)이었다. 더욱이 한물간 것으로 여겨졌던 초기 컴퓨터 분야 기업들을 비롯하여 건설, 금융, 기계 분야의 기업들도 ICT 신(新)사업 의지에 가득 차 재기와 변신의 돌파구를 찾던 모습은 실로 놀랍고도 두려웠다.

또한 ICT산업 육성에 적극 나서고 있는 이스라엘이나, 프랑스, 중국, 독일 등의 크고 작은 기업들이 한데 어울려 시너지를 내는 모습도 매우 인상적이었다. 반대로 A부터 Z까지 자기 손으로 다해야 직성이 풀리는 우리네 대기업들은 여전히 비슷한 주제를 제각각 전시하고 있었고, 중소기업들의 부스는 관람객의 동선(動線)과 동떨어진 정부기관의 집합관(館)에 실적보고를 위해 꾸려져 있었다.

우리나라만의 확연히 다른(?) 전략이었다. ICT 인프라 수준이 세계 1, 2위라 하고, 자동차·전자·에너지 등 기존 산업의 역량도 뛰어나며, 정부 육성정책이나 민간의 성장 의지도 남다른 우리가

'왜 선제적인 ICT 성장정책을 펼쳐 왔음에도 글로벌시장에서 설 자리가 급속히 좁아드는지' 그 이유를 알 수 있었다.

　IoT, AI, 로봇(robotic), VR, 드론(drone), 보안(cyber security) 등 최근 각광받는 ICT 분야는 준비된 국가들에게는 100년에 한 번 있을까 말까 한 국가 대도약의 기회가 아닐 수 없다. 하지만 IT 강국이라 자부해 온 우리나라도 이 같은 절호의 기회를 살려 앞으로 30년, 50년, 100년의 먹거리를 만들어 갈 확실한 비전과 전략을 제대로 실행하고 있는지 의문이다.

　영토가 넓지 않아 인프라 구축 부담이 적었던 우리는 망(網) 속도에 집중적인 투자를 통해 글로벌시장의 우위를 지켜 올 수 있었다. 하지만 지금부터는 ICT와 정보보호의 차별적 기술우위와 서비스 콘텐츠의 다양성으로 정면대결을 펼쳐야 하는 상황이다.

　빠르게 열리는 미래 인터넷 세상에서 앞서 나가기 위한 전략 수립조차 더딘 나라는 '무능'(無能)하다. 국민의 정보 주권과 사이버 안전을 지켜 주지 못하는 국가는 존재의 가치가 없다. 이런 초(超)연결시대의 본질적 변화를 읽어 내지 못하고 여전히 '인터넷 진흥은 망(網) 속도나 높이면 되고, 정보보호는 기술로 풀면 된다'고 여기는 둔감함으로는 결코 앞서 나갈 수 없다.

　지금 우리 경제가 겪는 저(底)성장과 저(底)활력의 원인은 무엇일까? 좁은 내수시장, 자본력의 한계, 협업능력 부족, 전시적 실적주의 등 다양한 요인들이 복합적으로 작용한 결과이겠지만 무엇보다 의미심장한 원인은 국가의 ICT산업 진흥정책이 글로벌 경쟁력을 갖춘 기업을 생육하는 데 그다지 효과적이지 못했다는 것이다. 지금이라도 우리의 ICT산업이 보다 탄탄하게 성장해 나갈 수 있도록 몇 가지 결단을 서둘러야 한다.

먼저 ICT 정책집행이 한국 경제와 국가사회에 백년지대계가 되게 하려면 '산업 진흥은 보수적 관점'으로, '정보와 개인의 보호는 진보적 관점'으로 편을 나누어 다투는 양분적 행태에서 벗어나 합의와 신뢰를 찾는 데 집중해야 한다. 여타 선진국들과는 달리 산업화와 민주화를 갈등적 관계로 경험해 온 우리는 융합 기반의 미래 인터넷사회로 나아가는 데 남다른 어려움을 겪고 있다. 빅데이터 활용이나 감염 PC 차단, 잊힐 권리 등 전환기의 다양한 이슈들이 '진흥'이냐 '보호'냐의 결론 없는 다툼 속을 쳇바퀴 도는 사이 산업경쟁력에 심각한 위축이 일어나고 있다. 이제는 어떻게 해서든 미래를 향해 나아가는 양쪽 엔진의 출력 균형을 찾아내야만 한다.

또한 '몰아주기'와 '경쟁시키기'라는 재벌 중심의 산업성장전략으로는 융합과 연결, 개방과 공유의 가치로 구현되는 ICT시대를 앞서 나가기 어렵다. 새로운 가치 창출을 위해 자기들만의 사일로를 깨고 산업 간, 기업 간 협업의 장을 만들고 주도하는 역할의 창조적 재구성이 시급하다.

중장기 ICT 정책의 수립과 실행은 매우 중요하다. 담당 공무원들이 한 보직에 1년 이상을 머물기 어려운 초단기 순환근무 시스템으로는 정책의 연속성을 확보하기 어렵다. 적어도 사반(四半) 세기 정도를 내다보는 국가경쟁력을 창출하려면 일관성 있는 정책수행을 보장하는 인사와 평가 시스템 도입이 필요하다. 공무원의 평정시 정량적 성과목표와 함께, 국(局)이나 과(課)의 중장기 과제에 대한 연도별 집행성과도 합산해서 평가해 주면 된다.

정책에 대한 감사에도 시대 흐름에 적합한 새로운 잣대가 필요하다. 협업과 융합을 필요로 하는 ICT 분야의 경우, 투자회수 기간이 길고 어느 한 기관만의 성과로 규정짓기 애매한 특수성이 감사에 반영되어야 한다. 중장기 사업에 대한 감사는 적합성과 투명성도 엄중히 살펴야 하지만, 연차별 계획이 충실하게 이행됐는지 시계열적 관점이 반영되어야 과감한 정책 입안과 차질 없는 집행이 가능해진다. 아울러 단위기관의 예산집행만 평면적으로 볼 것이 아니라, 유관기관들의 동종 정책들과 시너지를 높이는 협업과 융합이 효율적으로 이루어졌는지 등을 두루 살펴 입체적으로 검토하는 것도 필요하다.

미래의 안정된 삶을 가져다줄 '인터넷 진흥'과 안전한 삶을 지켜줄 '정보보호'를 국가 ICT전략의 양대 축으로 삼아 두서없이 비효율적으로 양산된 법체계와 정책, 예산, 관행을 전면 혁신하는 패러다임의 대전환을 이뤄 내야 한다. 이를 통해 융합·협업·연결이라는 ICT적 가치가 구현될 수 있도록 막힌 사고와 높은 벽을 깨뜨리는 실질적 변화를 이끌어 내야 한다.

우리가 한 번도 자발적으로 실천해 보지 않은 협업과 공유의 가치를 구현하기 위해서는 누군가 먼저 벽을 허물고 낮추는 일을 해주어야 한다. 다행인 것은 이런 변화를 강요하는 IoT시대가 철옹성 같은 우리 사회의 이기(利己)를 허무는 방법도 함께 제시해 주고 있다는 점이다. 센서, 통신, 디바이스, 플랫폼 등 다양한 IoT 기술과 클라우드, 핀테크, AI, VR, 드론 등의 복합물인 혁신적 스마트서비스의 최종 관문은 바로 사이버안전성인 '정보보호'에 달려 있다는 점은 횡적·종적·입체적 협력과 공유라는 ICT 시대정신을 장착해야 하는 강력한 이유가 되어 줄 것이다.

국가 전체 인터넷망의 95%에 달하는 민간부문의 사이버안전을 담당해 온 한국인터넷진흥원의 시대적 역할이 단순히 기술적 정보보호 역량 제고에 그쳐서는 안 되는 이유이기도 하다. 인터넷과 정보보호의 조화와 균형적 진흥을 모색해야 하는 기관으로서 우리의 낡은 시스템과 정책, 법과 제도, 문화와 윤리를 미래적으로 바꿔내고, 우리 사회가 경제, 산업, 기술발전을 수용하고 선도할 수 있도록 ICT시대의 나침판이 되어야 한다.

이와 함께 IoT시대의 사이버보안체계 구현을 위한 민·관·군의 협력과 연결도 원활하게끔 해야 한다. 정보보호 핵심기술을 선도적으로 개발하여 시장과 공유하는 민간지원 연구개발(R&D)의 허브 역할과 ICT와 정보보호산업 저변 확대와 협업역량 배양에 필요한 IoT 정보보호 실증사업도 서둘러 추진해야 한다. 연결자로서 우리 원(院)의 책임이 점점 더 무거워지고 있다.

'진흥원' 이름 석 자가 들어간 기관들이 없어져야 산업이 발전한 다는 현장의 질책은 사무치게 아프다. 시대가 요구하는 민·관의 소통과 연결을 주도적으로 추진하며 '실사구책'(實査救策) 의 자세 로 산업현장의 어려움을 실질적으로 해소해 줄 때, '진흥'의 진정한 의미는 재평가될 것이다.

"되돌릴 수 있는 것이라면 불행을 느껴야 할 이유가 어디 있는가? 되돌리지 못할 것이라면 불행을 느껴서 무엇 하겠는가?"라는 불가 (佛家) 의 가르침이 있다. 그럼에도 만에 하나 되돌리지 못하는 상 황이 더 걱정된다는 것을 솔직히 고백하지 않을 수 없다. 우리 원을 비롯한 대한민국의 ICT 관련 기관과 종사자들이 주어진 역할과 책 임을 다하느냐, 그렇지 않느냐에 따라 국가의 명운이 갈릴 수 있다 는 점에서 보다 근본적이며 실효성 있는 비상(非常) 적 ICT 리더십 이 발휘되기를 기대해 본다.

오랜 경제침체를 털어 내는 확실한 돌파구가 ICT를 통해 나와 주 기를 바라는 국민적 기대가 크다. 이 같은 염원을 담아내기 위해 정 부나, 기업, 학계 등 모든 관계자들이 이런 국민적 여망으로부터 자유로울 수 없다. 각자 맡은 역할과 책임을 다해야 한다.

'쿼터'(분기) 가 아니라 '쿼터 센추리'(25년) 를 내다보는 ICT 진흥 이 이뤄지도록 생각과 시스템을 바꿔 낼 때, 우리는 비로소 글로벌 운영체제(OS, *Operating system*) 개발 등 미래 인터넷산업의 주류를 향한 의미 있는 첫걸음을 내딛게 될 것이다.

미래에 응답할 책임

이어령의 수필집 《길을 묻다》에는 아이의 물음에 고심하는 할아버지의 일화가 나온다. 아이는 할아버지의 수염을 바라보다 문득 할아버지가 수염을 이불 속에 넣고 주무시는지 내어놓고 주무시는지 궁금해졌다. 할아버지는 선뜻 답하지 못하고 다음날 일러 주기로 한 채 그 자리를 모면한다. 그날 밤 할아버지는 아이에게 답을 주기 위해 수염을 이불 속에 넣어 보니 왠지 갑갑하고, 내어놓으니 허전해 밤새 수염을 넣어 보고 빼보고 하다가 뜬눈으로 밤을 지새웠다고 한다.

추측건대 할아버지는 갑갑함이나 허전함보다 '내 수염이건만 어찌 이리 기억나지 않을까' 하는 생각에 밤을 하얗게 마음처럼 태우시지 않았을까 싶다. 답해 줘야 한다는 책임은 무겁고, 스스로 성찰해 보지 않은 지난날은 아쉽고, 새날이 밝아 올 즈음에는 이미 늦었다는 생각에 후회스러웠으리라 ⋯ .

후회의 밤을 보낸 할아버지에게서 경황없이 미래를 마주하는 우리 모습이 투영돼 보이는 것 같다. 우리는 유례없는 경제성장과 민주화라는 두 개의 기적을 동시에 이뤄 내고 풍요와 자유가 넘치는 현재를 다음 세대에게 넘겨줬다. 그러나 모든 해답을 주지는 못한

듯하다. 아프지만 솔직하게 말하면 산업화와 민주화, 성장 우선과 인간 중심의 형태적 균형은 만들었지만, 사이사이의 간극과 반목을 상식과 합의로 메우며 미래로 나아가는 내용적 조화에는 답해 주지 못했다.

초(超) 연결사회 진입을 앞두고 우리는 다시금 같은 질문에 직면했다. 그간 독보적 ICT 인프라와 이용률로 ICT 강국이라는 인정을 받았지만 추진체계 복잡성과 이해의 상충, 법·제도 중첩과 미비 등 한계가 나타났다. 인터넷 진흥과 정보보호, 기술발전과 개인의 보호와 같은 중심적 가치가 대립하며 미래사회로 옮기는 발걸음을 붙잡는 상황이다.

현재의 우위가 다음 세대에도 지켜지기를 바란다면 아이에게 답하지 못한 할아버지와 달리, 철저한 성찰을 통해 '변화'라는 답을 제시해야 한다. 이를 위해 융합과 연결의 기반 위에 창의와 혁신으로 꽃피는 ICT 미래 먹거리사업의 참여 기회가 넓혀질 수 있도록 IoT 실증사업이나 플랫폼 기반의 콘텐츠 개발사업과 같이 파급효과가 큰 프로젝트들의 추진을 서둘러야 한다.

이런 과정을 통해서 다음 세대가 무한경쟁의 세상을 거침없이 질주할 수 있도록 융합과 협업, 연결의 자생적 역량을 키워 낼 수 있게 해주어야 한다. 이 어두운 밤 동안 우리 세대가 그렇게 하지 않은 채 아침을 맞이한다면 다음 세대는 결코 국가 재도약의 꿈을 이루어 내지 못할 것이다.

미래 발전의 핵심 가치인 ICT 진흥과 정보보호가 조화를 이루도록 사회적 합의를 찾는 문화도 필요하다. 지금까지는 한쪽의 발전이 다른 쪽의 발목을 잡는 '트레이드오프' 관계로 오해되어 왔다. 풍요롭고 안전한 미래 인터넷사회를 향해 이 두 개의 가치가 공진(共進)할 수 있는 지점을 확보해야 한다. 단순한 기술적 융합을 넘어 가치의 공유와 확장이 중요하다는 것을 체득할 기회가 필요하다.

20여 년 동안 〈포춘〉(Fortune) 500대 기업을 연구해 온 캘리포니아주립대의 경영학자 에릭 플램홀츠와 이본 랜들은 《기업 성장을 방해하는 10가지 증상》(Growing Pains)이라는 책에서 "성장통에 빠진 조직은 구성원들이 바쁘고, 시간에 쫓기며, 의사소통이 잘 안되고, 조직 내 갈등이 심하고, 불필요한 곳에 경비가 발생하는 등 수익성이 저조해진다"는 성장통(痛) 이론을 제시한 바 있다. 지금의 한국사회도 혹독한 성장통을 겪는 듯하다.

급성장에는 성장통이 뒤따르는 법이다. 한국사회는 지난 40여 년간 '한강의 기적'으로 일컬어지는 '압축성장'을 경험했다. 이러한 성공 신화는 ICT시대에도 이어질 것이라고 예단하지만 외형적인 성장이 너무 빨라 법제도와 문화가 이를 따라가기 벅찬 형국이다.

이제 우리는 그간 우리 사회를 흔들었던 논란을 돌아보면서 합리적인 대안을 찾고 제도적 취약성을 개선해 나가야 한다.

케이블채널에서 크게 인기를 모은 드라마 〈응답하라〉 시리즈와 같이 아름답던 지난 추억에 빠져 있는 것도 나쁘지 않지만, 누군가는 다가올 미래 세대의 절박한 요구에 대한 응답을 준비해야 한다. 분단 100년을 맞는 2045년에 지금을 돌아봤을 때 부끄럽지 않은 선대로 남기 위해, 우리는 긴 반목의 시간을 끝내고 조화와 협력으로 다가올 미래의 부름에 응답해야 한다.

봄 날

— 백기승

연둣빛 잎들

바람보다 먼저 기울고

비릿한 강 내음

산자락 간질이면

무리의 물새 떼

하늘 향해 차오른다.

좁다란 베란다 창으로

봄날은

싫증나지 않는 산수화(山水畵)다.

강변의 봄빛

나른한 시간에도

푸르게 피어나지만

스산한 바람

물새 떼 흩으면

이 봄 쉬이 떠나보낼까

수심에 차인다.

제 3 장

———

KISA,

변화의 중심에 서다

나는 한국인터넷진흥원 원장이다

2014년 9월 초, '한국인터넷진흥원'(KISA)의 4대 원장으로 부임했다. '어공'(어쩌다 공무원)이다 '비(非)전문가'에 '낙하산'이라는 등 이쪽 바닥의 여론이 차가웠다.

인터넷을 뒤지고 관계자 몇몇에게 들어 본 기관 현실은 따가운 눈빛에 주눅 들어 머뭇거리는 것조차 사치일 만큼 참담했다. 600여 명가량 직원의 44%가 비정규직이란다. 다른 기관에 비해 근무강도는 높고 급여수준은 매우 낮았다. 그렇다 보니 이직률도 20% 가까이 되어 해마다 100명 정도의 직원들이 다른 회사로 떠나고 있었다. 그간 임기를 제대로 채운 원장이 없어 기관의 위상과 경영도 제멋대로일 수밖에 없었다. 전문가든 비전문가든 누군가 제대로만 했다면 이런 중요한 기관이 이 지경에 이르기까지 방치되지는 않았을 텐데 … 은근히 부아가 났다.

한국인터넷진흥원은 2009년도 당시 한국인터넷진흥원과 한국정보보호진흥원, 정보통신국제협력진흥원의 3개 기관이 통합되어 새롭게 출범된 기관이다. 그런데 공교롭게도 자체 사옥이 없는 기관들끼리 통합된 것이다. 타 기관들은 사옥이 남아 팔아치우고 난리가 났다는데, 그러면 어떻게 해서든 차제에 통합기관이 같이 일할 사옥이라도 마련해 줄 것이지, 그 시점에서 세 들어 쓰던 그 장소

그 자리에 그대로 놔둔 채로 서류상으로만 통합시켜 버리고 끝냈단
다. 참으로 공무원다운 일처리였다. 그렇게 방치된 채로 무려 6년
의 세월이 흘렀다. 다시 말해 혼인신고는 했는데 합방은 6년 동안
안 시켜 주고 있었다는 거다.

정말 코미디가 아닐 수 없다. 국가 인터넷망의 90%를 차지하는
민간 인터넷망(網)을 관제하며 국가와 국민의 사이버안전을 책임
지는 핵심기관이 남의 집을 빌려 살면서, 유사시에 방호나 시스템
이중화 같은 기본적 안전장치도 없이 내팽개쳐져 있었던 것이다.

뿐만 아니라 인터넷 활용환경과 관련산업 성장을 선도적으로 이
끌어 나가야 할 이 기관이 공간적으로 쪼개져 있는 상태에서 어떻
게 ICT적 가치이자 시대정신이라는 융합과 연결, 협업, 공유, 개
방을 솔선하며 진흥업무를 수행해 왔는지도 정말 의문이었다.

나는 사람들과의 만남을 통해서 자연스럽게 창의적인 작업을 도모하는 기회와 시간이 만들어지는 것을 매우 중요하게 여긴다. 그런 면에서 직원들이 서로 쉽게 만날 수 있는 터전과 환경을 만들어주는 것이 가장 시급한 일이라 생각했다. 융합과 협업 또한 이렇게 서로 다른 전문분야를 가진 구성원들이 만나는 것에서부터 시작된다. 이들 간의 소통이 원활하게 이뤄지도록 해주고, 이것이 조직의 문화로 자리 잡을 때 창의와 융합의 꽃이 피어나는 것이다. 서로 다른 생각을 가진 직원들이 한데 어우러져 예측 가능한 한 방향으로 달려 나갈 때 그 조직의 역동성이 발현된다는 확신으로, 일단 모든 구성원이 한자리에 모여 일하는 환경을 만드는 것이 급선무였다.

내가 맡은 한국인터넷진흥원은 인터넷 분야 전문성과 정보보호 사명감으로 인터넷 기반 위에 펼쳐지는 미래가 안정적이고 안전하도록 변화와 발전을 선도하는 기관이다. 다시 말해 국민들이 인터넷으로 안전하고 안정되게 먹고살 수 있게 하는 것이 우리 원의 미션이고 원장인 나의 책무인 것이다.

2014년 9월 부임 직후 우리 원 운영의 방향을 설정하면서 가장 깊이 고심한 부분이 바로 기관의 비전으로 이미 설정되어 있던 'ㅇㅇㅇ하는 전문기관이다'를 'ㅇㅇㅇ하는 진흥기관이다'로 바꿀 것인지 여부였다. "'전문'이나 '진흥'이나 그게 그거지 … 표현 자체가 뭐 그리 큰 대수냐?"고 할지도 모르겠다. 하지만 단위기술의 혁신만으로도 시장경쟁력을 확보할 수 있었던 3차 산업혁명시대와는 달리,

기술에 두뇌와 감성까지 더해지고 섞여야만 새로운 가치와 경쟁력이 만들어지는 4차 산업혁명시대에는 '전문기관'이냐 '진흥기관'이냐에 따라 해야 할 역할이 전혀 달라지기 때문이다.

'전문기관'이라면 기술영역에 국한하여 전문성을 발휘하면서 문제를 관리하는 데 그쳐도 되겠지만, '진흥기관'의 역할은 기술적 역량뿐만 아니라 이를 활용하기 위한 제반 여건이나 실행환경, 다시 말해 정치·경제·사회의 인식과 패러다임은 물론, 의사결정 구조마저 바뀌게끔 독려하고 선도하는 것까지 아울러야 한다. 그야말로 별거 아닐 것 같은 작은 차이가 문제 접근의 시각과 책임의 범위를 천양지차(天壤之差)로 다르게 한다.

국가경쟁력 강화를 위한 인터넷과 정보보호 진흥기관으로 임무를 정하고 마주한 ICT 강국 대한민국의 모습은 참으로 한심하고 답답했다. 지나간 한때의 효율과 성공에 대한 집착이 미래로 향한 걸음을 붙잡고, 경쟁과 다툼의 습성이 서로의 연결을 가로막으며, 무책임과 무소신이 신뢰를 무너트리는 현행 우리 사회구조로는 'ICT를 통한 경제 재도약', '4차 산업혁명 선도', '지능정보사회 구현'과 같은 미래 비전은 실현되기 어려운 공염불에 그칠 공산이 크기 때문이다.

기관장 후보로 신청하고 면접을 보던 때가 생각난다. ICT도 모르고 정보보호도 모르는 낙하산 후보가 마뜩찮았던 면접위원들의 분위기가 서늘했다. 갈고리 같은 질문을 요리조리 잘 피하다가 마지막으로 부닥뜨린 것이 "국가 IoT 정책이 뭡니까?"였다. '어, '뭡니까?'라니 이건 뭐하자는 거지? 그 어려운 걸 내가 만들었다는 건가?' 하는 생각이 잠시 스쳐 지나갔다. 참 많은 복선(伏線)이 깔린 공세(攻勢)였다.

잠시 망설이는 척하다가 입을 열었다. "그 어려운 걸 이제 막 벼락치기 공부를 하고 면접 보러 온 사람이 알 수 있겠냐?"고…. "나는 잘 모르겠고, 여기 계신 관료 분들과 학자님들이 잘 아시지 않냐?"고….

그리곤 한 30초 정도 지나 말을 이었다. "근데 면접 준비를 하느라 IoT가 뭔지 찾아보기는 했는데 남는 의문이 좀 있어서 이왕 말 나온 김에 한두 가지 여쭤보고 싶다"고 역공(逆攻)을 가했다.

"이번 '국가 IoT 정책'도 정량(定量)적으로 추진할 것인지? IoT 플랫폼은 안 만들고 갈 것인지? 우리 기업들은 센서, 통신, 디바이스, 플랫폼 등 많은 분야 중 어디에 관심과 경쟁력이 있는지? 그 분야에서 같이 경쟁하는 국가와 기업들은 어디들인지? 이를 지원하는 법제와 투자 환경은 어떻게 준비해 나갈 것인지? 이들 질문 가운데 어느 것 하나 명쾌하게 답이 나와 있는 걸 찾아보지 못했는데…, 우리가 이러고도 IoT 강국이 될 수 있는 거냐?"

한동안 침묵이 흐르고 더 이상의 질문 없이 면접이 끝났다.

그로부터 정확히 3년의 시간이 흘렀다. 그런데 그때 내가 던졌던 의문들 가운데 어느 하나도 제대로 고쳐지거나 준비되고 있지 않다고 감히 단언한다. 전략적, 정성적 경쟁력 강화를 위한 제도혁신과 역량결집 노력도 거의 이루어지지 않았다. 주무부처의 과(課) 단위끼리도 소통 없이 경쟁하는 현실로서는 대한민국의 각 부문이 열리고 나누고 합쳐야 이뤄 낼 수 있는 ICT, IoT, 4차 산업혁명의 선도는 결코 이루어질 수 없는 꿈일 뿐이다.

'진흥'이 어려운 이유는 관련된 모든 요소가 한 방향으로 함께 움직여 나가도록 끊임없이 설득하는 일이기 때문이다. 서로 다른 이해와 목적, 수준과 역량을 어떻게 극복해야 할지에 대해 깊이 천착하고, 동의와 공감 속에 책임과 참여로 동력을 만들어 나가는 낮은 중심의 탈권위적 리더십 없이는 새로운 이상과 가치를 구현하는 미래 혁신을 만들어 낼 수 없다.

이것이 바로 전문기관이 아니라 진흥기관인 한국인터넷진흥원이 완수해야 할 시대적 미션이다. 그리고 나는 인터넷 기반 위에서 대한민국의 새로운 이상과 가치가 제대로 구현될 수 있도록 꽉 막힌 시스템과 답답한 인식을 혁신하는 임무를 부여받은 한국인터넷진흥원 원장이다.

어공을 논하기에 앞서 …

어쩌다가 '어공'(어쩌다 공무원)의 꼬리표가 붙은 공공기관의 장(長)이 된 후로 물정 모르고 지내던 이 세계를 조금 엿볼 수 있었다. 3년 가까이 공공기관의 장을 하면서 '늘공'(늘 공무원)인 정부부처 직업 관료들과의 입장 차이로 고민해 본 적이 있다. 아니, 더 솔직하게 고백하자면 고민해 본 적이 있는 것이 아니라 늘상 업무를 놓고 '늘공'들과 씨름 아닌 씨름을 하면서, 지향점이 같은데도 언쟁이 끊이지 않는 둘 사이의 미묘한 간극(間隙)은 도대체 무엇 때문일까를 깊이 고민해 봤다고 하는 것이 맞을 것이다.

처음에는 도무지 이해되지 않던 것들이 시간이 흐를수록 조금씩 설명이 가능해지고, 동의하지는 않지만 이해는 해볼 수 있게 되었다. 전담부처와 산하 공공기관 관계의 기저(基底)에는 매우 복잡 미묘하면서도 우리가 살아가는 사회의 다면적 현상이 고스란히 투영되어 있기 때문이다.

이 문제의 본질을 축약해서 이야기하자면 공직의 사기, 책임, 역량, 인정, 기회, 소신 등 모든 것이 과거와 같이 높지도, 크지도, 많지도 않은 데서 비롯된다. 이는 개발연대 당시와 같은 목표지향성이 사라진 조직의 구성원들이 사회 각 부문의 급속한 성장과 역량 신장을 능가할 전문성을 더 이상 갖추지 못한 탓이다. 국민들을 진두지휘하던 시절은 속절없이 끝나고 어느새 정치권과 언론, 국민, 시민단체들로부터 '영혼 없는 집단'이라며 동네북처럼 두들겨 맞는 지경이 되었다.

시민사회 성숙과 소셜미디어 확산으로 일거수일투족이 백일하에 드러나고, 책임을 추궁하자는 목소리가 커지면서 공직문화는 소신 돌파(突破)형이 아닌 책임회피(回避)형이 일반화된 것이다. 그 속에서 버텨 내야 하는 공무원들은 이제 거센 비바람을 뚫고 솟아나는 대(竹)가 아니라 대세에 순응하며 기우는 갈대가 되어 버렸다.

그러나 처량해 보이는 신세로 전락한 것 같은 이들은 여전히 각종 인허가와 제재 권한, 예산집행 권한 등을 가진 막강한 권력집단이며, 이를 지키려는 집단적 보호본능은 이전보다 더욱 강화되었다. 죽어도 내려놓지 않을 규제와 예산의 힘을 바탕으로 그들에게 약자가 되는 기업과 공공기관에게는 갑(甲)으로서의 우위적 입장을 내세우고, 비판과 지원의 갈림길에서 서성이는 언론과 학회, 단체는 동지적 관계로 관리하고, 정치권과 권부는 상전(上典)으로 모시며, 여기에 국민은 상징적으로만 최고의 웃전으로 놓는 지혜로운(?) 관계설정을 해놓고 생존을 위한 역할극을 하는 것이다.

수천 년 한결같이 때가 되면 밭을 일구고 파종(播種)을 하듯 관성적으로 정책을 꺼내고 다시 고치면서도 크게 바꾸지도 바뀌지도 않는 정책의 씨앗을 뿌린 위에 또 뿌리는 생존을 위한 최선의 생태계

관리전략을 DNA처럼 몸으로 체득한 것이다.

이러한 상황에서 부처 산하의 공공기관들은 말이 싱크탱크이자 파트너이지, 사실상 자신들의 수고를 덜어 줄 하인들의 집합소 정도로밖에 여기지 않는 것 같다. 우리 원(院)과 같이 전문성을 기반으로 운영되는 기관도 전문성 없는 공무원들의 몰이해와 견제로 인한 정책갈등을 겪을 때가 허다하다. 원래 공공기관의 설립 목적이 공무원들의 능력에 전문적인 식견을 더하여 실행력이 담보된 정책을 만들어 가자는 취지였을 텐데, 문제는 이들 관료집단이 보유한 전문성이 그리 높지 않다는 것이다.

그러다 보니 국민들을 비롯해 여기저기서 치받는 전문성 논쟁에 이미 짜증날 대로 난 공무원들이 산하기관의 전문성을 인정하고 조언을 받아들이며 협력해 나가면 좋으련만, 무시하고 거부하기 일쑤다. 자신들의 의도에 맞는 맞춤형 답안만 내놓으라 감시하고 볶아 대는 것이다.

우리 원과 같이 시장에서 기업들로부터 애로와 현실을 지속적으로 접하는 기관의 경우, 수렴된 현장 의견을 토대로 담당자들의 현실에 맞지 않는 정책추진 요구에 대해 이의와 대안을 제시해 보지만 무시당하고 묵살되는 일이 심심치 않게 반복되곤 한다.

이러니 기관장으로 있으면서 기관의 제대로 된 역할, 기능과 관련하여 '늘공'들과의 부딪힘을 피할 수 없고, 그러다 보니 보일 듯 말 듯한 운영간섭도 심심찮게 생기면서 새로운 갈등이 빚어지곤 한다. 이런 경우에는 마치 그들의 퇴직한 동료가 가야 했을 자리를 꿰

차고 앉아 엉뚱한 불평이나 늘어놓는 이상한 사람쯤으로 여기는 것 같아 당혹스러움을 느끼곤 한다. 기술과 인문이 통섭과 융·복합 되는 이 시대에도 '여전히 저리 생각하는지?' 하는 답답한 마음이 들 게 된다.

'늘공'은 태생적으로 이상보다 실현 가능성에 초점을 두며, 윗선에 대한 보고와 평가에 더 치중하게 마련이라는 것이 그들을 바라보는 일반적인 시각이다. 법과 규정의 절차에 따라야 뒤탈이 안 생기기 때문에 결과적으로 혁신과는 거리가 멀 수밖에 없다. 이에 비하면 '어공'은 정권과 국정철학을 공유하고 명운을 같이하기 때문에 충성도가 높고 추진력도 더 클 것이다. 물론 어공도 어공 나름이라, 아주 면밀하게 골라 써야 할 것은 두말할 필요가 없겠다.

정권들이 '어공'을 중용하는 이유는 국가 차원의 개혁과제를 흔들림 없이 추진하겠다는 일종의 의지 표명이다. 그럼에도 성공적인 개혁은 절차적 정당성과 함께해야 가능하다는 점에서, 결국 '늘공'의 관료적 전문성과 '어공'의 현실적 실행능력의 조화만이 진짜 국민이 원하는 혁신을 가시화하는 길이라고 생각한다.

한국인터넷진흥원 원장으로 부임한 직후부터 직원들을 마주할 때면 한결같이 했던 이야기가 있다. "여러분이 전문성과 자율성에 근거해 내린 판단을 일관되게 실행할 수 있게끔 외풍(外風)을 막아주면서 조직과 직원을 보호하는 것이 저의 임무"라며, "적극적으로 판단하고 일관되게 실행해 달라. 그리고 여러분이 만들어 낸 결과는 정확하게 국민들에게 알려 사명을 다하고 있음을 전략적으로 홍보하라. 그 다음은 제가 책임지겠다"고 ….

공직사회의 관료적 전문성과 우리 원이 보유한 현실적 실행능력 간의 괴리를 줄이고 조화롭게 엮어 가는 것이 기관장인 내게 주어진 핵심적 역할이라는 것을 일찍 간파한 것이 기관의 위상을 높이고 직원들의 사기를 진작시키는 데 주효했다는 생각이다. 하지만 아쉽게도 그 과정에서 정부부처와 산하기관 사이의 조화롭고 협력적인 관계의 모색은 퇴색되고, 부득이 전문성이 퇴화(退化)된 부처와는 어느 정도 거리를 두는 것만이 진흥기관으로서 기능과 역량의 위축 없이 주어진 역할을 소신껏 수행할 수 있는 방안이라는 결론을 내리게 되었다.

누군가 다음 원장으로 이 자리에 오시게 된다면, 우리 원의 전문성과 부처의 정책역량이 서로 커나가면서 시너지를 내도록 상생과 협력의 새로운 관계를 이룩해 주었으면 하는 바람이 간절하다.

진짜 통합, 모든 것의 시작이다

미래의 안정된 삶을 가져다줄 '인터넷 진흥'과 안전한 삶을 지켜 줄 '정보보호'를 양대 축(軸)으로 그간의 두서없고 비효율적이던 정책과 법제, 예산과 관행을 전면 혁신하는 패러다임의 전환을 우리 원부터 시작해야 한다고 생각했다. 또한 우리 자신의 막힌 사고와 벽을 깨뜨리는 실질적 변화를 통해 융합, 협업, 연결이라는 시대적 가치를 직접 실행하며 가능하다는 것을 보여 주는 일이 나와 우리 원에 주어진 사명이 아닐까 싶었다.

부임 당시 한국인터넷진흥원 조직은 5개 '본부'(本部), 12개 '단'(團) 체제였다. 헌데 진짜 가관(可觀)은 12개 '단'마다 별도의 기획팀을 운영하고 있었다는 것이다. 이게 무슨 소리인가 하면 미래창조과학부(현 과학기술정보통신부), 행정자치부, 방송통신위원회, 개인정보보호위원회 등 다(多)부처 업무를 수행하는 기관으로서 각 기관의 담당 과별로 '단' 조직을 하나씩 짝지어서(matching) 일을 해왔다는 거다.

언뜻 들으면 참 효율적이겠구나 싶지만, 속내를 캐보면 전문성 있는 조직을 정책 이슈를 중심으로 제대로 활용한 게 아니라 예산이 나오는 구멍마다 하나씩 부처 공무원들의 수족(手足) 조직으로 묶어 두었다는 뜻이다. 다른 '단'과의 논의는 물론, 협업이나 예산의 공동 활용을 통한 시너지 창출 같은 것은 언감생심(焉敢生心) 꿈도 꾸지 못하는 구조였다. 이걸 뜯어고치려 하자 부처 공무원들의 압박과 입김은 상상을 초월했다. 산하기관의 조직개편을 놓고 이럴 거면 그냥 자기들이 와서 하지 … .

　말이 좋아 '통합'이지 그냥 같은 간판만 내걸고 있었을 뿐, 구성원들 간의 유대감이나 조직적 효율성 등은 꿈도 꾸지 못할 상황이었다. 화학적 통합을 이루기 위해서는 기초작업부터 다시 해야겠다고 마음먹고 시급한 문제들을 직접 꺼내 해결책을 찾아 나섰다.

　직원들의 얼굴을 모두 알지도 못하는 상태였지만 무엇보다도 조직개편이 시급했다. 정말 직원명부를 수백 번은 들춰 본 것 같다. 평가점수의 기복이 심한 직원들은 연도별 원(院) 분위기와 원장 방침을 대입해 저간(這間)의 사정을 헤아리며 선별작업을 벌였다. 본부별로는 한 개의 기획팀만을 두고 모두 해체시켰다. 부처와 예산에 얽매였던 조직을 기능 중심으로 개편했다. 통합한 지 6년이 지나도록 서로 다른 공간에서 근무하며 교류가 원활치 않았던 3개 기관 출신 직원들을 대거 섞어 버렸다.

　어떻게든 한 장소로 사무공간을 통합하기 위한 방안을 짜내던 중, 운(運) 좋게도 때마침 한국방송통신진흥원(KCA)이 나주로 먼저 이전하면서 통합근무가 가능한 공간이 나타났다. 2015년 3월 무작정 KCA 소유 건물로 직원들을 밀고 들어간 덕분에 통합 출범 7

년 만에 합동 사무공간을 마련할 수 있었다. 그저 웃으며 말없이 도와주신 전임 김명룡 KCA 원장께는 늘 감사한 마음이다.

부임 이후 첫 월례 조회시간에 외부강사를 초빙해 '옷 입는 법'을 직원들과 함께 들었다. 그간 상처 입은 자존감과 무력감으로 자신들이 표현되지 않는 색들의 옷을 입고 다니는 직원들의 모습이 안쓰럽기도 하고 답답해 보였기 때문이다. "멀쩡하다가도 예비군복만 입으면 사람이 이상해진다"는 우스갯소리처럼, 나는 '복장이 마음을 다잡는 데 중요하다'고 믿는 편이다.

옷은 그저 자신에게 주어진 일의 중요성과 존재감을 깨우쳐 주는 시작일 뿐이었다. 어느 오후, 입사한 지 5개월쯤 된 여직원이 뜬금없이 이런 푸념을 늘어놓았다.

"원장님, 제가 원래 매우 튼튼했거든요. 근데 지금은 숨이 잘 안 쉬어져요."

아차, 그랬다! 600여 명이 넘는 직원들 한 명마다 사용하는 PC가 평균 3대다. 그런데 언제 깔았는지도 모르는 더러운 카펫 바닥에다 창문 하나 없는 좁고 밀폐된 사무공간에서 먼지와 열기 속에 하루 온종일 컴퓨터와 씨름하는데도 건강하다면 그것이 오히려 이상할 지경이었다.

부랴부랴 건물주에게 양해를 구하고 사무실마다 직접 여닫을 수 있는 창문을 만들어 달았다. 직원들의 업무공간을 조금이라도 더 넓혀 주기 위해 PC와 책상, 캐비닛 같은 집기를 바꾸고 대대적인 환경정비에 들어갔다. 예전에 사놓고도 또 사고, 쌓아 두고도 치우지 않은 모든 것들을 들어내어 주요 설비와 자산은 한곳에서 집중 관리하도록 했다. 내친김에 이미 지나간 일, 민간이 해도 되는 일들은 과감하게 내려놓고 새롭게 시작해야 할 일들을 발굴하자는 취지로 업무 구조조정도 추진하여 마음과 시간에도 여유공간을 만들어 나갔다.

정리가 필요한 부분은 비단 물리적, 업무적 공간만이 아니었다. 일이 터질 때마다 여기저기서 뽑아서 쓰던 계약 및 비정규직 직원들의 직종통합과 처우문제 등 근무여건 개선도 시급했다. 사회적으로 비정규직 해소가 화두가 되고 있었음에도 부임 당시 우리 원 전체 574명 중 계약직과 비정규직 직원은 251명으로 그 비중이 44%에 달했다. 아무렇지 않은 일상처럼 자리하고 있던 고용불안전성 해소를 위해 주무부처인 기재부와 무수한 협의를 가졌다. 계약직의 정규직 전환 T/O 확보를 위해 원장인 내가 이 문제만을 들고 담당 국장실에 여섯 번이나 찾아갔다.

지성(至誠)이면 감천(感天)이라고 도움의 손길을 외면하지 않은 덕분에 3년 동안 정규직 153명을 늘려 계약직과 비정규직의 비중을 24%까지 낮출 수 있었다. 92명이던 비정규직은 이제 10명으로 줄었다. 남아 있는 무기(無期) 계약직 139명의 정규직 전환은 정책적 차원에서 해법을 찾을 것으로 보여 그나마 다행이다.

또한 기존에 일반 계약직, 무기·유기 전문직, 무기·유기 위촉

직의 5개로 나누어 운영하던 계약직종을 무기와 유기 계약직 2개로 통합하고, 복리후생제도와 보수체계도 동일하게 변경하여 비정규직 직원들이 체감하는 차별을 최소화하는 등 실질적이고 지속적인 제도개선을 추진해 나갔다.

3년이라는 짧은 재임기간 중 협업하고 소통하며 기관 경영평가 '우수'(A) 등급을 받을 수 있게 적극적으로 변화를 만들어 간 직원들에게 감사할 따름이다.

여하튼 조금이라도 나은 근무여건을 만들어 주고자 백방으로 뛰며 일구어 낸 결실이라 더욱 뜻깊다. 일련의 과정을 통해 한국인터넷진흥원 구성원들이 기관의 사명(使命)에 걸맞은 자존감과 소속감을 되찾고 한층 밝아진 모습으로 일하는 모습을 바라볼 때면 가슴 뻐근해지는 감동도 있었다.

청렴이라는 난제(難題)

공공기관장으로 부임하기 전까지만 해도 내게 '청렴'이라는 단어는 말 그대로 '성품과 행실이 높고 맑으며 탐욕이 없음'을 일컫는 기분 좋은 어휘였다. 허나 원장으로 부임한 뒤에 부딪힌 '청렴'이란 어휘는 그렇게 단순하지 않은, 그렇다고 쉽게 해결할 수도 있는 것도 아닌 '난제(難題) 중의 난제'로 바뀌었다.

공공기관들은 해마다 '청렴도 평가'를 받는데, 특히나 기관 구성원들이 해당 평가에 참여하여 본인이 속한 조직의 부패 정도에 대한 의견을 개진할 수 있다는 점에서 발표를 앞두고는 마치 성적발표를 기다리는 학생마냥 묘한 긴장감에 빠져들게 된다.

부임 당시 한국인터넷진흥원의 청렴도는 거의 바닥을 헤맸다. 지금은 조금 나아졌지만 기관 스스로 청렴도를 단시간에 개선한다는 것이 그리 쉽지만은 않은 일이라는 걸 직접 경험할 수 있었다.

날마다 새롭고 급변하는 일들로 가득한 ICT 진흥과 사이버보안 두 영역에서 시장의 트렌드를 파악하고, 정책의 도입 여부를 검토하며, 법과 제도의 입안은 물론 기업의 육성과 지원, 수준에 대한 평가와 인증, 결과의 피드백과 보정이라는 전(全) 과정을 다루는 우리 원의 업무 범위와 양(量)은 시쳇말로 장난이 아니다. 공공기관 중에서도 업무량이 많기로는 세 손가락 안에 꼽을 정도라 해도 절대 과언이 아닐 것이다. 원장인 나도 "뭘 더 얼마나 공부해야 하지 …" 하는 푸념이 불쑥불쑥 나올 지경이다.

더욱이 잦은 보직이동과 다양한 영역의 정책을 관장하는 부처의 특성상 사이버보안 같은 특수분야에서는 산하기관의 전문성을 능가하기 어려운 탓인지, 우리 원에 대해서만 유독 퇴근 무렵과 주말에 업무를 지시하는 산하기관 길들이기 행태가 심했던 것 같다. 이같은 부처와 산하기관의 구조적 문제로 인해 하급직원들은 부처에 과도하게 보고하거나 합당하지 않은 업무지시를 막지 못하는 상급자들에 대한 불만과 불평을 '부당 업무지시'라는 기관청렴도 평가항목에 대신 쏟아 내곤 했다. 결국 우리 원의 낮은 청렴도는 '부패' 지수가 아니라 '불만' 지수였다.

잦은 보고 등 과도한 행정업무에 시달리다 "아직은 기술에 전념하고 싶다"며 타(他) 기관으로 떠나 버리는 뛰어난 기술인력도 부지기수였다. 대규모 사이버 대란이 일어날 때마다 정규직 T/O가 아니라 비정규직으로 늘려 왔던 대응인력들은 미련 없이 떠나갔다. 부임 당시 연평균 이직률이 무려 17%에 달했다.

조속한 대책 수립이 필요했다. 담당분야가 아닌데도 저마다 보고해 달라고 요청하는데, 문제는 보고받는 사람들의 수준이었다. 그래서 같은 내용의 보고서가 수준별 난이도를 조절해 가며 여러 버전으로 작성되어 왔단다. 기가 찰 노릇이었다. 부처별 보고 횟수도, 방식도 확 줄여 버렸다. 장관보고 양식으로 각 직급별 한 번씩만 보고하게끔 했다. 지금은 메신저 등을 통한 자유로운 방식으로 보다 신속하고 원활한 소통이 이루어지고 있다.

전문성 제고를 위해 기술역량 습득과정 이수를 승진 평가요소로 제도화하고, 외부교육 참여와 학위 취득을 독려하며 직원들의 자신 감과 경쟁력을 키워 주었다. 5개로 나뉜 복잡한 직종구분을 두 개로 단순화하고 불만이 높은 평가제도와 인사규정 등을 노사가 함께 개선해 나갔다.

일정 시간이 지나자 직원들의 불평도 점차 누그러들었다. 지방이 전이라는 이직요인을 겪고 있지만 현재까지의 이직률은 1.5% 선으로 매우 낮은 수준을 유지하고 있다. 실로 엄청난 변화지만 아직 마음 놓기에는 이르다. 이들이 얼마나 일에만 전념할 수 있게 지켜 줄 것인가에 따라 다시 흔들릴 수 있는 문제이기 때문이다.

그래서 다른 방편으로 모색한 것이 자긍심과 조직문화를 키워 주는 일이었다. 문화와 정신이 전략을 능가한 예(例)는 전설적인 성취나 인간승리에서 쉽게 발견된다. 잦은 보직교체로 인해 부처 담당관들이 전문역량을 갖추기 어려운 구조에서 우리 직원들이 보유한 전문적 사이버보안 역량이 국민안전과 국가보안에 얼마나 중요한지를 지금도 때 없이 강조하고 있다. 우리 앞에도 우리 뒤에도 우리 말고는 아무도 사이버보안을 지키는 사람이 없다고 ….

지난했던 잔류(殘留) 인력 늘이기

2015년 3월, 오랫동안 미루어 온 나주 이전을 위한 본원(本院) 건립에 착수했다. 더 이상 미룰 수 없는 지경까지 몰리기도 했지만 나의 의도는 다른 데 있었다. 공공기관의 지방이전 추진이 갖는 의미를 모르는 바는 아니지만, 한국인터넷진흥원과 같이 관련 기반시설과 협업기관 대부분이 수도권에 집중되어 있는 현실을 무시하고 기관을 지방으로 옮길 경우, 주요 업무의 상당 부분이 마비되거나 위축될 수밖에 없다.

더욱이 사이버위협 환경은 지방이전이 결정되던 2010년과는 비교할 수 없을 정도로 악화된 상태인데도 당시의 결정대로 지방이전이 추진된다면, 민간영역의 사이버안전은 반드시 구멍이 뚫릴 수밖에 없는 상황이었다. 때문에 잔류인력 확대(擴大) 논의를 꺼내 놓기에 앞서 지방이전 이행(履行)의 진정성을 보여 주기 위해서라도 본원의 착공을 서둘러야 했던 것이다.

지역발전위원회에 잔류인력 증원을 요청한 지 9개월여, 광주시와 전남도청을 오가며 무수한 설득과 다툼 끝에 마침내 지방이전기관 최초이자 유일하게 사이버대응 및 개인정보보호를 위한 필수인력 증원을 관철시키며 지방이전 규모를 확정지었다. 온갖 사고대응과 현장조사, 기관협력 등을 해나가기에는 빠듯해 아쉽지만 그래도 차질 없는 사이버안전과 멈춤 없는 산업성장을 위해 더욱 열심히 뛰자는 다짐을 직원들과 했다.

애초 지방이전 계획을 통해 기대한 효과가 그저 정부예산 일부와 이전기관 소속 직원들의 급여 일부가 지역경제에 흩뿌려지는 정도에 그치지는 않았을 것 같다. 그렇다면 이전기관과의 협의 과정에서 내려올 인원수 몇 명을 놓고 사활을 걸기보다는 이전기관들 각각이 보유한 부가가치를 지역경제 성장에 어떻게 제대로 접목할 것인가의 방안을 협의하고 준비하는 것이 바람직했다.

기관들의 고유 기능이 물리적, 심정적 거리에 막혀 위축되고 퇴화된다면 결국 그 일을 대신하는 새로운 기관들이 나오거나 분리되어 다른 곳으로 옮겨질 수도 있다. 따라서 기관들의 자유로운 운영은 보장하되 지역경제와 함께 성장하겠다는 약속의 이행 감시를 통해 책임의 무게를 높여 주는 것이 필요해 보인다.

서울 잔류인력 확대를 위한 노력과 동시에 차입(借入)으로 짓는 나주 본원의 시설에도 무척이나 신경을 썼다. 신청사를 미리 내려가서 보고 온 직원들 대부분이 "너무 멋져요", "참 잘 지었어요"라며 불평하지 않는 걸 보면 고생하고 신경 쓴 보람은 있다. 가뜩이나 본원의 나주 이전으로 직원들의 일상에 큰 변화가 불가피한 상황에서 업무공간만이라도 누구나 머물고 일하고 싶어지도록 만들어 고생하는 직원들에게 보상하고 싶은 마음이 컸기 때문이다. 이제야 내부적으로 할 일들이 어느 정도 마무리된 것 같다.

기능조정의 허와 실

우리나라는 정권이 바뀔 때마다 정권이 지향하는 방향에 따라 정부 조직을 개편(改編)하고, 그에 따라 산하기관 및 공공기관에 대한 기능조정도 함께 시행한다. 이러한 공공기관의 조직개편과 기능조정은 정책의 수립과 집행, 책임과 성과창출을 위해 조직과 예산, 인력 등을 효율(效率)화하는 당연한 모습이다.

기능조정은 뚜렷한 목적이 수반되어야 하며, 대개 조직의 효율화, 즉 생산성 제고를 위해 일정한 분야에서 수행하는 권한(權限)과 역할(役割) 등을 실정에 맞게 재정비하는 행위라 할 수 있다. 거꾸로 되짚어 보면, 조직의 생산성 제고를 위해 잘되는 사업 또는 부서에 더 많은 권한과 역할을 부여하고, 성과가 미약한 사업에는 통폐합을 통해 새로운 미션과 성과 창출의 기반을 만들어 주는 것이 바로 기능조정인 것이다. 기능조정에 앞서 SWOT 분석 등을 통해 이해득실을 면밀하게 검토하는 것도 이 때문이다.

과거부터 공공기관을 대상으로 어떤 기능조정들이 이루어졌는지를 한번 살펴보자. 먼저 김대중 정부는 IMF에 따른 '국가경제 구조조정'을 실시했다. 노무현 정부는 국토 균형발전을 위한 '공공기관 지방이전'을, 이명박 정부는 공공기관 통폐합 및 민영화를 통한 '공공기관 선진화'를 실시하였고, 박근혜 정부는 ICT 기반의 창조경제 활성화를 위한 '공공기관 기능조정'을 실시했다.

이렇듯 그간의 기능조정은 시대의 상황과 정권의 방향성을 담아 추진되었다. 이 과정에서 공공기관은 국정운영 선봉대이자 국정 성과창출의 실질적 조력자로서 그 역할을 수행하기도 했지만 적폐청산의 대상이자 희생양이 되었던 것도 사실이다.

기능조정이란 분명 생산성 제고와 성과 향상을 위해 잘되고 전망 있는 사업과 부서에 그 역할과 권한을 더욱 집중시키는 일인데, 그렇다면 정말 말 그대로 잘 추진되어 왔는지는 의문이다.

일례로, 국가경제의 미래성장 동력으로 주목받는 ICT 분야 스타트업(*start-up*) 육성사업은 기실(其實) 2010년도에 한국인터넷진흥원(KISA)이 도메인 관리를 통해 자체적으로 벌어들이던 수입금을 활용해 당시만 해도 용어조차 생소하던 스타트업 육성 프로그램을 처음으로 추진한 데서 비롯된 것이다.

이후 2012년 '구글'(Google)이 펀딩에 참여하면서 '글로벌 K-스타트업 프로그램'이라는 민간(民間) 협력형 프로그램이 KISA의 주도로 만들어졌고, 이것이 창업가와 벤처캐피탈 등으로부터 호평을 받으면서 그야말로 스타트업 열기가 뜨겁게 불붙기 시작한 것이다. '글로벌 K-스타트업 프로그램'은 구글, 퀄컴, 네이버, 다음, SK컴즈 등 국내외 대형 IT기업들이 속속 참여하면서 국내 최고의 스타트업 프로그램으로서 입지를 확고히 할 수 있었다. 실제로 2014년

구글이 아시아 최초의 '구글캠퍼스'(Google Campus)를 한국에 설립하게 된 데에는 '글로벌 K-스타트업 프로그램'을 통해 한국의 창업열기를 체감할 수 있었던 것이 결정적 요인이었다고 한다.

이후 창조경제가 국정기조의 한 축이 되자 KISA의 '글로벌 K-스타트업 프로그램'은 공공부문 창업지원 프로그램의 롤 모델이 되었다. 일부 기관의 경우 우리 원의 창업지원 프로그램의 오타(誤打)까지 그대로 베껴 쓰며 이름만 달리한 지원사업을 만들어 내기도 하는 등 웃지 못할 일들도 벌어졌다. 주무부처인 미래창조과학부(현 과학기술정보통신부)까지도 내부에 '본투글로벌센터'(Born to Global Center)를 설립하고 다양한 스타트업 육성 프로그램을 만드는 등 정부부처들마다 창업 지원사업을 우후죽순처럼 쏟아냈다.

예상보다 판이 커지고 이해관계가 복잡해지자 미래부는 산하기관에서 수행하는 스타트업 업무에 대한 기능조정을 검토하기 시작했고, 내린 결론은 웃기게도 우리 원이 운영하던 스타트업 프로그램을 '본투글로벌센터'도 아닌 제3의 기관으로 넘겨주라는 것이었다. 기능조정을 위한 어떠한 장단점 분석도 없이 스타트업 육성사업을 제대로 해본 직원조차 없는 기관에 사업을 통째 떠넘기라는 것이었다. 받는 기관 입장에서도 힘에 겨웠을 거다.

결국 '글로벌 K-스타트업 프로그램'은 정부의 스타트업 브랜드 통일 방침에 따라 'K-글로벌 스타트업 프로그램'으로 간판을 고쳐 달고(그게 그거 같은데…), 민간협력 프로젝트가 아닌 정부주도 사업으로 바뀌었다. 그리고 당시 참여했던 많은 기관과 국내외 기업들, 프로그램을 통해 구축된 선후배 간의 네트워크, 6년간 쌓아 올린 노하우와 브랜드 등 모든 것이 졸속으로 시행된 아쉬운 기능조정에 의해 순식간에 사라져 버렸다.

물론 스타트업 업무 기능을 한곳으로 일원화하고, 사업을 총괄하면서 수혜대상을 차별화하고 다양화해서 맞춤형으로 지원할 수 있다면 이보다 기능조정의 목적에 부합하는 것이 또 어디 있겠는가? 하지만 지금도 지워지지 않는 한 가지 의문이 있다. 그것은 당시의 기능조정이 사업 수혜대상인 스타트업의 입장에서 고려된 것이 아니라, 전적으로 부처가 곤란한 입장과 성과 부담으로부터 자유롭기 위해 관리 효율화에만 초점을 맞춰 서두른 결과가 아닌가 하는 것이다.

기능조정과 같은 본질적 변화를 도모할 때에는 당장 눈앞의 성과도 중요하지만 성과의 지속적 도출가능성도 함께 검토하면서 수혜자를 늘이고 피해자를 극소화해야 한다. 특히 IoT와 4차 산업혁명, 빅데이터, 사이버보안 등을 놓고 각 기관들이 이른바 '뜨는 사업들'에 대해 욕심들을 내면서 너나없이 관련 기능과 업무를 담아내려 하고 있다. 각 기관들이 필요한 책임과 역할은 다하지만 관리는 전문적 기능을 갖춘 중심적 기관에 집중하는 것이 ICT시대의 생산성과 효율성, 안전성에 바람직해 보인다.

앞서 정리했듯이, 기능조정은 뚜렷한 목적이 수반되어야 하며, 대개 조직의 효율화, 즉 생산성 제고를 위해 일정한 분야에서 수행하는 권한과 역할 등을 실정에 맞게 재정비하는 행위다. 기능조정이 생산성 제고, 즉 효율화를 위한 것이라면 그 효율화가 누구를 위한 것인지 먼저 고민하고 그 간극을 줄이는 노력이 절실하다.

기관장 평가에 대한 단상(斷想)

2017년 4월 중순, 공공기관장으로서 해온 일들을 평가받는 자리가 있었다. 재임 3년 차 기관장들을 대상으로 임명 당시 약속했던 기관경영 성과목표를 차질 없이 잘 이행했는가를 확인하는 절차란다. 참 오랜만에 누군가의 평가대상이 되어서인지 은근히 긴장되었다.

그래도 '그간 내가 해온 것들을 이야기하는 건데 뭐 …' 하는 자신감으로 직원들이 작성한 성과보고서 보기를 차일피일 미루다 불과 이틀을 남겨 놓고 허겁지겁 훑어보기 시작했다. 아뿔싸! 내가 나를 평가하기보다 직원들이 평가해 주는 게 더 객관적일 거라는 바른(?) 생각과, 원장이 평가에 목매어 이것저것 넣고 빼는 모습은 직원들이 보기 좀 그럴 것 같다는 착한(?) 생각에서 부러 꼼꼼히 들여다보지 않았는데…, 이게 오탈자도 좀 있고 핀트(*pint*)가 약간 다른 것도 보인다.

평가대상인 나도 처음 받는 거지만, 성과보고서를 정리해 준 직원들도 역대 원장 중에 2년을 넘겨 재임한 원장이 없었던 탓에 처음으로 작성해 본 때문이리라. '이제 와 별 수 없잖나? 그냥 말로 하자!' 마음을 다져 먹고 평가자석에 앉았다.

장시간 이어진 질문에 답변하고 나니 "특별히 더 하고 싶은 말이 없느냐?" 묻는다. 기다렸다는 듯이 냉큼 한마디를 던졌다.

"한국인터넷진흥원같이 시대적으로 중요한 기관의 장으로서 그간의 업적을 평가받는 것은 개인적으로 무척 의미 있고 영예로운 일이다. 단기적으로도 매우 중요할 수 있고… . 하지만 남아 있는 내 자신의 삶을 놓고 생각해 보면 오늘 이 자리의 평가보다 우리 원의 직원들이 원장인 나를 어떻게 기억할지, 이 시대가 나의 노력을 어떻게 바라봐 줄지가 훨씬 더 중요할 것 같다. 때문에 보고서에 담겼든 아니든, 말씀을 드렸든 안 드렸든, 이 시대가 필요로 하는 나의 역할만큼은 누가 뭐래도 차질 없이 해나갈 것이다. 다만 10년 동안 똑같은 일을 해도 되는 기관과, 매일매일을 새로운 변화의 맨 앞줄에 서서 부딪치고 대응하는 기관의 리더십을 평가하는 방식이 똑같아서는 곤란한 것 같다. 번개의 속도로 진화하는 ICT 환경을 관리해야 하는 한국인터넷진흥원 같은 경우, 평가지표를 고정하기보다 변화 선도역량을 중심으로 한 동적 평가가 필요해 보인다."

그렇다. 모든 기관마다 고유의 특수한 환경들이 있다. 하지만 그 각각을 살펴 가면서 평가하기는 사실상 불가능하다. 그렇다고 모든 특성을 무시한 채 맞지도 않는 일괄잣대로 재단하는 것도 합리적이지는 않다. 그래서 그 대안으로 기술진보에 민감한 '변화영역'과 지속적 안정성이 중요한 '관리영역'의 기관들을 특성별로 몇 개 군(群)으로 분류해 평가기준에 정합성을 부여해 보는 것도 하나의 방안이될 수 있다.

그럼에도 이런 일괄적 평가방식이 유지되는 이유는 긍정적으로 기여하는 우수기관장을 발굴하기 위해서가 아니라, 제대로 못하는 기관장을 찾아내기 위한 네거티브 목적성이 강해서일 것이다. 그 또한 매우 중요한 요소다. 하지만 열심히 잘하는 기관장들도 그런 일괄기준에 맞추어 자신의 성과보고서를 작성하다 보면 다 고만고만해져서 보통의 평가를 뛰어넘기 어려운 구조다. 직원들이 "기관장 평가는 대부분 '보통'을 받는다"고 말한 이유를 이제야 알겠다.

하지만 정부가 바뀔 때마다 모든 정책이 바뀌고 그 담당 공무원들은 매년 자리를 옮기는 구조에서 실질적 정책집행기관인 공공기관의 리더십도 수시로 단절되고 바뀌는 것이 무조건 바람직한 것만은 아니다. 가급적이면 선도적이고 합리적인 산하기관의 리더십을 유지함으로써 정책집행의 안정성을 높여야 한다.

한 2년 정도 열심히 하다가 이후의 자리를 알아보느라 일에서 손을 놓는 구조보다는 열심히 해서 있는 자리에서 축적된 역량을 더 크게 발휘할 수 있도록 능력 기반의 연임제를 열어 두는 것도 필요해 보인다.

공무원들을 움직이는 힘이 예산과 감사라는 점에서 예산의 효율성과 정책의 지속성에 대한 평가와 감사 또한 필요하다. 숫자로 명기하기 쉬운 정량형 정책, 재임기간 중 성과를 낼 수 있는 단기적 정책, 눈에 잘 띄는 시류성 정책은 넘쳐나는데 콘텐츠, 플랫폼, 경쟁력 같은 본질적인 정책은 기피되고 있다. 잘 보이는 정량적 정책만이 아니라 자신이 속한 조직의 중장기 전략적 정책의 집행 연속성도 함께 합산평가를 받을 수 있도록 평가체계와 감사구조의 개편도 서둘러야 한다.

한 가지 더 제안한다면 기관장에게 부여된 자율권한이 어느 정도인지도 평가요소로 산입해 줄 필요가 있다는 것이다. 보직인사, 조직개편, 예산집행 등에서 주무부처의 감독을 넘은 간섭은 기관의 자율성을 현저히 해칠 수 있다는 점에서 평가에서 고려되어야 할 주요변수로 간주되어야 한다.

인간도 자연과 닮았다. 무조건 잘 자라기를 기대하기보다 잘 자랄 수 있는 환경을 살펴 주는 관심과 격려가 필요하다.

'스마트하게' 마음을 움직여라

시대의 화두인 '융합'과 '창조'로 ICT 세상의 변화에 걸맞은 혁신(革新)을 이루어 내려면, 먼저 기존의 가치체계나 정형화된 관행으로부터 벗어나야만 한다. 하지만 이는 말처럼 쉬운 일이 아니다. 새로운 변화 요구를 마음으로 받아들여 행동으로 나타나기까지 자신을 둘러싼 기존체계의 '관성 모멘트'(moment of inertia)를 함께 바꿔내지 못한다면 그나마 솟아나던 변화 의지마저 꺾이기 십상이다.

"바나나를 따러 줄을 오르다 물벼락을 맞은 원숭이 한 마리가 다른 원숭이들이 줄에 오르는 것을 막다 보면, 나중에는 제지당한 원숭이들만 남게 되어 학습된 대로 아예 줄을 오를 엄두조차 내지 않는다"는 '원숭이' 실험처럼, 관행에 길들여지면 변화는 멈춰 서게 된다.

날마다 정치, 경제, 문화, 체육 등 사회 각 분야에서 변화와 혁신의 기치(旗幟)를 내세운 다양한 정책행사들이 진행되고 있다. 이러한 행사들 대부분에서 주최한 측이나 참여한 측 모두 한결같이 변화와 혁신의 필요성에 대해 역설(力說)하곤 한다. 하지만 정작 행사 자체는 늘 귀빈(貴賓) 소개로 시작해 축사, 격려사가 지루하게 이어지다 케이크 커팅(cake-cutting)이나 시상식을 거쳐 마지막 수순인 '파이팅 포즈'의 기념사진 촬영으로 끝나는 공급자 중심의 식순 (式順)은 좀처럼 혁신되지 않는 것 같다. 단상에 오르는 사람들만 아주 약간씩 달라질 뿐, 비슷비슷한 축사와 격려사 속에서 어느 한 구절이라도 기억하고 가슴에 담아 가는 내빈(來賓)들이 있을지는 참 의문이다.

여기저기서 비슷한 행사가 다투듯 열리고, 관련 기업 등 '을군' (乙群)은 자의 반 타의 반 얼굴을 비춰야 하고, 정작 주인공이 되어야 할 수상자들이나 참가자들이 들러리로 전락(轉落)하는 행사들이 과연 사람들의 마음을 움직여 변화와 혁신을 만들어 낼 수 있을 것인가? 창조적 아이디어로 경제와 사회에 스마트한 활력을 불어넣는 것이 ICT시대의 돌파(突破) 전략이라면, 우리의 소통방식도 이제 시대와 시류에 맞춰 스마트하게 바꿔 내는 고민이 있어야 한다.

사실 공급자 위주 행사에서 수요자 편의 중심의 행사로 바꿔 보려는 시도들이 전혀 없었던 것은 아니다. 컨퍼런스나 포럼에서 축사를 생략하거나 무대 형태를 바꿔보기도 하고, 참여형 프로그램이나 문화공연을 더해 보기도 했다. 하지만 그래도 잘 안 바뀌는 것은 모든 행사가 일반 참석자들이 아니라 담당자나 주무기관 윗선의 높이에 맞춰 기획되기 때문이리라.

그간 우리 원에서 다루는 사업의 다양성만큼이나 많은 주제의 행사에 기관장으로 참여하여 포상과 축하를 전하는 역할을 해봤다. 어느 날 문득 '통합해서 개최했을 때 시너지가 날 법한 행사들을 한

날한시에 모아서 열면 참석자들이 여러 번 걸음하지 않고도 다양한 정보를 얻어 갈 수 있어 효율적이지 않을까?' 하는 생각이 뇌리를 스쳤다. 한번 해보자 싶었다. 기존 방식이 아니라는 이유로 반대도 많고 해결해야 할 난제들도 적지 않았지만 해보기 전에는 알 수 없다고 판단했기 때문에 실행에 옮겨 보기로 마음먹었다.

수년 동안 담당부처가 달라 개별행사로 개최되었던 정보보호와 개인정보보호 관련 9개 행사를 하나의 슬로건으로 묶고, 각각의 특성을 살린 테마 카테고리를 정하여 2016년 말, 마침내 '안전한 사이버공간 한마음 축제'를 열 수 있었다.

어린 친구들부터 대학생, 스타트업 사업자 및 중소기업 담당자, 학계 전문가까지 모두 한자리에 어우러져 정보보호와 미래 인터넷에 대한 격의 없는 토론을 이어 가고, 수상자들에게는 기쁜 마음으로 축하도 전하면서 기억에 남을 만한 하루를 만들어 냈다. 이런 통합 행사가 아니면 서로 마주치기 힘든 관계자들을 한데 모아서 그간의 인사와 건의나 다짐을 이야기할 기회가 되어서 우리 원의 역할과 사명을 알리고 색(色)을 더할 수 있는 유용한 시간이었다.

정부나 공공기관들이 기획하는 대다수 정책행사의 본질적 목표는 국민들의 정책 이해도를 높이고 참여를 독려하는 것이다. 그렇기 때문에 의전(儀典)적 형식보다 우선해서 고려해야 할 요소는 국민들의 공감을 얻기 위한 다가섬과 배려이다. 바쁜 생업을 제쳐 두고 애써 참석한 사람들의 마음을 얻을 진정성이 담기지 않은 행사는 그저 또 하나의 '전시적 실적 쌓기'일 따름이다.

　정부가 먼저 각 부처별, 담당국별, 산하기관별로 기획한 유사한 정책 행사들을 점검하고, 연결과 협업, 융합의 시너지가 날 수 있도록 통합적 기획을 통해 함께 펼쳐 내야 한다. 학회나 협회, 유관기관들도 각각의 정체성을 살리되 서로 함께하며 상승효과를 낼 수 있다면 힘을 합치는 것이 필요하다.

　수용자인 기업과 국민들의 입장에서 이해와 소통이 증진될 수 있도록 오래된 관행과 관점을 바꾸어 서로 협업하고 연결하는 정책당국의 스마트한 변신을 보여 줄 때다.

　국민은 '배려'에 마음을 열고, '감동'에 움직인다.

정책의 '디테일'이 중요한 이유

대개 주요 정책들은 정치·경제·사회의 여러 문제나 입장들과 직·간접적으로 얽혀 있다. 도구적 지식뿐만 아니라 도덕적 판단까지도 요구한다. 게다가 불확실한 상황에서 결단해야 하는 경우가 대부분인지라 턱없이 부족한 정보와 시간 내에서 고도의 집중력을 발휘해 다수의 이해를 충족하는 결과를 도출해 내야 하는 중압감은 말로 다 표현할 수 없다.

실로 정책의 수립과 추진은 사기업의 '이윤추구'라는 분명한 목표와는 달리, 다양한 분야의 이해를 폭넓게 고려하며 궁극적으로는 국민들의 삶에 조금이라도 더 나은 기여를 하도록 방향을 이끌어 나가는 일종의 종합예술에 가깝다고 해야 할 것 같다.

'정보보호'와 '인터넷 진흥'이라는 두 마리 토끼를 동시에 잡아야 하는 우리 원의 경우, 진흥은 보수의, 보호는 진보의 지향이라는 진영논리까지 가세(加勢)해 충돌하는 두 개의 목표를 동시에 고려한다는 것이 사실상 불가능에 가까운 경우도 허다한지라 원장을 비롯한 직원들의 고충이 이만저만이 아니었다.

글로벌시장에서 ICT기업들이 한창 서비스 영역을 금융 분야로 확장하면서 핀테크에 대한 국가 차원의 지원정책들이 밀물처럼 쏟아져 나올 때였다. 과거 금융규제가 강하기로 유명했던 영국은 핀테크 활성화를 위해 규제를 과감히 풀고 ICT 생태계 조성을 최우선 정책으로 '글로벌 핀테크 스타트업'의 성지(聖地)로 부상했다. 또한 글로벌 금융경쟁력이 매우 낮았던 중국도 은행, 보험 등 금융의 모든 영역을 핀테크기업들에게 과감하게 개방하며 세계 최대 규모로 성장시키는 핀테크산업 굴기(屈起)에 총력을 기울였다.

그에 비해 우리나라의 핀테크산업 육성정책은 여전히 금융을 중심으로 추진되었다. 핀테크시장 활성화를 위해서는 법·제도의 정비가 매우 시급하지만 이는 사회적 합의과정을 거쳐야 하는 문제였다. 더욱이 안정을 중시하는 금융권의 특성을 벗어나지 못한다면 규제개선 등의 노력들도 고작해야 점진적 개선 수준에 머물 수밖에 없는 게 현실이었다. 규제개선은 물론 핀테크산업 성장전략에 대한 깊은 고민이 필요한 이유였다.

함께 출범시켰으면 좋았을 핀테크 지원센터를 금융권이 독자적으로 꾸린다고 발표했다. 결국 현존하는 금융권만을 위한 핀테크 육성의 한계를 넘지 못한 것이다. 핀테크를 글로벌 경쟁력을 갖춘 산업으로 키워야 하는 KISA로서는 답답할 노릇이었다. 혼자서는 잘 안 될 것이 뻔한데 잘해 보라며 손 놓고 있을 수도 없었다.

고민의 시작은 핀테크 서비스의 성패를 가를 결정적 요소를 찾아내는 것이었고, 고민 끝에 내린 결론은 핀테크산업의 성장과 함께 부각된 '보안 리스크'의 대응이었다. 비대면 금융 서비스에 대한 니즈는 더욱 커졌고, 현금과 자산이 유통되는 접점(接點)도 급격히 늘어나는 데 따라 '신뢰할 수 있는 기술보안성 확보'가 핀테크산업의 경쟁력을 좌우할 것이라는 판단 때문이었다.

이 같은 판단에 따라 우리 원은 핀테크기업들에게 보안과 인증기술에 특화된 개발인프라 제공을 목표로 '핀테크 보안·인증기술 지원센터'를 설립했다.

하지만 이러한 우리 원의 지원에도 불구하고 기존 금융권 플랫폼과는 연동되어 있지 않아 핀테크기업들은 KISA를 통해 개발 및 보안 취약점에 대한 지원을 받은 후, 다시 은행과 증권사의 금융권 플랫폼을 통해 기존 금융권 시스템과 자사 솔루션의 적용적합성을 검증해야 하는 투-스톱(two-stop) 지원의 불편함을 감내하는 상황은 개선되지 않고 있다.

어찌됐든 안전한 핀테크 서비스 사업화를 위한 보안 컨설팅과 보안 내재화 기술지원을 통해 산업경쟁력의 날을 세워 주고, 자생적 성장 생태계를 구축하도록 정기적 기술강좌를 개설하고, 개발자 커뮤니티도 조성하여 콘텐츠, 광고, 유통 등 다양한 산업 분야가 참여하는 '오픈 네트워킹'으로 핀테크 생태계의 외연(外延)도 넓혀 주고 있다.

얼핏 생각하기에 '핀테크'라는 화두는 단순히 산업적 측면을 진흥하는 지원정책만 필요할 것이라 생각할 수도 있으나, 실수요자 측면에서 고민하고 다양한 이해관계자들을 만나다 보면 신뢰가 기반이 되는 핀테크 서비스의 보안성을 놓쳐서는 발전할 수 없다는 것을 알게 된다. 더욱이 안정적 성향의 금융권이 산업의 공격적 육성의 주체가 될 수 없다는 현실적 문제점을 제대로 집어내지 못한다면 산업 육성정책은 구두선(口頭禪)에 그칠 수밖에 없다. 어느 한쪽 입장에 치우치지 않고 중심을 잡으며 양쪽 수요자를 모두 충족시키는 디테일이 살아 있는 균형적 정책 수립의 기술이 필요한 것이다.

좋은 정책은 더욱더 정교하게 다듬고, 한 번 더 이해관계자들과 소통하며, 정책결정의 마지막 순간까지도 반대 입장을 설득하는 노력이 만들어 낸다는 것을 실천하며 체득하게 됐다.

나랏돈은 쌈짓돈?

해마다 오뉴월이면 각 부처 공무원들은 이듬해의 정책추진 과제를 기획하고 이를 집행하기 위한 예산안을 짜느라 분주하다. 물론 이번 오뉴월은 안 그래도 어려운 우리 경제의 숨구멍을 내기 위한 추경편성으로 눈코 뜰 새가 없어 보이지만….

예산이란 일정 기간 동안 정부가 어떤 정책이나 목적을 위해 얼마만큼을 지출하고 이를 위한 재원은 어떻게 조달할 것인가를 액수로 풀어 표시한 것이다. 예산을 뜻하는 영어 단어 '버짓'(budget)의 어원은 12세기경에 사용된 옛 프랑스어 '부제트'(bougette, 가죽으로 만든 작은 손가방)에서 유래했다. 예산이 '버짓'으로 불리는 것은 영국의 재무장관들이 의회에 재정계획서(예산안)를 제출할 때마다 늘 작은 가죽가방에서 꺼냈기 때문이다.

어원을 찾아 좀더 거슬러 올라가 보면 '부제트'는 프랑스어의 원류인 라틴어 '불가'(bulga, 가죽가방)에서 파생한 것이다. 그런데 이 '불가'라는 원조어는 아일랜드 등 북유럽 일부에서 사용되었던 켈트어로 '부즈'(bouge)가 되었다가 이후 '버스'(burse, 작은 주머니), '파우치'(pouch, 돈지갑, 주머니에 넣다) 등으로 변화했으며, 아주 소수 주장이지만 가방의 불룩한 모양과 연결지어 '버저'(buzzer, 알림기)

로 변했다는 설도 있다. 여하튼 예산을 의미하는 '버짓'이란 단어는 현재 영어와 프랑스어에서 같이 쓰이고 있다.

우리 속담 중에 "쌈짓돈이 주머닛돈"이라는 게 있다. 우리나라의 전통 한복에는 원래 주머니가 없어 오늘날 지갑과 같은 '쌈지'에 돈을 담아 허리춤에 차고 다녔다. 그 '쌈지'는 유럽에서처럼 주로 가죽으로 만들어졌다.

한참 동서고금(東西古今)을 넘나들며 어원을 풀다 보니 나랏돈이나, 주머닛돈이나, 쌈짓돈이나 어원이 한통속이 돼버리는 것 같아 신기하고도 재미있다. 짧게나마 공직을 맡아 보니 굳이 《목민심서》나 '김영란법'을 들추지 않더라도 국민의 혈세로 충당하는 예산을 얼마나 꼼꼼하게 편성하고 쓰임새 있게 사용해야 하는지를 깨닫게 된다. 아울러 이런 예산을 기획하고 집행하는 공직자들의 자세는 또 얼마나 엄중하고 청렴해야 하는지도 재삼 절감한다.

저성장과 경제침체가 장기화하면서 국민들은 무거운 어깨의 짐을 내려놓고 싶어 한다. 세금을 왜 그렇게 내고 또 내도 부족하다고 하느냐고 다그칠 국민들의 모습이 선하다. 그럼에도 왜 정부가 하는 일 중에는 실효성 없는 전시행정과 과시성 사업이 여전한지 궁금하고 아쉽기만 하다. 공공기관의 경영평가에서 정보공개와 고객만족도 등 투명성을 중요 평가요소로 삼은 까닭을 곰곰이 살펴봐야 한다. 사회적 책임과 윤리경영도 결국은 국민들과 바르게 소통하라는 이야기가 아닐까 싶다.

'국가재정법' 제 100조에는 우리나라 국민 누구든 예산집행에 책임 있는 중앙관서의 장 또는 기금관리 주체에게 불법지출의 증거 제출과 시정을 요구할 수 있는 '재정지출에 대한 국민의 직접적 감시권'이 보장되어 있다.

예산을 의미하는 단어 '버짓'이 '버저'와 어원이 닿아 있는 데는 이유가 있을 것이다. 국민의 혈세인 '가죽가방의 돈'이 '주머니'나 '쌈지'로 들어가는 것을 막기 위해서는 다 함께 감시하는 경고의 버저 시스템이 필요할 거라는 탁견(卓見)에서 나온 것이 아닐까? 살림살이가 팍팍한 국민들의 예산낭비 경고음은 언제든 울릴 수 있는 상황이다. 국가재정 손실의 책임을 명확히 해두기 위해 '정책실명제'를 뒷받침할 법안제정 요구도 있지 않은가.

SNS 등이 발달하고 비밀이 없는 시대에 예전처럼 대충대충 허투루 예산을 낭비하고 알음알음 집행하던 관행을 끊어 내지 못하면 그 누구든 국민의 철퇴를 맞게 될 것이다. 일부 공직자들과, 나랏돈이 쌈짓돈이라 여기고 이들과의 관계로 이득을 보려는 철없는 사업자들의 조속한 현실 자각(自覺)이 정말 중요해졌다.

'국민안심'을 위한 보이지 않는 노력

사람들의 마음이 풀어지고 일상의 여유가 생기는 때일수록 오히려 긴장과 수고를 더해야 하는 이들이 있다. 최근 벌어진 영국의 공연 장 테러나 북한의 핵실험에서 보았듯이 우리의 적들은 의외의 시공 (時空)을 노려 공격을 가해 오기 때문이다.

ICT의 급속한 발달은 물리적, 전자적 영토를 지켜야 하는 국가 안보마저 어느 한 집단만의 책임과 노력으로는 완결되기 어려운 구 조로 바꾸어 버렸다. 잘 훈련된 병사와 무기를 갖추고 철통같은 방 어 시스템을 구축했더라도 사이버공간의 소리 없는 침투를 완벽히 막는다는 건 쉽지 않은 일이다. 시작과 끝을 알 수 없는 공격징후의 모호성과, 기기 결함이나 사람의 실수 같은 의외성 등이 '철벽보안' 이란 말을 무색케 하기 때문이다.

결국 완벽하지 않은 모두의, 모두에 의한, 모두를 위한 한순간도 놓치지 않으려는 보안 의지가 곧 철벽보안의 시작이라 하겠다. 그 런 의미에서 정부는 물론, 기업과 이용자 등 정보보호의 각 주체들 이 책임지고 보안을 장착하고, 의식을 내재화하며, 정보보호 실천 을 생활화하는 사회적 분위기가 반드시 마련되어야 한다.

이러한 협업대응체계가 갖춰지더라도 국정원과 군(軍), 부처 등이 관장하는 국가기반 및 중요시설 영역에서 국민의 안전을 지탱해 주는 이들이 더욱 분발하고 역량을 키우는 일은 무엇보다 중요하다. 이런 곳들이 허술하고 소홀하면 그 피해는 고스란히 사회 전체가 치러야 하는 비용으로 돌아가기 때문이다. 주요 기관이나 시설의 침해 사고나 정보유출 사고는 국민들의 일상에 지장을 주는 차원을 넘어 심각한 사회불안으로 이어진다는 점에서 국가 신뢰의 근간을 흔든다.

가장 첨예한 대척(對蹠) 지점에서 우리 영토의 안전을 묵묵히 지켜 내는 이들이 있기에 사람들은 자칫 그 노고의 소중함과 고단함을 인지하지 못하곤 한다. 사람들은 아무 문제없이 평온한 일상이 지속되면 농담처럼 "대체 저네들이 하는 일이 뭐야?"라고 묻다가도, 혹여 사고라도 터지면 정색하고 "저네들은 대체 하는 일이 뭐야?"라고 질책한다. … 그래서 "보안은 잘해야 본전"이라는 직원들의 푸념에 씁쓸한 웃음을 짓다가도 "그래도 그게 우리가 할 일 아니냐"며 위로를 던지곤 한다.

정보보호에 대한 인식이 높아지면서, 물밑에서 발이 보이지 않는 발질을 해대며 보다 안전하고 평화로운 국민들의 일상을 위해 애쓰는 이들에게 "고생 많다!", "같이하자!"고 말 걸어 주는 사람들이 많아졌으면 좋겠다는 생각을 하곤 한다.

지켜야 할 금은보화가 나에게 있다면 어떻게 할까? 아마 이를 보호하려 금고도 사고, 대문 자물쇠도 튼튼한 것으로 바꾸고, 담도 높이려 할 것이다. 어느 누구도 도둑을 막는 일은 경찰이 할 일이라며 대문을 열어 둔 채 마당에 팽개쳐 두지는 않을 것이다.

하지만 이미 전투가 치열한 사이버영토에서 우리 모습은 어떨까? 사이버공격으로 인한 정보탈취에는 신경을 곤두세우면서도 일상의 보안을 제대로 실천하는 이들이 과연 얼마나 될까? 돈과 자존(自尊)이 사라질 수 있는 개인정보 유출에는 민감하지만 정보보호 실천이 자기 자신부터 시작된다고 생각하는 이들은 얼마나 될까?

우리나라 최초(?)의 로봇 소재 영화 〈로봇, 소리〉에 등장하는 로봇 '소리'는 아빠의 기대만으로 다그쳤던 딸을 불의의 사고로 잃지만 이를 받아들이지 못하는 주인공에게 "보호는 고마운 것인가요?"라는 물음을 반복적으로 던진다. 의당 보호란 고마운 것이겠거니 하고 살아온 이들에게 "보호는 고마운 것인가요?"라는 로봇 '소리'의 질문은 긴 여운을 남긴다.

기본적으로 보호에 고마운 의미가 담겨 있다는 데에는 이견(異見)이 없을 듯하다. 하지만 호의(好意)의 결과가 늘 기대와 같이 나타나는 것은 아니기에 '과'(過)나 '소'(少) 자를 붙이며 아쉬움과 안타까움을 표하는 게 아닐까 싶다. '도움이 되어'를 전제로 하는 '고맙다'는 인식이 상황에 따라 변할 수 있다는 점도 고려한다면, 도움을 주는 쪽에서 먼저 '근원적이고 지속가능한 도움이 무엇일까'라고 신중히 고민하는 게 필요하다. 잡은 고기 몇 마리를 주기보다 고기 잡는 법을 가르쳐 주라는 것도 그런 때문이리라.

과거 정보보호의 중요성이 비교적 크지 않던 시절, 마치 '국방'처럼 국가가 '보안'을 전담한 일방적 공여방식의 정보보호시대는 지났다. 모든 산업과 서비스가 ICT로 연결되고 사이버테러가 국민의 일상과 안위를 위협하는 상황에서 '누군가 보호해 주겠지'라는 안이한 정보보호 책임성과 자주성으로는 작은 외부의 공격에도 나라 전체가 흔들리는 사이버 취약성을 극복해 낼 재간이 없을 것이다.

시장에 대한 과도한 개입이나 과잉보호가 산업의 글로벌 경쟁력에 약(藥)이 아니라 독(毒)이 되듯이, 그간 공적 책임이 과하게 강조되어 온 탓에 정보보호의 실제 주체인 사업자와 사용자의 정보보호 의식과 역량, 책임이 위협의 크기에 맞춰 성장하지 못한 기형적 사이버보안 체질을 갖게 된 측면이 크다. 딸을 찾아다니는 아빠를 통해 영화 〈로봇, 소리〉가 던지는 메시지도 결국은 '보호란 누군가 스스로 결정하고 책임지며 갈 수 있도록 지켜 주는 선이어야 한다'는 것이 아닌가 싶다.

IoT시대의 정보보호란 정부가 전력을 다해 안전성을 관리하더라도 사업자와 사용자 단(段)에서 스스로 책임을 다하는 보안실천이 뒷받침되지 않으면 뚫릴 수밖에 없는 구조다.

"보호해 줘서 고맙습니다!"라는 말보다 "보호는 고마운 것인가요?"를 화두(話頭)로 정부·기업·개인 각자가 최선을 다하는 '오사필의'(吾事畢矣)의 정신으로 협력해 나갈 때, 우리는 과잉보호나 무분별한 속박이 아니라 서로가 서로를 지켜 주는 진정한 정보보호 협업을 이뤄 낼 수 있을 것이다.

쉬어가기 ④

변 화

— 백기승

몽땅 바꾸려는 생각은 어리석었다.

여기, 저기,

두 겹, 세 겹,

죽기 살기로 덧대고 얽어 댄 명(命)줄이라

쉬이 잘리지 않는다.

탐욕의 연(緣)줄은

거미집보다 형편없이 어지럽다.

두족류(頭足類)보다 못한 인간이 있다는 증거다.

큰 숨 들이켜고

한 발작 물러서 보니

소용에 닿는 것은 날선 칼날이 아니라

푸른 바다가 고래를 감추듯

가슴 푸르게 물들일 쪽 몇 줄기다.

가끔은 고래일지라도

가슴 시릴 푸르른 빛으로 품어야

사람들이 바다를 보러 온다.

낮은 중심에서 변화를 꿈꾸다

진흥원에 부임한 이후 사업적 측면에서 가장 먼저 시작한 일은 사이버보안의 자기책임 강화를 통해 시장수요가 창출될 수 있도록 관계자들을 설득하는 것이었다. 국가가 책임져 온 국방처럼 사이버보안도 '국가가 책임진다'는 순진한 발상으로 인해 초래된 사업자나 사용자의 '자기책임이 없는 구조'로는 사이버안전을 결코 지켜 낼 수 없다. 자기책임이 없는데 더더욱 민간의 보안 수요가 있을 리 없고, 수요가 없는데 제대로 된 보안제품이나 기술이 나오지 않는 것은 당연한 이치였다. 문제는 자체적으로 보유한 기술과 제품 없이 어떻게 자주적 사이버안보 역량을 확보하겠다는 것인지에 대한 답이 보이지 않는다는 것이다.

더군다나 '정보보호 예산은 정보화 예산의 5%면 족하다'는 어느 모자란 친구가 만든 원칙(?)에 묶여 여기저기 보안에 구멍이 숭숭 뚫리는 상황에서도 정보보호 예산과 투자는 요지부동이다. 이런 잘못된 인식을 깨뜨리지 않고서는 국가 사이버안전은 물론, ICT산업 성장의 관건인 보안 경쟁력을 뒷받침해 주기 어려운 현실임을 알기에 고민은 더욱 깊어졌다.

2017년 국가 정보보호 예산은 3,102억 원으로 전년 대비 277억 원(8.1%)이 감소했다. 북한 등의 상시적 사이버위협 대응과 4차 산업혁명 견인을 위한 보안 경쟁력 육성과 활용 의지가 전혀 보이지 않는다. 미국, 영국, 중국, 일본 등이 연일 국가 차원의 사이버보안 역량 강화전략을 내놓는 데 반해, 우리는 방향성조차 잡지 못하는 실정이다.

사이버전(戰)이 상시화된 지 이미 오래임에도 여전히 보병의 머릿수에 집착하는 둔감함이 '힘'이라고 여겨서는 안 된다. 보안 중요도에 따라 더 늦기 전에 예산과 인력, 제도를 재배치하고 소통과 협력의 기회를 확대하는 국가 차원의 전면적 T/O 조정에 착수해야 한다.

주변만 둘러봐도 자국의 사이버영토 안전을 도모하여 사이버전 대응역량을 갖추기 위한 지구촌 곳곳의 재빠른 움직임이 포착된다. 일본은 사이버공간 방위대를 설치했고, 중국도 분산된 사이버부대를 통합하는 등 사이버전 대비 태세를 강화하고 있다. 각국 정부가 이처럼 사이버안보 역량을 강화하기 위해 앞다투어 움직이는 이유는 무엇일까?

산업, 금융, 정치, 범죄, 전쟁 등 인류 생활과 문화의 모든 것이 이루어지는 사이버공간은 이제 국민안전과 국가안보의 최우선적 현장이 되었기 때문이다. 이제 현실세상과 합치되는 초(超) 연결 지점에서의 위험은 막연한 불안이 아니라 국가 마비와 생명의 위협으로 나타나고 있음을 확인한 각국들이 치밀한 생존전략을 세우기 시작한 것이다.

정보보호를 책임진 관계자가 아니고서는 뚫으려는 자와 막으려는 자 간 사이버공간에서 매일같이 벌어지는 건곤일척의 승부에 큰 관심을 가지기 어렵지만, 분명한 것은 사이버공간이 이미 피 튀기는 전쟁터가 된 지 오래라는 사실이다.

때문에 가는 곳마다 이미 생사를 건 전투가 벌어지는 사이버보안 현장의 실상을 알리고 정보보호 예산의 과감한 증액 필요성을 이야기했다. 마침내 2015년 말, '정보보호산업진흥법'을 통과시킴으로써 정보보호 예산을 독립 항목으로 분리해 냈다. 하지만 천문학적 예산증액을 통해 사이버보안 역량을 빠르게 강화하는 주요 국가들과 비교해, 우리는 여전히 '전년비'(前年比)라는 '아날로그적 틀'에 갇힌 채 증액은 고사하고 2017년도 예산 삭감이라는 몰(沒) 현실적 상황에 처해 있다.

정말 소중하고 감사하지만 늘 주변에 있어 주고 티를 내지 않아 잊고 지내는 것들이 있다. 공기, 물, 어머니의 사랑 … 아마 정보보호도 그런 것 중 하나가 아닌가 싶다. 우리는 빠르고 편리한 인터넷 이용에만 관심을 쏟지만, 그런 인터넷 환경을 만들고 지키기 위해 얼마나 많은 수고와 노력이 필요한지는 알려고 하지 않는다.

그 때문일까. 침해사고가 날 때면 정보보호의 중요성이 어김없이 강조되지만 한여름 지나치는 소낙비마냥 요란을 떨다가도 이내 관심의 뒷전으로 밀려나 잠잠해지는 상황이 반복되고 있다. 금융, 가전, 의료, 쇼핑 등 생활 전반이 초(超) 연결구조로 변화되는 상황에서 정보보호는 무엇보다 중요한 기본임에도 불구하고 정보보호에 대한 지속적 투자나 근본적 대책은 외면되고 일시적 관심과 과시적 조치에 그치고 있어 안타깝기만 하다.

불편한 진실은 정보보호 예산에서 여지없이 드러난다. 미국은 매년 평균 10%씩 정보보호 예산을 증액하고 있다. 2016년에는 전체 ICT 예산의 16.2%인 140억 달러(14조 원)를 책정했다. 반면 지난 7년간 우리의 정보화 대비 정보보호 예산은 평균 6.6%에 그쳤다. 2016년에는 고작 6.3%인 3,379억 원을 정보보호에 편성했다. 기함(氣陷)할 노릇은 2017년 정보보호 예산은 거꾸로 277억 원이 줄어들었다는 사실이다. 참고로 미국의 올해 예산은 200억 달러(22조 2천억 원)이다.

우리는 지금 7천 명에 달하는 세계 3위 규모의 사이버부대를 보유한 북한과 대적하고 있다. 이토록 절박한 상황인데…, 이 정도면 정말 정보보호를 국가안보의 주요 영역으로 인식이나 하는지 의심할 수밖에 없다. 이제는 언젠가 때가 오기만 기다리는 여유를 부릴 수 있는 상황이 아니다. 기존의 소극적 정보보호 체질과 현실의 위협을 따라가지 못하는 경쟁력을 혁신하는 투자 확대에 대한 결단이 필요하다.

이제 겨우 정보화 예산에서 정보보호 예산을 분리해 냈다. 하지만 여전히 정보화 예산의 5% 정도가 적당하다는 근본 없는 주장과 인식은 아직도 집안의 유령처럼 예산 담당자의 머릿속에서 떠나지 않는다. 정보보호 역량은 우리 ICT산업과 4차 산업혁명의 실질적 경쟁력이자 불안한 미래 삶의 안전판이라는 점에서 그 중요성은 50%를 상회한다고 해도 반박의 여지가 없을 것 같다. 여타 부문과의 형평이다, 전년 대비 몇 %를 넘을 수 없다는 등의 고정관념을 벗고 중요하고 시급한 곳에 우선 투입하는 지혜로운 결단을 내려야 한다.

정보보호는 국가안보의 관점에서 통찰해야 하는 중요 사안이다. 이미 국가 간의 전쟁이 물리적 공간이 아니라 사이버공간에서 시작되고 있다. 최근 잇단 북한의 사이버공격을 보면서도 국방예산은 매년 일정 수준 늘려 주지만 정보보호 예산은 오히려 줄어드는 아이러니가 벌어지고 있다. 국가안보와 사이버안보의 차이가 어디에 있는지 물어보고 싶은 마음이 간절하다.

세수(稅收)가 줄어드는 가운데 부족한 예산을 효율적으로 배분해야 하는 예산당국의 고민을 모르는 바 아니다. 하지만 국민안전과 국가안보가 한 치 앞을 내다보기 어려운데도 우선순위는 고려하지 않은 채 일률적인 예산삭감만 고집한다면, 이는 마치 대문도 없는 집에 지키지도 못할 세간을 들여놓는 어리석음을 범하는 격이다. 가용자원이 적을수록 파급효과가 큰 곳에 예산을 효율적으로 투입해야 한다.

과거 우리 부모세대는 부득이 맏이를 우선적으로 학교에 보내고 공부를 시켰다. 한정된 가계소득으로 투자의 효율을 높이려는 애환이자 지혜였다. 이렇게 어렵게 공부를 마친 맏이가 집안을 일으키는 원동력이 되었듯이 보안이 무엇보다 중요한 ICT시대에는 정보보호를 맏이처럼 키워 각종 사이버위협에서 우리를 보호하고 이종 산업 간의 융합을 이끌어 내는 지혜가 필요하다.

앞으로의 세상은 보안을 장악하는 자가 지배할 것이다. 대한민국의 미래가 ICT에 달렸고, ICT의 성공과 경쟁력은 정보보호에 달렸다. 정보보호에 대한 적극적인 투자와 육성은 4차 산업혁명의 경쟁력이자 국민과 국가안전의 근간이라는 점에서 이제 ICT만이 아니라 보안 강국으로 거듭나야 한다.

지성(至誠)으로 이룬 협업 네트워크

사이버보안의 피해 규모는 초기대응 속도에 따라 크게 좌우된다. 그래서 위협정보의 빠른 탐지와 관련 데이터 확보가 무엇보다 중요하다. 실제로 미국은 사이버공격을 중대한 국가적 위협으로 규정하고 민간 부문과 사이버보안 협력 및 정보공유를 강화하기 위한 '국가 사이버보안 정보통합센터'를 설립하여 적극 대응하고 있다.

우리 원의 경우, 인터넷 망에서 벌어지는 상황 전반을 들여다보고 있지만, 기업이나 기관의 내부 망에는 접근하지 않기 때문에 신고되지 않은 은밀한 침해사고까지 파악하기에는 어려움이 따른다. 관계기관 간 협조도 영역의 특수성과 수집 중심의 속성 등으로 원활치 못한 경우가 비일비재하다.

그래서 다음으로 시작한 일이 '서로 마주보며 차 한 잔 같이 마시지 않는다'는 국내 메이저급 인텔리전스 보안업체들과 이런 한계를 극복하기 위한 대응협력체를 만들기로 한 것이다. 2014년 연말, '안 될 것'이라는 직원들을 설득해 안랩, 이스트시큐리티, 빛스캔, 하우리, NSHC, 잉카인터넷 등 내로라하는 국내 최고의 보안업체 관계자들이 한자리에 모였다.

그렇게 반 억지로 출범한 '사이버위협 인텔리전스 네트워크'가 벌써 3년째다. 매월 정례 미팅을 통해 각종 사이버위협 정보를 교환하고, 대응협력은 물론 멤버들의 대소사도 챙기며 사이버보안 분야 협업의 든든한 기둥이자 모범으로 자리매김하고 있다.

이런 움직임이 국내에 진출한 글로벌 보안업계의 부러움(?)을 자극하더니 마침내 2016년 6월 시만텍(Symantec), 팔로알토네트웍스(Palo Alto Networks), 맥아피(McAfee), 포티넷(Fortinet), 파이어아이(Fireeye), 마이크로소프트(Microsoft) 등 세계적인 보안기업들이 참여하는 '글로벌 사이버위협 인텔리전스 네트워크' 출범으로 이어졌다.

'빛 한 줄기 샐 틈 없는' 협력관계는 가능하지도 않고 바람직하지도 않다. 건강한 협력관계는 한 치의 이견도 없는 관계가 아니라 이견이 생겼을 때 신속히 해결책을 찾을 수 있는 관계여야 한다. 사이버보안을 책임지는 협력주체별 견해와 대응방식이 언제나 일치해야 한다는 구시대적 강박관념에서 벗어나, 유사시 다양한 이해관계자의 의견을 신속하게 수렴하여 정확하게 대응할 수 있는 사이버보안 협력정책이 자리 잡을 수 있도록 우리 원의 역할이 더욱 중요해진 것이다.

이러한 협업 노력들이 뒷받침되면서 이제 우리 원은 자체적으로 수집, 분석한 사이버위협 정보를 실시간으로 공유하는 C-TAS (Cyber Threat Analysis & Sharing) 시스템을 통해 국내외 175개 기관과 예방, 탐지, 공유, 대응 분야의 협력범위를 넓히고 있다. 각자가 보유한 전문성과 기량을 바탕으로 랜섬웨어 등 최신 취약점 동향과 분석 정보를 공유하며 정보통신망에 흩어져 있는 공격의 흔적들을 찾아 퍼즐을 함께 맞춰 나가고 있다.

이러한 협업의 날갯짓이 국가 차원의 정보보호체계를 바꾸는 거센 돌풍이 되려면 넘어야 할 산이 있다. 사이버위협 공동대응이란 대승적 목표를 위해 경쟁 기관과 기업들의 동행을 어디까지 허용할 것인지, 협업을 위해 기존의 기득권을 어디까지 내려놓을 것인지에 대한 합의가 필요하다. 정책결정기관의 병렬적 증가는 협업 거버넌스의 혼선과 갈등을 조장한다. 산하 집행기관들의 협업을 가로막는 지경의 권한과 영역 다툼은 새로운 보안위협 환경에서는 공멸(共滅)의 독배(毒杯)가 아닐 수 없다. 지능정보시대의 새로운 보안 위협에 협력 대응해 나갈 것인지, 아니면 폭증하는 위협에 허우적거리며 침몰하고 말 것인지 선택해야 하는 시점이다.

알다시피 우리 보안기업들의 규모나 매출액은 글로벌 보안기업들에 비해 현저하게 작고 왜소하다. 한정된 내수, 특히 관급성 보안수요가 대종을 이루는 현실에서 보안시장이나 관련 기업의 성장에 한계가 있기 때문이다. 해외시장으로 나가야 하는데, 이는 실력뿐만 아니라 관련 실적과 자본, 언어 등의 부수적 역량도 어느 정도 갖추고 있거나 지원이 뒤따라야 가능하다. 때로는 국가적 관계나 외교적 역량에 의해 좌우되기도 하는 까다로운 시장을 중소 보안기업들이 독자적으로 뚫는다는 게 그리 만만치 않다.

결국 보안산업 육성을 책임진 한국인터넷진흥원이 나서서 비좁은 내수시장에서 지지고 볶을 수밖에 없는 답답한 현실을 깨뜨려 줘야 했다. 세계에서 가장 터프한 사이버보안 환경으로 평가받는 대한민국에서 쌓은 한국인터넷진흥원의 명성과 노하우를 이용하기로 했다. 우리 원의 경험과 노하우를 전수받기를 원하는 40개국 57개 정보보호기관을 설득해 국제 사이버보안 협력체 'CAMP'(Cyber Security Alliance for Mutual Progress)를 출범시켰다. 2016년 7월 출범한 'CAMP'는 인텔리전스 대응협력은 물론 우리 기업들이 만들어 이미 활용하고 시험한 시스템, 솔루션 등 보안 제품과 기술을 선보이는 매우 유용한 플랫폼으로 키워 가고 있다.

CAMP를 통해 우리는 사이버보안 정책지원과 취약점 정보공유, 침해사고 탐지분석 기술지원 등 유기적 협력으로 국경 없이 확산되는 사이버위협에 보다 실질적이고 즉각적인 대응이 가능하게 됐다. 또한 CAMP와 같은 글로벌 협의체는 회원국들에게 우리의 우수한 정보보호 솔루션과 기업들을 자연스럽게 알리는 수단으로 기능하여 '한국형 정보보호모델의 세계화'를 촉진할 것으로 기대된다.

이와 함께 탄자니아, 오만, 인도네시아, 코스타리카, 미국 실리콘밸리 등에 대륙별 거점을 구축하고, 정보보호기업들의 원활한 해외진출을 지원하기 위해 현지 대사관 및 KOTRA와 협력하여 본격적인 활동에 들어갔다. 생경한 보안 분야 기업들의 진출을 지원해 줄 상무관들을 대상으로 정보보호에 대한 이해를 넓혀 주는 일도 필요했다. 나아가 해외진출 지원 시스템을 가진 KOTRA와 협약을 맺고, 해외진출 의향이 확고한 정보보호기업을 위한 맞춤형 현지기업 상담행사와 시장수요 발굴정보 제공 등과 같은 실질적 지원을 해나가고 있다.

멀리 가려면 함께 가야 …

업계는 물론 보안 책임기관이 안고 있는 가장 시급한 현안이지만
즉답을 찾기 가장 어려운 것이 바로 빠르게 발전하는 ICT의 공격성
과 취약성을 보완할 보안기술의 확보 문제이다. IoT, 클라우드, 핀
테크, AI, 로봇 등 혁신적 기술과 서비스의 출현 속에 보안관제 대
상은 기하급수적으로 늘어나고 해킹공격은 날로 은밀해지고 있다.
이런 사이버환경 변화에 즉응해야 하는 보안당국이나 그 같은 니즈
를 충족시킬 제품 개발이 시급한 업계의 공통 과제가 핵심 보안기
술의 연구개발과 확보인 것이다.

이를 해결하기 위해 원내(院內)에 '정보보호 R&D기술공유센터'
를 설립했다. 민간에서 경험을 쌓은 전문가를 초빙하고, ETRI와
국가보안기술연구소 등 정보보호 R&D를 수행하는 3개 기관을 한
데 모아 기술의 파급력과 시급성을 고려한 단·중·장기 정보보호
기술 'R&D 맵'을 작성했다. 또한 각 기관이 이미 개발한 정보보호
기술 가운데 이전이 가능한 기술들을 골라 민간에 전수하기 위한
협의체를 2016년부터 가동했다. 현재까지 70여 개의 이전 가능 기
술을 중소 정보보호기업들에게 공개하여 활용을 독려하고 있다.

더불어 정보보호를 비롯한 ICT기업들이 경영에 오롯이 전념할

수 있도록 법과 제도에 난립과 중복으로 인한 혼선이 없어야 한다. 복잡과 중첩은 재량을 부르고, 이는 곧 부적절한 관계와 부정을 부추기는 원인이 되기 때문이다. 또한 부처의 잘못된 권한 배분이나 경쟁 유발체계로 관련 기업 줄 세우기 같은 시장 파편화의 우려를 키우는 것도 기업들의 발목을 붙잡는 일이다.

규제비용 대비 효과를 면밀히 분석하고 불필요한 규제는 과감히 폐지하여 기업의 자율성을 보장하되, 사이버침해 사고가 발생하는 경우 해당 기업의 책임을 높이는 방향으로 규제를 개선할 필요가 있다. 우리 기업들이 위기 앞에 당당히 맞서지 못하고, 국민 앞에 책임지지 않으며, 숨어들도록 길들여진 것이 혹여 우리 정부와 사회의 과도한 제약과 간섭 때문은 아니었을까?

과거 관(官) 주도형 산업발전의 기억으로 높아진 간섭과 통제의 수위를 낮추고 4차 산업혁명을 민간 생태계가 주도할 수 있도록 성장을 가로막는 정책과 규제를 정부 스스로 정리해 주어야 할 때가 도래한 것이다.

학자나 전문가들이 여기저기 눈치를 보며 소신과 해법을 자신 있게 내놓지 못하는 구조도 창의가 기반이 되는 4차 산업혁명시대를 역행(逆行)하는 것이다. 2014년 부임 당시 10개 미만이던 정보보호 유관학회 수가 2017년 현재 60개 가까이로 늘어났다고 한다. 기관마다 자기 이해를 대변하는 전문가 그룹을 육성(?) 해 온 탓이다. 그래서 지원받는 기관의 이해에 따라 동일한 이슈들을 달리 해석하는 세미나도 열리고 기고도 실리면서 분열된 입장을 노출하는 부작용도 나타나고 있다.

결국 2016년 가을, 9개 정보보호 대표학회 회장단을 모시고 학회 전반을 아우르는 협의체 구성을 통해 목소리를 모아 주실 것을 건의 드렸다. 우리가 ICT 기반 재도약과 4차 산업혁명의 기류를 제대로 이끌어 나가려면 정책 중심에서 시장 중심으로, 정보화 중심에서 정보보호 중심으로, 경쟁 중심에서 상생과 협력 중심으로, 아날로그 중심에서 디지털 중심으로, 기술 중심에서 인간 중심으로 바꿔 낼 수 있는 제3지대의 힘 있는 목소리가 필요했기 때문이다.

그해 말 다양한 의견들이 모여 출범한 '정보보호학회 총연합회'는 연합 심포지엄 등 다양한 연합 학회활동을 통해 정보보호 분야 발전에 대한 큰 울림을 만들어 나가고 있다.

해도 해도 줄어들 기미가 보이지 않는 것이 우리 원의 일인 것 같다. 하지만 한국인터넷진흥원은 국민들의 사이버 불편과 고통을 미리 예방하고 1차적 치료를 제공하는 보건소와 같은 역할을 하는 기관이라는 점에서 기쁘고 자랑스러운 마음으로 일하고 있다.

대한민국 사이버보안의 기본을 관리하는 기관으로서 한국인터넷진흥원이 그 소임을 다할 수 있도록 잘 살피는 일도 이제 곧 다른 이의 임무가 되겠지만 융합과 연결, 협업과 공유의 허브로서 역할과 책임만큼은 결코 중단되는 일이 없기를 기대한다.

국가사이버안보법 유감

한국인터넷진흥원은 그 이름에도 나타나 있듯이 인터넷을 안정되고 안전한 삶의 기반으로 만드는 일을 하는 기관이다. 그래서 떨쳐내고(振) 흥하게(興) 한다는 '진흥'(振興)이 들어가 있는 것이다. 하지만 그래서 고민이 깊을 수밖에 없다.

ICT시대는 기술 하나로 성패가 갈리는 시대가 아니다. 때문에 기술 한두 개 개발해 놓고서 진흥했다고 말하기는 곤란하다. 융합과 연결, 공유와 개방의 시대정신을 구현하지 못하는 국가 시스템과 문화를 바꿔 내지 못한 상태에서 '그래도 진흥했다'는 말은 공허한 자기변명에 지나지 않는다.

국방이 국가안보의 기본이듯 사이버보안은 ICT시대 생존의 필수요건이다. 그럼에도 우리 사회는 '최소비용, 최소인력으로 사고 없이 넘어가는 요행을 바라며, 임시방편적 보안조치로 때우고 메꾸려는 관성'을 버리지 못하고 있다. 제대로 디자인된 '보안 플랫폼'에 SW보안과 물리보안을 담아내기 위한 협업의 거버넌스나 리더십도 보이지 않는다. 통합적 보안협력이 아니라 자기영역 쌓기 같은 기관별 헤게모니 다툼과 융합환경에 역행하는 시장의 파편화도 우려되기는 매한가지다.

아날로그적 이슈와 진영 논리에 갇힌 정치인들, 성공의 달콤한 기억에 집착하며 독생(獨生)을 꿈꾸는 기업가들, 자기 밥그릇 챙기기에 급급한 관료들, 소신의 관철보다 편들기에 익숙해진 지식인들 등 책임감을 잃은 대한민국의 구성원들이 과거에 집착하며 미래로 나가는 출구를 찾지 못하는 현실을 어떻게 해서든 바꿔 내야 한다. 그렇게 하지 못한다면 ICT를 통한 '국가 재도약'이나 '4차 산업혁명의 완수' 같은 캐치프레이즈는 국민을 속이는 허울 좋은 공염불이 될 수밖에 없다.

빈발하는 사이버침해 및 개인정보 사고로 수요가 크게 늘어난 서울 상주인력의 증원 문제는 본원의 나주 이전에 앞서 반드시 해결해야만 했다. 이런 이유로 시작된 증원 논의는 지방발전위원회, 전남도청, 광주광역시청과의 9개월여에 걸친 격렬한 실랑이 끝에 지방이전 공공기관 가운데서는 유일하게 50여 명을 늘리는 것으로 매듭지어졌다. 참으로 지난한 협상이었지만 재임 중 가장 어렵고 의미 있는 마지막 숙제라 여기고 온 힘을 다 쏟아부은 결과다. 그나마 다행이다.

증원 확정통보를 받은 순간, 이제 뭘 더 하기보다 나주 본원 신축공사나 잘 관리하면서 여유를 좀 가져도 되겠거니 했다. 그런데 웬걸, 소소한 여유마저 누리지 못할 팔자 탓인지, 한시름 내려놓기도 전에 내부에서 "국정원이 준비 중인 '사이버안보기본법' 초안을 보니 한국인터넷진흥원(KISA)의 존재가 지워져 있다"는 황당한 보고를 받았다. 이건 또 무슨 귀신 씻나락 까먹는 소리인가?

예상했던 대로 우려스러운 일들이 벌어지고 있었다. 협업을 해도 모자랄 판에 국정원이 'IS 테러'라는 외생변수를 안보와 엮어 정부 각 부처가 사이버보안을 직접 책임지도록 하는 골자의 법률을 만들겠단다. 한수원 사태 때 억울하게 욕먹은 게 가슴에 사무친 탓에, 이제부터 부처들이 자기책임 아래 KISA와 유사한 전문기관들을 활용하여 사이버보안을 실행하고 자신들은 위에서 감독만 하겠다는 속내가 담겨 있는 것 같았다.

최상위 사이버보안 통제권을 갖기 위해 민간영역을 담당하는 KISA가 그간 법령에 의해 해오던 신고접수 기능도 삭제하고, 협회까지도 '한번 해보겠다'고 나서는 전문기관 중 하나로 KISA의 위상을 전락시키는 치밀한 구성도 담겨 있었다.

무수한 설득과 항의, 대안 제시에도 어느 것 하나 고쳐지거나 반영된 것이 없었다. 이는 기관의 존폐가 달린 것이기도 했지만, 대한민국 사이버보안의 사활이 함께 걸린 중차대한 문제였다.

테러나 각종 공격에 대한 대비, C&C(Command & Control) 서버의 격리와 치료 등 국가와 국민의 사이버안전을 위해 사이버안보법은 꼭 필요하다. 하지만 이렇게 정교하지 못한 법안으로는 안 된다. 이후 나는 '법안이 이대로 통과되어서는 안 된다'는 요지의 탄원서와 사직서를 써서 컴퓨터 바탕화면에 띄워놓고 있었다. 사이버보안을 잠시나마 고민하고 그 책임을 수행했던 사람으로서 여차한 경우 '그래서는 안 된다'는 소신을 밝히기 위함이었다.

탄원서 전문

한국인터넷진흥원(Korea Internet & Security Agency) 원장 백기승 (白起承) 입니다.

이 시대의 가장 시급하고 중요한 화두인 '인터넷 진흥'과 '정보보호' 를 담당하고 있는 우리 원(院)은 국가안보, 국민안전, 경제 재도약을 위해 ▶ 유·무선인터넷망을 비롯한 기반시설의 보안관제 ▶ 개인과 기업정보의 안전한 보호 ▶ ICT와 정보보호산업 성장을 촉진하는 중임을 수행하고 있습니다.

참고로 우리 원은 국가 최초의 정보보호 전담기관으로 1996년 출범한 '한국정보보호센터'•가 모태이며, 당시 정보통신부, 국가안전기획부, 국방부, 검찰 등에서 분절적으로 실행하던 정보보호활동을 통합 운영하는 기관으로 설립됐습니다. 2003년 1·25 인터넷 대란 이후 국가 차원의 사이버안전이 한층 중요해지면서 정부와 공공영역은 국정원이, 국방영역은 사이버사령부가, 그리고 민간영역은 한국인터넷진흥원(당시 한국정보보호센터)이 보안을 담당하게 되었습니다. 이에 따라 KISA는 국가인터넷망의 90%에 달하는 민간영역의 안전을 24시간 365일 지키는 국가대표 CERT(사이버침해대응센터)를 운영하며

• 한국정보보호센터: 1996년 4월 개소 이후, 2001년 1월에 '정보통신망 이용촉진 및 정보보호 등에 관한 법률'에 따라 7월 한국정보보호진흥원으로 승격. 2009년 한국정보보호진흥원, 한국인터넷진흥원, 정보통신국제협력진흥원 3개 기관을 통합하여 현 한국인터넷진흥원을 설립.

각종 사이버공격과 사고를 예방, 탐지, 대응해 오고 있습니다. 이와 함께 ▶ 국가 주요시설의 보안점검 ▶ 정보보호 인증 및 수준관리 ▶ ICT/정보보호산업 성장 지원 ▶ 개인정보보호 전담처리 ▶ 글로벌 거버넌스 협력활동을 통해 우리나라 사이버영토 안전에 일익을 담당하고 있습니다.

정보보호와 미래 인터넷 발전을 견인하는 KISA의 역할은 시대적 요구

이제 사이버테러나 범죄에 대한 대응은 전 지구적 과제가 되었습니다. 각종 테러모의가 사이버공간에서 이뤄지고 전력, 항공, 방산과 같은 국가와 민간의 기반시설을 대상으로 한 해킹 및 탈취공격은 급증하고 있습니다. 때문에 미중(美中) 정상들도 사이버보안을 논의하고, 대선공약과 토론의 주요 이슈로 다뤄질 만큼 전 세계가 총성 없는 전쟁의 대응역량 확보에 목을 매고 있습니다.

ICT 인프라와 활용 면에서 앞선 우리나라는 늘 각종 사이버공격의 시험장이 되어 왔습니다. 더욱이 사이버공격을 가장 유효한 비대칭 전력으로 규정해 온 북한이 제재(制裁) 장기화의 돌파구로 해킹과 랜섬웨어 공격을 외화벌이에 이용하면서 우리 기업과 개인들의 피해도 크게 늘어나고 있습니다.

그러나 안타깝게도 우리 사회의 많은 분야가 이 같은 위험에 여전히 둔감하고 자발적 정보보호역량 강화나 협업기반의 확대 노력은 상당히 지체되고 있어 걱정을 자아내게 합니다. 이 같은 현실에서 국가인터넷망의 대부분을 차지하는 민간영역의 사이버안전을 지키며, 4차 산업혁명의 관건이 되는 ICT산업과 정보보호의 경쟁력을 견인해 나가고 있는 KISA의 역할과 중요성을 결코 간과해서는 안 될 것입니다.

발의된 '국가사이버안보법(안)'에 대한 KISA 의견

지난해 9월 1일, '국가사이버안보법(안)'이 정부입법으로 발의되었습니다. 남북의 대치와 폭발적 사이버위협의 증가 상황에서 국가 차원의 체계적이고 일원화된 사이버공격 예방·대응 업무를 수행하기 위한 사이버안보에 관한 기 법제정은 반드시 필요하다고 생각됩니다. 다만 현재 발의된 법의 내용에 몇 가지 우려되는 사항이 있어 말씀을 드리고자 합니다.

법(안)에 제시된 새로운 체계는 기존의 민·관·군 3각 책임대응체계를 부처별 관할영역 책임제로 바꾸고, KISA와 유사한 전문기관들을 지정하여 지원받을 수 있도록 되어 있습니다. 언뜻 보면 책임보안의 틀이 갖춰지는 것으로 착각할 수 있으나, 만에 하나 이 법이 현실화된다면 ▶역량이 담보되지 않은 전문기관의 난립 우려 ▶인력의 유동성이 커져 대응력의 하향 위축 초래 ▶부처별 소관영역 획정에 따른 관리대응체계의 파편화 등 '국가 차원의 일원화된 사이버공격 예방대응'이라는 목적과 배치되는 결과가 초래될 것입니다.

또한 민간시장은 부처마다의 상이한 기준과 정책으로 인한 부담이 커지게 되며, 행정의 구심점 부재에 따른 거버넌스 혼란도 우려됩니다. 아울러 그간 포괄적 협력관계를 맺어 왔던 해외 기관이나 기업들도 파편화된 체계에 따라 각 기관과 개별적 협력관계를 따로따로 다시 맺어야 하는 웃지 못할 상황도 벌어질 것입니다.

국가 사이버대응체계 파편화로 대응력 저하 및 시장 혼란 우려

각 부처별로 지원기관을 활용할 경우, 부처가 담당해야 하는 산업 및 기반시설 이외의 보안 책임은 회피하기 위해 업무영역 선 긋기, 협업 기피 등 칸막이가 더욱더 심화될 것입니다. 국가 사이버대응체계를 파편화할 경우 어느 부처, 어느 지원기관에 피해대응과 지원요청을 해야 할지조차 알기 어려운 상황도 일어날 것입니다.

또한 인적 대응역량의 하향화가 불 보듯 뻔한 지원기관 양산(量産)의 결과, 촌각을 다투는 위험에 신속하게 대응하지 못하고 지체되거나 실패할 경우, 그 피해가 국가 전체 사이버공간으로 확산될 가능성도 배제할 수 없을 것입니다. 정보보호 관리체계 인증, 클라우드 보안 인증 및 주요 기반시설의 취약점 점검 등 기존에 KISA가 중심이 되어 운영되어 온 수준관리 기능이 망실(亡失)되고, 정책의 집행과 감독의 혼선이 가중되는 등의 문제도 뒤따르게 될 것입니다.

참고로 최고의 사이버보안 역량을 갖춘 미국의 경우, 국토안보부 산하에 '국가 사이버보안 정보통합센터'(NCCIC)라는 대표 지원기관을 설립하여 각각의 기능과 역량의 통합 운영을 도모하고 있는 데 반해, 우리는 거꾸로 기능의 파편화가 불가피한 부처별 지원기관체계를 도입하겠다는 발상은 분명 재고(再考)가 필요해 보입니다.

민간 분야 정보보호를 전담해 온 KISA의 와해(瓦解) 현실화

KISA는 공공기관으로서 민간영역의 보안을 담당하는 독특한 위상과 역할 때문에 풍부한 정책지원 경험과 탐지 · 분석 · 대응 역량을 축적해 올 수 있었습니다. 때문에 KISA는 대한민국을 대표하는 사이버보안 전문기관으로 매우 높은 대외인지도를 갖고 있으며, 이를 전수받고자 하는 세계 각국 보안기관 및 기업들의 협력 요청이 끊이지 않고 있습니다. 글로벌 사이버보안 협력의 확대와 정보보호산업의 글로벌시장 진출에 도움이 될 수 있도록 이러한 KISA의 역할과 명성을 더욱 키우지는 못할망정, 법(안)에 명시된 것처럼 여타 지원기관과 동급으로 우리 원의 기능과 위상을 위축시킨다면 이는 국가적으로 엄청난 손실이 아닐 수 없습니다.

하지만 이보다 심각한 문제는 법안이 통과될 경우, 전문인력의 이탈 등 급격한 조직역량의 와해로 원의 기능이 마비될 것이라는 점입니다. 우리나라 최고의 정보보호 전문가 집단으로 석 · 박사 직원의 비중이 53%에 달하는 KISA는 국방, 국정원, 정부, 기업, 대학에 정보보호 인재를 공급하는 사관학교 역할을 해왔으며, 이는 대한민국이 정보보호 프레임과 역량을 갖추는 데 요긴한 밑거름이 되었다고 평가받고 있습니다. 민간의 수요 증가로 평소에도 약 50% 이상 높은 연봉과 처우를 제의받는 현실에서 추가적인 인재유출 요인이 야기된다면 저희 원은 더 이상 국민안전과 국가안보의 중임을 감당하기 어려운 지경에 처할 수밖에 없습니다. 사이버안보법에 따라 수도권에 위치한 더 좋은 조건의 지원기관들이 난립한다면 더는 우수한 직원들의 이탈을 막을 수 없게 될 것입니다. 열악한 여건에서도 국가 사이버안전의 사명감으로 일해 온 직원들을 장래가 없는 환경으로 내모는 상황이 초래되어서는 안 됩니다.

한국인터넷진흥원의 수장으로서 이러한 인재의 유실 후에도 저희 원이 제대로 기능할 수 있을지에 대해서는 정말 회의적입니다. 만들기는 어렵지만 부수기는 쉽습니다. 거버넌스 기능과 위상이 약화된 기관이 이전의 역량과 기능을 회복하는 것이 사실상 불가능하다는 점에서 정말 신중한 고려가 필요하다는 호소를 드립니다.

사이버안보법에서 KISA의 역할 강화 필요

20년이라는 오랜 시간 동안 정보보호 전문기관으로서의 역할과 경험을 쌓아 온 KISA가 국가 사이버안보 발전을 위해 지속 기여할 수 있도록 기관의 역할을 강화하는 내용이 법에 담기길 희망합니다. ▶기존 정보통신망법과 기반보호법에 따른 KISA의 침해사고 신고기관 역할 유지 ▶전문기술과 풍부한 대응경험을 보유한 KISA에 여타 지원기관들에 대한 기준 마련과 실태점검 및 관리 역할 부여 ▶법에 따라 설립 예정인 '사이버위협 정보공유센터'의 구축과 실무운영을 KISA가 지원하는 조항이 명시되어야 합니다.

재차 강조드리지만, 앞선 ICT 인프라와 선도적 사용자들로 넘치는 우리나라 사이버공간은 늘 사이버테러 위협과 해커 및 범죄집단으로부터의 각종 공격이 끊이지 않는 매우 긴박한 상황에 처해 있습니다. 부디 대한민국이 안전하고 행복한 사이버 주권국가가 될 수 있도록 한국인터넷진흥원 임직원들이 주어진 임무에 최선을 다할 수 있게끔 살펴 주시기를 부탁드립니다.

　감사합니다.

2016년 10월 24일

한국인터넷진흥원장　白 起 承

복잡하기만 한 우리나라 사이버안보체계

국가 차원의 사이버안보에 대한 이야기가 나온 김에 많이들 궁금해 하시는 우리나라 사이버안보의 추진체계에 대해서 간략하게 소개해 볼까 한다(간략하게 쓰려 했지만 체계 자체가 워낙 복잡하게 구성되어 있어 읽으시면서 혼란이 가중될 수도 있다는 점 양해 바란다는 말을 먼저 드려 두고자 한다).

기관장으로 일하면서 같은 업계 종사자가 아닌 외부인에게 가장 흔히 듣는 질문과 답변의 흐름은 대략 다음과 같다.

저자: 안녕하세요? 한국인터넷진흥원장 백기승입니다.
외부인: 네 반갑습니다. 그런데 한국인터넷진흥원은 무엇을 하는 곳인가요?
저자: 우리나라의 인터넷과 정보보호를 전담하는 진흥기관입니다.
외부인: 정보보호라 하심은 해킹 같은 걸 말씀하시나요? 그럼 우리나라에서 일어나는 모든 사이버보안 이슈는 KISA에서 전담하는군요?
저자: 아… 저…, 그게 말씀하신 내용이 틀린 건 아닌데 우리 기관만 하는 건 아니구요…, 여러 기관에서 분야별로 나눠서 담당하고 있습니다. 조금 더 설명 드리자면 먼저 공공과 민간 영역을 나눌 수가 있구요…. (하략)

이렇듯 지난한 대화는 항상 알 듯 모를 듯 알쏭달쏭하다는 질문자의 표정으로 일단락되곤 한다. 명쾌하고 시원하게 답변하고 싶은데 현실이 그러하지 못한 관계로 이 자리를 빌려 최대한(?) 간략하게 설명해 보고자 한다.

우리나라의 사이버보안 거버넌스체계는 '국가 사이버안전관리규정'에 의거해 구축되어 있다. 청와대 직속의 국가안보실에 사이버안보비서관을 두고, 국가정보원의 사이버안전센터를 통해 국가 사이버안전과 관련된 정책과 관리에 대해 관계 중앙행정기관장들과 협의하여 이를 총괄, 조정하도록 되어 있다.

국가정보원은 관계 중앙행정기관의 장들과 협의하여 '국가사이버안전기본계획'을 수립, 수행하며, 국가 사이버안전센터 내의 민·관·군 합동대응반이 사이버공격 발생 시 합동 사고조사와 상황관제, 위협요인 종합분석, 복구지원 등을 맡고 있다.

사이버보안 정책은 복수의 조직에 의해 집행되도록 되어 있으나, 정보보호에 관한 전반적인 업무는 미래창조과학부(현 과학기술정보통신부)가 관리하는 것으로 되어 있다(국가정보화기본법 및 정부조직법에 의거). 침해사고에 대한 대응은 국가정보원(공공), 미래창조과학부(민간), 국방부(국방)가 3분하여 담당하는 분권형 구조로 되어 있다. 정리하면, 공공영역의 사이버보안은 국가 사이버안전센터가 국가 정보통신망의 안전성 확인과 국가 사이버안전 매뉴얼 작성, 배포 등 주도적인 역할을 맡고 있으며, 민간영역 사이버보안은 미

한국의 사이버보안 거버넌스 구조

청와대

국가안보실 (사이버안보비서관)
- 국가 사이버보안 컨트롤타워
- 국가 사이버보안정책 수립·시행·평가

국가사이버안전전략회의
의장: 국가정보원장
위원: 기획재정부차관, 미래창조과학부차관, 교육부차관, 외교부차관, 산업통상자원부차관, 보건복지부차관, 국토교통부차관, 금융위원회 부위원장, 국가안보실 사이버안전담당비서관, 국무조정실 국무차장

국가사이버안전대책회의
의장: 국가정보원 사이버안전담당관
위원: 전략회의의 위원이 속하는 기관의 실·국장급 공무원

국가사이버안전센터
- 민(民)·관(官)·군(軍) 사이버위협 합동대응팀

국가정보원
- 사이버보안 실무 총괄
- 사이버테러 대응
- 기반시설 보호

경찰청
- 사이버범죄 대응 총괄

국방부
- 국방분야 사이버보안 총괄
- 사이버전 대응 (사이버사령부)

미래창조과학부
- 민간 사이버보안 총괄
- 정보통신망 안정성 확보
- 사이버보안 산업 육성

행정자치부
- 공공 사이버보안 총괄
- 전자정부 사이버보안
- 개인정보 보호

금융위원회
- 금융보안 총괄
- 전자금융기반시설 안정성 확보

래창조과학부와 한국인터넷진흥원이 인터넷 침해대응센터를 통해 다양한 사이버위협에 대한 예방·분석·대응·복구 역할을 담당하고 있다고 할 수 있다.

좀더 들여다보면, 민간 분야의 정보보호 업무도 기관별로 나뉘어 해킹사고는 미래부가, 개인정보 유출사고는 방통위가 맡도록 되어 있다. 이러한 이유로 해킹 등에 의한 개인정보 유출사고가 발생할 경우, 미래부와 방통위 간의 유기적 협력이 없으면 원활한 사고 대응을 할 수 없는 구조다.

사이버보안의 경우도 정보통신망 안전성 확보, 정보보호산업 육성, 민간정보보호에 관한 정책과 제도의 총괄·조정은 미래부가, 부처별 소관 주요 정보통신 기반시설은 각각의 중앙행정기관이, 개인정보보호는 행정자치부와 방송통신위원회가, 전자금융 기반시설은 금융위원회가 맡는 형태로 업무가 매우 세분화되어 있다.

민간영역 사이버보안 총괄기능을 맡고 있는 미래부의 경우, 현재와 같은 부처의 위상으로는 민간 분야 전반에서 야기되는 다양한 정보보호 협력대응 요구나 보안수준의 관리, 데이터 보호와 활용의 조화에 필요한 거버넌스 역량 발휘가 쉽지 않은 것이 사실이다.

이 같은 분산구조는 업무의 중첩과 협력의 리더십 부재 등으로 사이버보안과 관련한 긴급상황의 효율적 대응을 어렵게 하는 요인이 될 수 있다. 특히 사이버보안 정책기관을 공공과 민간, 군으로 나누고 그 산하에 실무집행기관을 두는 흔치 않은 형태로 운영해 온 우리나라의 경우, 유기적인 민관의 협력과 정보공유가 어려울 때가 많다.

여기에 민간영역을 담당하는 부처들 사이에서 일고 있는 분파적 정보보호 권한 확대와 데이터 자산화 움직임까지 가세하면서, 정보보호 활동과 침해사고 대응이 선순환되지 못하고 예방과 복구전략이 상호 보완 발전하기 어려운 상황에 놓여 있다.

우리나라가 이처럼 분야별, 기능별 사이버보안 대응체계를 갖게 된 것은 발생하는 사이버공격에 종합적이고 체계적으로 대응하기보다, 사고가 나면 그때그때마다 개별적이고 한정(限定)적인 문제해결과 사태책임의 잣대를 들이대 온 근시안적 행태가 투영된 결과라 하겠다. '사이버보안'이라는 중차대한 업무에는 반드시 발을 담그되, 책임은 최소화하여 자신들에게 유리하게 사이버보안 정책권한을 게리맨더링화한 것이다.

그 결과 '협력'을 기반으로 한 집중적이고 효과적인 대응은 거의 불가능한 상황이다. 정부부처 간 칸막이 문화, 고질적인 경쟁, 이기주의 등으로 부처 간 수평적 협력이나 정보공유가 어렵고, 연관부처의 활동에 대한 정보부족은 분석과 연구개발에 필요한 예산, 인력활용 등에서 중복과 낭비를 초래하며 비효율성을 높이는 데 일조하고 있다.

현재 소관 영역별 산하기관 간에 위협정보를 실시간 공유하도록 하고 있으나, 민·관·군 정책기관 간의 정보공유는 매우 제한적으로 이루어지는 상황이다. 이로 인해 실제로 그간 여러 차례 있었던 사이버 위기상황에서 대응주체 간의 정보공유와 협력이 일사불란하게 이루어지지 못하는 경우가 발생하곤 했다. 실제적 컨트롤타워 역할을 수행하는 국가정보원 또한 정보기관 특유의 비밀주의와 일방주의, 정보독점 관행이 강하여 유관기관 간의 수평적 협력과 정보공유를 어렵게 하는 요인이 된다는 지적이 많다.

대부분의 사이버공격은 초기에 드러난 현상만으로는 어느 기관이 전담해야 할 사고인지를 즉각 파악하기가 어렵고, 여러 영역에 걸쳐 피해가 동시 발생하기 때문에 영역별로 독자적인 판단을 내리고 대응하는 것은 가능하지도 효과적이지도 않은 게 사실이다. 뿐만 아니라 사이버공간에서 국가나 사회, 공공과 민간의 영역 경계가 빠르게 흐려지고 있다.

특히 핵실험 관련 국제제재의 장기화로 인해 돈줄이 마른 북한이 사이버공격을 공공기능의 마비나 정보 탈취에 그치지 않고, 랜섬웨어나 ATM 기기 해킹처럼 기업과 개인을 대상으로 하는 금전적 탈취로까지 확대하면서 민간의 피해가 급격히 늘어나고 있다. 한때 안보의 영역이던 북한 변수가 이제 민간안전의 변수로까지 확대되면서 개인과 사회의 안전은 곧 국가의 안전과 더욱 밀접한 관련을 갖게 되었다.

여기에 초(超) 연결 ICT 사회구조는 국가와 사회 기능 모두를 일거에 마비시킬 수 있는 상황이라는 점에서 현재와 같이 공공과 민간을 나누는 이원적 사이버위협 대응체계는 비현실적이며, 비효과적이라는 의견이 존재한다. 특히 기반시설과 비기반시설 간의 차이, 민간 기반시설과 공공 기반시설 간의 차이가 모호한 상황에서 유기적인 협력과 효과적 정보공유를 어렵게 하는 부적절하고 불필요한 구분으로 더 이상 효과성을 약화시킬 필요는 없지 않은가?

짧은 경험에서 나온 단견일 수도 있겠으나, 우리처럼 영역의식이 강한 나라에서 바람직하고 유효한 사이버보안체계는 사이버안보든 안전이든 보안이든 단일(單一) 명칭을 가진 사이버 정책 전담기구를 별도로 신설하고, 여기에서 안보와 안전과 보안에 해당하는 전담 실무집행조직의 협력적 대응역량을 집결하여 정보의 공유를 주도하는 것이 바람직해 보인다.

정책기관을 나누고 각각의 산하에 집행기관을 두다 보니 상급기관의 눈치가 보여 하급 실행기관들 간의 협력이 차단되는 악습을 끊어 내기 위해 정책결정은 단순하게 하되, 실무집행기관은 특성에 맞도록 다양화하는 것이 늘어나는 사이버안전 수요에 기민하고 효과적으로 대처하는 길이 될 것 같다.

이렇듯 복잡다단한 우리나라의 사이버보안 대응체계를 보며, '다른 나라들도 비슷하겠지 …' 하고 지레 짐작하면 오산이다. 미국과 독일, 일본과 같은 주요국들은 각 부처별 사이버보안 정책을 조율할 수 있는 전략 컨트롤타워를 최상위 기관(대통령, 내각)에 두고,

정책 실행 컨트롤타워로서 전문적 기술을 겸비한 실무기관을 운영 토록 하여 산재돼 있는 사이버보안 업무체계를 일원화하고 있다.

주요국의 사이버보안체계

미국은 2009년 오바마 행정부의 사이버공간 정책리뷰 발표 이후, 국가 사이버보안 컨트롤타워는 백악관 국가안보위원회(NSC)의 사이버보안국에서 담당하고, 해당국의 총책임자로 사이버보안조정관(CSC)을 신설하여 국가 사이버보안 업무를 총괄, 조정하도록 하였다.

사이버보안조정관은 사이버보안 정책을 대통령에게 직접 보고하며, 연방, 주, 지방 정부 및 민간 부문을 포함하여 미국의 모든 사이버보안 담당자들과의 협력을 통한 정책 수립과 조정 역할을 수행한다. 또한 기존 국방부, 국가안보국, 국토안보부, 국무부, 상무부 등 개별 전문성에 따라 산재되었던 사이버보안 관련 업무를 총괄하며, 대규모 침해사고 등 유사시 총지휘관의 역할을 담당한다.

국토안보부(DHS)는 2009년에 국가 주요 기반시설과 정보기술 시스템의 사이버보안을 담당하는 정책 실무집행기관으로 국가 사이버보안 정보통합센터(NCCIC, National Cybersecurity and Communications Integration Center)를 산하에 설치했다. NCCIC는 공공과 민간 영역을 막론하고 주요 기반시설 보호, 사이버공격에 대한 대응 등과 같은 사이버보안 실무를 맡고 있으며, 나아가 사이버보안 사고 관련 정보를 공유하고, 침해사고 대응팀(US-CERT)을 통해 국가정보통신망 대상 테러에 대한 대응·분석을 수행하는 등 실질적 보안업무를 담당한다.

독일의 경우, 총리실 산하 연방내무부(BMI)가 사이버보안전략 컨트롤타워로서 정책을 총괄하는 핵심 역할을 한다. BMI 산하의 연방정보기술보안청(BSI)이 정책실무 총괄로서 사이버보안 정책의 집행, 다른 부처·기관 및 민간에 대한 지원, 사이버보안 관련 인증 등 광범위한 사이버보안 업무를 담당한다.

연방정보기술보안청(BSI) 산하 국가 사이버대응센터(Nationales Cyber-Abwehrzentrum, Cyber-Az)에는 연방범죄수사청(BKA)과 연방경찰(BPOL), 관세범죄청(ZKA), 연방정보부(BND), 연방방위군(Bundeswehr)을 감독하는 국가기관까지 참여한다. 해당 센터에 참여하는 기관은 각자의 법적 업무와 권한을 가지고 활동하게 되어 있으며, 2016년 발표된 사이버보안전략에서는 국가 사이버대응센터의 필요성이 다시금 강조되었다.

마지막으로 일본은 2014년 11월 '사이버보안기본법' 제정 이후, 내각에 흩어져 있던 기능을 통합하여 사이버보안전략본부를 설립하였다. 이 본부에서는 국가 전체의 사이버보안전략을 수립하고, 정부부처 및 지방공공단체와 협력하여 정책을 조정하는 전략 컨트롤타워로서의 역할을 수행한다.

그리고 기존에 있던 '사이버보안센터'(NISC)를 사이버보안전략본부 산하에 두어 정책집행 실무기관으로서의 역할을 전담토록 하였다. NISC는 국가의 기본 정보보호전략을 입안하고 정부기관의 종합대책을 추진하며, 침해사고 대응을 지원하는 등 다양한 부처의 사이버보안 요구사항과 관련한 종합적인 업무들을 수행하고 있다.

이처럼 주요국들은 사이버보안에서의 협업과 인텔리전스 공유체계 강화에 방점을 두고 조직과 체계를 구축하거나 보완하고 있다. 우리나라도 사이버안보·보안·안전 환경에서의 협업역량을 극대할 수 있도록 변모해 나가기 위한 새로운 구도의 모색을 더 이상 미룰 수 없다. 그 형태가 어떠하든지 정책결정은 간결하고, 실행조직은 정교한 구조가 마련될 수 있기를 기대해 본다.

해커들의 전쟁 vs 국가들의 전쟁

얼마 전 미국의 트럼프 대통령이 지켜보는 것이 무색하게 한국의 골프 여전사들이 우승을 포함해 8명이나 10위 안에 들어간 2017년 US오픈이 있었다. 워낙 한국선수 일색이라 '코리아오픈'이라 불러야 한다는 우스개도 나왔다.

2017년 7월 말, 미국 라스베이거스에서는 세계 최고의 해커 팀을 뽑는 'DEFCON CTF' 대회가 열렸다. 이번 대회에도 예선 통과 15팀 중에서 4개 팀이 한국 팀이었다. 숫자는 적어 보여도 참가자 수를 대비한 비율로는 뒤지지 않을 것 같다.

하지만 이번 DEFCON CTF에서 우리 팀이 우승하지는 못했다. 3년 전엔 미국 팀을 꺾고 우승했는데, 지난해는 3위에, 올해는 아쉽게 4위에 그쳤다. 우승을 못해서 안타까운 것은 어떤 조그만 동네 대회를 나가도 마찬가지인지라 더 말할 게 없을 것 같다.

하지만 정말 안타까운 점은 해가 갈수록 점점 더 뒤처지는 것 같다는 생각을 지울 수 없다는 것이다. 아니 그보다, 다른 나라 팀들은 알게 모르게 국가의 지원을 받아 사활을 걸고 덤비는데 우리는 그렇지 못한 것 같다고 표현하는 것이 정확하겠다.

여러 가지 중에서도 가장 안타까웠던 점은 다른 나라 참가팀들의 경우 정예 베스트들이 뭉쳐서 하나의 팀으로 나오는데 우리는 제각기 따로 나왔다는 것이다. 이게 우리나라가 살아온 모습 그대로이자, ICT 기반 경제 대도약과 4차 산업혁명시대를 준비한다고 하는 우리의 숨길 수 없는 모습이라는 데 심각성이 있다. 아이들을 탓할 수 없는 건 우리들이 그들에게 어떠한 융합과 협업과 개방의 모습을 보여 준 적도, 가르쳐 준 적도 없기 때문이다.

대회 창설 25주년이 되는 DEFCON CTF는 정보보호가 시작된 지점에서 만들어진 가장 유서 깊은 대회이다. '캐치 더 플래그'(*Catch the Flag*)라는 해킹방어대회와 '블랙 햇'(*Black Hat*)이라는 부대행사로 열리다가, 얼마 전부터는 '해킹 빌리지'(*Hacking Village*)라는 자동차, 투표기기, ICS · IoT 해킹경연 등 15개 전문분야별로 행사가 진행되고 있다.

모든 해커들에게 이 대회 우승은 최고의 명성과 입지를 확인받는 가장 선망(羨望)하는 목표로, 어찌 보면 참가만으로도 영광스럽고 이름을 알리는 기회가 된다. 이런 대회이다 보니 사이버보안 역량을 과시하고픈 나라들의 자존심을 건 경쟁도 보이지 않지만 갈수록 치열해지고 있다.

이번에 우승한 미국의 PPP는 이 분야에서 전문적으로 일하는 프로들이 모여서 만든 팀으로, 각종 해킹대회에서 우승 내지는 상위권 입상을 도맡아 하는 세계 최강팀 중 하나다. 이번 대회에 19명이 참가한 이 팀은 미국의 자존심을 걸고 매 대회마다 지원을 받으며 최강의 팀을 꾸리고 있다.

2등을 한 대만의 HITCON은 대만 최고의 해커들을 하나로 모아 이번 대회를 겨냥해 준비해 온 신예 팀이다. 모두 25명이 참여했는데, 대만정부에서는 국가안보위원회 의장도 격려차 동행했을 정도로 각별한 지원을 받았다. 이들의 결기에서 중국의 사이버공격에 대한 두려움을 알리려는 의도가 역력히 배어났다.

3등을 한 중국의 A*O*E*도 중국의 베스트 멤버로 단일 팀을 구성해서 참가했다. 모두 30명이란다. 가장 대규모로 구성된 팀이었다. 미국을 꺾고 사이버보안 굴기(崛起)를 선언하고자 각종 대회에 아주 적극적으로 참가하고 있다.

그렇다면 우리나라 팀들의 상황은 어떨까? 궁금해지는 대목이다. 우리나라에는 개별 역량이 아주 뛰어난 사이버인재들이 인구나 지원규모에 대비해서 상대적으로 많다. 이번 대회에 참가한 한국 팀들도 세계 최고의 기량을 갖춘 친구들이다. 그럼에도 4위에 그치게 된 데에는 여러 이유들이 있겠지만, 우선 9명이라는 가장 적은 인원으로 팀을 꾸렸다는 점을 들 수 있다.

이번 대회처럼 전혀 새로운 운영체제에서 고(高) 난이도의 문제가 대량으로 출제될 경우, 실력과 함께 시간이 절대적으로 필요했다. 팀의 규모가 좀더 컸어야 했다는 아쉬움을 지울 수 없다. 모든 탐지와 방어 툴(tool)들을 새로운 운영체제에서 다시 만들고 대량으로 밀려드는 공격을 막아 내며 역공을 하는 데에는 절대적으로 손이 많이 필요했다.

그런데 왜 이들은 이런 소규모 인원만으로 팀을 꾸리게 되었을까? 원래 팀 멤버는 13명이라고 한다. 그중 3명은 군에 입대해 있고, 대회에 임박해서 몸이 아프거나 집안 사정으로 3명이 빠져 부득이 9명이 참가한 것이라고 한다. 헌데 이를 좀더 들여다보면 군에 복무 중인 동료들의 대회 참여에 애를 많이 먹었단다. 다른 나라들은 정예 멤버를 꾸리느라 이것저것 따지지 않는데, 이들이 소속된 부대의 모(某) 인사장교는 여기저기서 내보내라고 권고(勸告) 받은 것을 두고 "부당 압력행사로 고발하겠다"고까지 했다니 기가 막힐 노릇이다.

여기에 우리는 각 대학이나 기관의 이해가 강해 각자마다 우승의 꿈을 꾸다 보니 해커들 사이에 협동보다는 경쟁의 개념이 강하고, 각자의 소속 팀과 조직에 집착하는 경향이 두드러진다. 위에서부터 협력과 개방과 공유를 생각하지 않는데, 이걸 보고 배운 아이들이 자기들끼리 그렇게 하지도 않고, 할 수도 없는 구조다. 그러다 보니 팀원을 늘리거나 연합 팀을 꾸리려면 팀워크와 화합을 걱정하지 않을 수 없는 것이다. 갑작스러운 결원에 대비책을 찾을 수 없었고 평소 팀원을 늘리려 해도 위쪽의 이해가 받아들이지 않는 것이다.

하는 수 없이 늘 웃전들이 좋아하는 '소수정예'(少數精銳)로 해보려 했으나 2박 3일의 긴 전쟁에서 지치고 병력도 부족해서 3위를 가까스로 지키다 중반을 넘어서는 더는 어찌해 볼 수 없는 상황에 이른 것이다. 그나마 이들이 베스트 중 베스트이기에 4위라도 지켜 낸 것이다.

더욱 놀라웠던 것은 이들이 이런 국제대회에 자비로 부담하고 참가한다는 것이었다. 원장인 내가 이들을 독려하고자 3박 5일의 출장을 가려 하자 부처에서는 관련성이 적으니 가지 않았으면 좋겠다고 길을 막아 왔다. 그 바람에 3년째 되는 해에 임기를 한 달여 앞두고 그냥 우겨서 겨우 가볼 수 있었다. 만약 3년 전, 부임 초에 가서 봤다면 이들이 국제대회에 참가하는 데 필요한 제반사항이라도 지원하도록 노력해 봤을 텐데 ⋯ .

국내 각종 해킹대회를 주관하고, 부임 직후부터 해커들 간의 교류를 위해 '신년 출정식'과 'Year Ending Party' 등 정례적 소통모임을 만들었으며, 어린 해커 지망생들에게는 롤 모델이 되고 기업들에게는 '해커'에 대한 부정적 인식을 바꿔 주는 역할을 하도록 '사이버 가디언스'(Cyber Guardians) 를 임명해서 운영해 온 한국인터넷진흥원장의 업무와 DEFCON CTF의 관련성이 모호하다는 판단은 도대체 어떤 근거로 내린 것인지 ⋯ . 이쯤 되면 그네들의 본심이 정말 궁금해진다.

왜 성적이 나쁜지 서면(書面) 보고하라!?

관련성이 없다고 할 땐 언제고, 뭣 때문에 2015년도 DEFCON CTF에서 우리 아이들이 우승하자 평소 해킹대회에는 얼굴 한 번 안 비추던 장관을 앞세워 호텔 연회실을 잡고 기자들을 불러 어린 아이들 밥상에 숟가락을 얹었는지? 거기에 더해 지난해 우리 팀이 3등을 하자 현지로 전화를 걸어 왜 3등밖에 못했는지 사유서를 제출하라는 주접까지 떨었다. 그따위로 3류 짓을 해대니 3등, 4등을 하는 것이다.

국가대표 팀을 꾸려도 모자랄 판에 해킹대회란 대회는 다 관(官)주도로 바꾸어 과정은 팽개치다 결과만 간섭하려 하고, 다른 나라가 하는 걸 보면 그대로 따라하겠다고 나서니 제대로 되는 것이 없다. 지난해 DEFCON CTF의 CGC(*Cyber Grand Challenge*)를 본떠서 '인공지능(AI) 해킹방어대회'를 1년 후에 열겠다고 전문가와 논의도 없이 보고용 계획을 졸속으로 발표했다. 미국은 이 대회를 준비하는 데 3년 동안 5,500만 달러, 우리 돈으로 629억 원을 투입했다. 그걸 1년 만에 고작 20억을 들여 준비하고 평창에서 시연하겠다고 덜컥 발표한 것이다. 준비기관들은 나뉘어 있고 실행 팀은 육성해서 붙여 봐야 하는데 그게 고작 3개 팀이 전부란다. 미국대회 예선에는 104개 팀이 참여했다. 그 사이 담당자가 3번 교체됐으며 이제는 그마저도 관심이 있는지 없는지조차 모르는 상태다.

실력도 모자라고, 거리도 멀고, 자유롭지도 시장과 연계되지도 않는 대회에 상금만 올려 준다고 오는 게 아니다. 와야 할 이유를 만들어 주어야 한다. 그러려면 전문적 이론과 기술들이 연구되고 실행경험이 축적되면서 '크리티컬 엣지'(*critical edge*)를 가진 대회로 재구성해야 한다. 잘 준비해서 세계적 브랜드를 만들어야지, 그렇지 않아도 뒤로 밀려나는 우리의 보안 브랜드 이미지마저 허접하게 차린 행사로 날려먹을 필요가 굳이 있을까?

일단 준비는 차곡차곡 하고 그 예산으로 각기 따로 진행되는 공격의 '코드게이트', 취약점의 '시큐인사이드', 방어의 'HDCON' (*Hacking Defense CONtest*) 행사를 하나로 묶어 글로벌 AI 보안 브랜드로 새롭게 변신시키는 것을 고려해 볼 때인 것 같다.

여기에 하나 더 해야 할 것은 우리 해커들의 순위 리스트를 만들어 두는 일이다. 이를 테면 'KISA 랭킹' 같은 분야별 우수인재 풀 (*pool*) 을 가져가자는 것이다. 외국에서도 우리 해커들의 실력이 아주 뛰어나다는 것을 잘 알고 있고 이들에 대한 관심도 높다. 그런데 이들이 궁금해 하고 의아해 하는 것이 "도대체 왜 이런 인재들이 제품을 만들고 사업을 직접 하지 않느냐?"는 것이다. 모두가 명함에 컨설턴트라고 쓰는 것을 이상하게 여겼다.

우리 사이버인재들의 문제는 모두가 공격에 집중하며 산업현장에서의 방어와 개발, 생산에 대해서는 관심이 현저히 떨어진다는 것이다. 그러다 보니 DEFCON CTF 자동차, 투표기기, ICS · IoT 해킹경연에 우리는 한 팀도 참여하지 않았다. 분야별로 순위 리스트를 만들고 여기에 오른 것이 명예이자 진로에 중요한 지렛대가 되도록 해준다면 우수인재의 다양성도 확대될 수 있을 것이다.

대한민국이 지금까지 ICT 강국으로 버티고 있는 것은 앞선 인프라 덕분도 있지만, 그걸 그나마 안전하게 유지하는 보안역량 덕분이기도 하다. 이제는 해커들의 경연이 재미와 경쟁의 그들만의 리

그가 아니라 그 나라 보안산업의 실력과 위상을 결정짓는 매우 중
요한 요소가 되었다. 브랜드 관리도 못하면서 산업을 진흥한다는
것 자체가 겸연쩍은 이야기다. 보안인재들의 화합과 융합 하나 못
이뤄 내면 대한민국의 ICT화를 선도한다고 하는 것도 얼굴 화끈거
리는 소리다.

핀테크와 창조적 파괴의 상관관계

세계경제포럼(WEF)이 2015, 2016년 발표한 금융시장 성숙도에서 한국은 세계 140개국 가운데 하위권인 80위권을 맴도는 것으로 나타났다. 부탄, 가나, 우간다 등 우리보다 한참 개발이 덜된 국가들보다도 낮은 순위이다. 불과 7년여 만에 50위 정도가 하락한 것이다. 이에 금융권은 당혹스러움을 감추지 못했고, 일각에서는 금융권을 향한 기업들의 높은 불만 때문이라는 분석도 나왔다. 도대체 왜 글로벌 금융시장과 한국 금융시장 간의 괴리가 이처럼 벌어지고 있는 것일까?

'핀테크'로 상징되는 새로운 미래금융의 지향은 단순히 ICT를 활용해 기존 금융 시스템을 효율화하는 데 그치지 않는다. 스마트기술 기반의 새로운 금융 서비스 창출과 이를 통한 글로벌 ICT 경제 생태계 장악이 '핀테크'가 지향하는 본원(本源)적 목표다. 말 그대로 미래 먹거리시장인 금융의 판을 새로 짜겠다는 이야기인 것이다. 하지만 깊은 잠에 빠진 우리 금융권은 이 같은 핀테크산업에 대비하기 위한 준비나 적용에 현저히 뒤처져 있다는 것은 부인할 수 없는 사실이다.

이미 오래전부터 이런 본질을 꿰뚫어 본 영국은 파급력이 큰 핀테크산업 육성에 집중하며 기존 금융의 패턴과 관행을 깨뜨려 왔고, 이제는 명실상부한 전 세계 '핀테크' 스타트업들의 활동 중심지로 확고하게 부상했다. 또한 금융 경쟁력에서 뒤처진다던 중국은 은행, 보험 등 금융 전 분야를 IT기업들에 과감하게 개방함으로써 세계 최대의 '핀테크' 국가로 발돋움했다. 중국은 2016년 글로벌 컨설팅기업 KPMG가 발표한 '세계 핀테크 톱 100'에서 '알리페이'를 운영하는 앤트파이낸셜이 1위를 차지한 것을 비롯해 총 4개 기업이 5위 안에 들어가며 세계 최강의 핀테크 국가로 올라섰다. 2014년 1곳이던 10위권 내 기업 수는 2015년 2곳, 2016년 5곳으로 올랐다.

꽤나 지체된 감은 있지만 우리 금융권도 '핀테크'산업 육성을 서두르고 있다. 그간 핀테크기업들에게 진입장벽으로 작용해 온 금융제도의 개선을 비롯해 금융권 공동 오픈플랫폼 구축과 관련기업의 해외진출 지원 등 일련의 진흥계획도 마련됐다. 여기에 그간 닫혀 있던 금융권의 빗장을 연 인터넷전문은행의 차별화된 비즈니스 모델 경쟁은 비금융 사업자에 의한 창조적 금융혁신이 어디까지 가능할지 기대감을 한층 높이기도 했다.

하지만 변화의 고통을 감내하기란 말처럼 쉬운 일이 아니다. 변화의 과정에서 종종 내려놓지 못한 어깨의 힘과 말보다 더딘 움직임이 드러나는 것도 바로 이 때문일 것이다. 낮아진 정부 규제와 달리 엄격한 기준을 제시하는 금융권의 '민민규제'(民民規制)는 핀테크기업에 또 다른 장벽이 되어 돌아오고 있다. 이용자 개개인에게 보안을 책임 지우고, 금융권 자체의 편익만을 바라보던 과거의 틀을 완전히 깨트리는 파격 없이 '핀테크'산업 육성은 과연 가능할까?

ICT 발전은 단순히 기술과 편의 증진이라는 즐거움만이 아니라, 새로운 질서에 맞는 사고와 행동의 혁신이라는 고통도 함께 요구한다. 세계시장을 겨냥한 핀테크산업 육성을 위해서는 기존 금융관행을 뛰어넘을 '창조적 파괴'가 필요하다. 경쟁력 있는 글로벌 핀테크 서비스를 통해 범지구적으로 이용자들을 모으고, 이를 기반으로 지속가능하고 견고한 ICT 경제 플랫폼을 확보해야 한다.

금융 정보나 시스템의 단순 개방이나 '현재의 금융에 ICT를 기술적으로 입히는' 수준의 자기중심적 핀테크전략에서 벗어날 필요가 있다. 창의적 아이디어를 가진 IT기업들과 수많은 '서드파티(third-party) 사업자'들이 참여하고 변화를 주도할 수 있도록 금융정보와 시스템을 과감하게 개방해야 한다.

여기에 더해 핀테크 관련 법제도의 정비와 유관기관들의 전향적인 협력도 절실하다. 핀테크(fintech)가 법적 용어가 아닌 상태에서 'fin'은 금융위, 'tech'는 미래부(현 과기정통부)에 그 소관이 있다 보니, 금융과 관련된 서비스라 일단 금융위가 맡고 있지만 정작 산업은 어느 부처에서 육성해야 할지도 정리가 안 된 현실이다.

주무기관이라는 금융위에는 현재 직제도 없고 가이드라인도 없다. "법도 예산도 없다 보니 생태계 조성이 그나마 할 수 있는 일이라 해오곤 있지만 성과가 잘 나오지 않는다"는 담당자의 푸념이 이해가 된다. 융합산업의 특성상 다양한 이해관계자들의 협업이 사업의 성패를 가르게 된다. 우리 금융권이 서로의 눈치를 보며 소극적인 개인플레이나 펼치고, 새로운 금융 서비스를 융합하여 도약하기보다 견제부터 한다면 '글로벌'은 고사하고 '내수용'(內需用)에도 못 미치는 반쪽짜리 핀테크조차 만들기 어려울 것이다.

마지막으로, 핀테크 서비스의 성패를 가로 짓는 결정적 요소인 '보안'을 강화해야 한다. 핀테크산업의 성장과 함께 한층 부각된 리스크는 바로 '보안'이다. 비대면 금융 서비스에 대한 니즈는 더욱 커졌고, 현금과 자산이 유통되는 접점 또한 급격히 늘어나고 있다. 이에 따라 '본인인증'에 대해 신뢰하고 안심할 수 있는 기술 기반의 '보안성 확보'가 핀테크산업의 경쟁력을 좌우하게 된 것이다.

이를 위해 우리 원은 핀테크기업들에게 보안과 인증 기술에 특화된 개발 인프라를 제공한다. 특히 생체정보를 이용한 사용자 인증 기술 개발을 장려하기 위해 지문, 정맥, 홍채, 안면 등 바이오인식 시험 플랫폼을 비롯해, 공인인증서를 FIDO(국제 생체인증 기술표준)와 연계하거나 다양한 보안매체(NFC 카드, 금융 microSD, 웨어러블 디바이스 등)에 안전하게 저장하여 이용할 수 있는 간편 공인인증서 플랫폼도 제공한다.

이 밖에도 핀테크 유관 국내외 기업 및 ETRI 등과의 협력을 통해 핀테크기업들이 안전한 서비스를 개발할 수 있도록 테스트 플랫폼을 제공하고, 보안 컨설팅과 내재화를 지원하며, 다양한 기술들을 매시업(*mash-up*) 할 수 있는 환경을 만들어 주고 있다.

    하지만 이러한 공공의 노력과 더불어, 핀테크 기술시장의 규모를 키우기 위해 기업들끼리 서로 협력하는 지혜가 필요하다. 국내 스타트업, IT기업, 대학 연구실이 자발적으로 추진하는 '블록체인 기술표준화 워킹그룹 구성' 같은 것이 좋은 사례가 될 수 있다.

    ICT 강국의 명성을 무색하게 하는 액티브X, NPAPI 등 비표준 인터넷 환경 개선이 지지부진한 이유를 묻는 국민들로부터 "핀테크도 가망이 없다"라는 질책을 듣지 않으려면 기존의 관행을 타개하는 결단이 필요하다. 창조적 파괴에 대한 두려움과 작은 리스크에 집착하는 점진적(漸進的) 혁신으로는 이미 뒤처진 '핀테크' 시장에서 생태계 주도권을 되찾아 올 수 없다. 안팎에서 불어오는 '핀테크' 열풍을 우리 ICT와 금융 도약의 기회로 삼을지 위기로 만들지 여부는 결국 우리들에게 달려 있다.

애증(愛憎)의 공인인증서, 그 오해와 이해

2015년 3월 18일, 금융위원회는 금융회사 스스로 전자금융거래의 특성을 고려하여 안전한 인증방식을 선택하도록 공인인증서 의무 사용을 완전히 폐지키로 했다. 이에 따라 국민의 선택 폭은 넓어지고 다양한 핀테크 서비스가 활성화될 수 있는 환경이 만들어지면서 새로운 인증기술과 서비스가 개발되는 등 '금융산업의 경쟁력 제고가 기대된다'고도 밝혔다. …

하지만 '금융보안을 통한 소비자 보호'라는 대원칙이 훼손된다면 핀테크산업의 본질적인 성장은 불가능하다. 전자결제시장에서 앞서 나가는 글로벌기업들이 간편결제 분야에서도 보안성 강화에 고심하는 이유도 바로 이 때문이다. 일례로 애플페이나 FIDO는 가장 안전하다고 인정되는 공개키(PKI: *Public Key Infrastructure*) 기술을 바이오인식 기술 등 타(他) 인증수단과 결합해 더욱 견고한 보안 생태계를 적극 구축해 나가고 있다.

유수의 글로벌기업들이 핀테크산업의 '보안성 강화' 수단으로 기존의 PKI 기술에 주목하는 것은 우리에게 시사하는 바가 크다. PKI 기술은 사용자 신원확인과 부인방지, 무결성을 제공하는 유일한 기술로, 우리나라의 전자서명 기술인 공인인증서와 동일한 기술이다. 이들 글로벌기업들은 암호화 및 부인방지 목적으로 PKI 기술을 기반으로 스마트폰에 탑재한 지문 인식장치로 사용자를 인증하는 간편하지만 강력한 보안성을 갖춘 서비스를 창출하고 있다.

하지만 아이러니하게도 우리의 상황은 전혀 딴판이다. PKI 기술이 가진 본질적인 보안 우수성을 살려 미래 인터넷 환경에 맞는 기술로 발전시켜 나가기보다, PKI를 '액티브X와 동급'이자 '규제의 상징'으로 치부하고 한국의 인터넷 환경을 글로벌 무대로부터 유리시키는 애물단지로 몰아세우기 급급하다. 그러다 보니 현존하는 가장 강력한 보안기술인 PKI는 외면한 채 곁가지 대체수단을 찾는 데에만 주력하는 촌극이 벌어지고 있다.

그동안 공인인증서가 액티브X 기반에 의존하며 트렌드 변화에 맞춰 다양한 사용여건을 제공하지 못한 것은 아쉬운 부분이다. 하지만 그렇다고 탈(脫) 액티브X가 PKI 활용 배제로부터 시작되는 것인 양 몰아가며 보안역량에 대한 본질적인 성찰 없이 일방적으로 배척하는 것은 옳지 않다. 이처럼 왜곡된 인식으로 장식적 대체기술을 모색해서는 글로벌기업들과 보안이 담보된 안전한 핀테크 서비스의 경쟁은 요원한 일이 될지도 모른다는 불안감이 엄습한다.

'액티브X, 액티브하게 없애 달라'며 불러일으킨 왜곡된 파장이 결국 안전하지 못한 곁가지 보안대책으로 국민과 산업에 우려로 되돌려져서는 곤란하다. 불과 얼마 전까지만 해도 불안정성을 이유로 사용이 막혔던 근거리무선통신형(NFC: *Near Field Communication*) 일회용 비밀번호 생성(OTP: *One Time Password*) 방식, ID/PW,

SMS 등이 공인인증서를 대체하는 수단으로 거론되는 모습을 보면서 보안을 담당하는 기관의 장으로서 우려가 깊어질 수밖에 없다.

인터넷을 통한 금융거래가 일상화되는 상황에서 다양한 기술의 융합을 통해 미래 상황에 맞는 안전한 보안기술을 만들어 나가야 한다. 그러기 위해서는 우리가 오랜 연구와 노력으로 고안해 낸 PKI 기술을 스스로가 외면하거나 평가절하해서는 답이 없다.

공인인증서 관리기관과 업체들이 철저한 과거반성 위에 전자결제시장의 새로운 요구를 PKI 기술에 반영하고 있다. HTML5 기반의 웹 표준기술을 사용하여 액티브X 없이 간편하고 편리하게 이용할 수 있고, 보안토큰인 금융 IC카드에 공인인증서를 담거나 지문과 홍채 등 바이오 인식기술을 채용해 국민들이 체감할 수 있도록 편의성과 보안성도 개선되었다.

이러한 'PKI 2.0' 프로젝트를 통해 공인인증 기술에 대한 오해를 풀어 나가는 동시에, 글로벌 국가들과 PKI 기술을 상호 연동하여 국가 간 무역결제 등으로 이용범위를 넓혀 글로벌 전자 인증수단으로 본연의 가치가 발휘되도록 새로운 활용정책의 추진도 필요하다.

우리가 이미 보유한 세계 최고 수준의 바이오 인식기술과 PKI 기술을 융합하고, 이를 국내 글로벌기업의 단말 플랫폼과 접목해 나간다면 미래 인터넷 환경을 획기적으로 발전시킬 창조적이고 안전한 핀테크 서비스가 우리 땅에서도 무성하게 꽃필 수 있을 것이다.

창조자 생존의 시대

한때 아리스토텔레스와 비견되었던 비운(悲運)의 영국 철학자이자 경제학자 '스펜서'가 1884년에 쓴 자신의 책 《개인 대 국가》에서 주창한 '적자생존'(適者生存)이란 명제는 여전히 수많은 분야에서 유효한 이론으로, 경영학에서도 예외 없이 적용되어 왔다. '더 좋은 물건과 서비스를 제공하는 기업만이 살아남으며, 소비자를 따라가지 못하는 기업은 도태된다'는 것이 명제의 핵심이다.

하지만 130여 년이 지난 요즘 시대에는 단순히 '더 좋은 것'을 만드는 데 잘 적응하는 것만으로는 생존력이 많이 부족해 보인다. 소비자 기호를 잘 반영한 재화를 생산하는 것뿐만 아니라 미래의 수요변화를 예측하고 새로운 산업생태계와 트렌드를 창조하는 기업만이 살아남을 수 있는 시대가 되었기 때문이다. 이제는 '현실에 적응을 잘하는 자'가 아니라 '미래의 가치를 현실로 이끌어 내는 자'(창조자)만이 살아남는 시대인 것이다.

그러나 한때 '정보기술(IT) 강국'이라 자부했던 우리는 아직 이러한 '창조자 생존'이라는 시대적 변화 요구를 선뜻 받아들이지 못하는 것 같다. 뚝딱거리며 리어카 위에 만든 회전그네를 타고 혼자 노는 사이, 마을 한가운데 '런던아이'(London Eye) 같은 초대형 회전

놀이기구가 들어선 격이다. 어제의 작은 성취에 갇혀 변화를 거부하다 글로벌시장에서 경쟁력을 급속하게 잃어가고 있다고 보는 것이 정확한 판단일 것이다.

세계는 이미 오래전에 글로벌 웹 표준인 HTML5로 인터넷 생태계를 탈바꿈시켰지만, 우리나라는 공공부문이나 금융 등 중요 서비스가 여전히 헐값 편의와 무책임 보안에 기대어 액티브X, NPAPI 같은 비표준 플러그인(plug-in) 방식의 생태계를 유지하고 있다.

물론 한때는 이 같은 비표준 기술들이 급속하게 발전하는 우리 인터넷산업에 기술적 편의와 비용적 이점을 제공했던 것이 사실이다. 그러나 별도의 기술 개발 없이 인터넷 사업자가 제공하는 액티브X를 통해 다양한 서비스 실행기능을 이용자 컴퓨터에서 빠르게 구현할 수 있었던 반면, 정보보호의 궁극적 책임소재나 이용자의 편의문제는 간과되어 왔다. 그 결과 우리는 웹 표준과는 거리가 먼 고립적 생태계에 갇히게 되었고, 글로벌 핀테크시장에서는 '액티브X 기반의 인터넷 전문은행이 출현하는 것이 아니냐'는 조롱이 나오는 지경에 이른 것이다.

몇 해 전, MS를 비롯한 글로벌 인터넷기업들이 '비표준기술 지원 중단'을 선언했다. 공공부문과 금융권을 비롯한 모든 인터넷기업들이 그간 액티브X와 같은 외부 플러그인을 통해 이용자에게 보안 책임을 미뤄 왔던 공급자 위주의 관행을 혁파(革破)해야 한다. 웹 표준기술 전환에 소요되는 비용을 이유로 본질적 해법을 기피한다면 우리 사회의 보안 서비스 품질은 더욱 악화되고, 결국 글로벌 생태계에서 살아남지 못할 것이다.

그간 대체기술 가이드라인 제공, HTML5 전환 지원, 기술컨설팅 등을 민간에 지원한 정부도 남만 고치라고 할 게 아니라, 자기 눈에 낀 들보를 뽑아내는 고통을 감수해야 한다. 정부가 가장 많이 액티브X를 사용토록 강요하고, 정부가 가장 빈번하게 공인인증서를 요구하는 상황에서는 웹 표준 인터넷 환경의 확산은 이루어지기 어렵다는 점에서 구체적 이행의 이정표를 제시하고 실질적 개선을 솔선해야 한다.

미래 인터넷 세상은 모두가 합의하는 글로벌 표준 아래 확장되고 발전할 것이다. 따라서 이번 기회를 글로벌 인터넷기업들에 의존해오던 무임승차형 보안행태를 단절하는 계기이자, '창조자 생존' 요구에 걸맞은 글로벌 표준의 정보보호 역량과 인프라를 갖추는 기회로 삼아야 한다.

보이지 않는 미래를 내다보며 남보다 앞서가기란 결코 쉽지 않다. 장기적 관점에서 이를 위해 투자와 혁신을 추진하는 일은 더더욱 어렵다. 하지만 성취는 분명 남과는 다른 노력을 하는 사람에게 주어지곤 한다.

미래, 전자문서로 바꾸자!

만약 AI에게 "마음은 무엇인가?"를 물어본다면 "정보의 조각들을 엮는 패턴"이라는 답을 내놓지 않을까? 구매를 예측해 미리 배송하는 쇼핑몰, 스스로 부족식품을 주문하는 냉장고처럼 오늘날 빅데이터와 AI 기술의 결합은 우리의 일상정보를 축적하고 패턴을 분석하여 당장은 물론 가까운 미래의 필요까지 미리미리 관리해 주는 수준에 이르렀다. 머지않아 4차 산업혁명이 본(本) 궤도에 오르면 나보다 더 나를 잘 아는 '아바타'가 내가 미처 생각지도 못한 일들을 알아서 처리해 준다니 그저 신기하고 놀라울 따름이다.

이러한 변화를 가능케 해주는 요체(要諦)가 바로 '다양한 일상의 정보를 축적하고 분석하는 것'이라는 점에서 종이문서에 기록된 아날로그(analog) 정보를 디지털(digital)화하는 '문서의 전자화'는 원유(原油)를 채굴하는 것 이상으로 중요한 일이다.

우리나라는 종이문서의 전자화를 위해 1999년 전자문서법(당시 전자거래법)과 전자서명법을 제정하고 전자문서의 생성·보관·유통의 안전성과 신뢰성을 높여 이용을 촉진하려는 노력을 기울여 왔다. 그 결과 UN의 전자정부 평가에서 2010년, 2012년, 2014년 3회 연속 세계 1위를 차지했다. 또한 금융 서비스를 중심으로 전자

보험청약 등 전자문서에 기반한 디지털 전자금융시대를 서서히 열어 가고 있다.

하지만 유통 분야의 경우 여전히 거의 모든 매장에서 종이영수증을 발급하고, 병원과 약국 등 의료 분야에서 발행하는 처방전도 여전히 종이문서이다. 공공 분야에서도 국세, 지방세 등 각종 고지 서비스가 여전히 종이로 이루어지며, 가속도를 붙여 나가는 금융 분야도 여신 서비스 제공을 위한 증빙자료들을 종이문서로 보관하는 등 아직도 우리 사회 곳곳에서 문서 전자화는 상당히 미진한 실정이다.

이처럼 종이문서의 전자화가 더딘 것은 일반적으로 우리 사회의 업무 로직(logic)이 종이문서를 기반으로 설계돼 있어 종이를 선호하는 경향이 강하기 때문이다. 또한 각종 법과 규정에서 요구하는 문서, 서면, 서류에 전자문서가 당연히 해당됨에도 불구하고 일선 실무자들의 '종이문서만을 의미한다'는 잘못된 인식과 관행이 고쳐지지 않기 때문이기도 하다.

더 늦기 전에 종이문서 중심의 관행을 '전자문서' 중심으로 전환하기 위한 인식과 관행의 혁신이 필요하다. 데이터 축적 없이는 IoT 나 AI는 무용지물(無用之物)이나 다름없다.

이를 위해 우선 기본법에 해당하는 전자문서법의 개정을 통해 '전자문서가 종이문서와 동일한 효력을 가진다'는 법률 근거를 더욱 명확히 해야 한다. 상속, 유언, 보증 등 전자문서가 인정되지 않는 예외적인 경우는 별도로 명시할 필요가 있다. 이와 함께 모바일시대에 걸맞게 모바일과 클라우드를 중심으로 이용자 편의성을 높인 전자문서 서비스를 제공하고, 디지털 트랜스포메이션 전반에 대한 보안도 강화해야 한다. 아울러 전자문서의 유통에 대한 기술 중립적 유통증명체계를 정립하기 위해 블록체인과 같은 다양한 신기술을 적극 채용해야 한다.

특히 정부는 유통, 의료 등 주요 산업분야와의 협업을 통해 대국민 편의증진 및 비용절감 효과가 큰 분야를 대상으로 전자문서화 사업을 조기에 추진하여 전자문서 관련 전후방 산업의 발전을 지원하는 마중물 역할을 수행해야 한다.

'아날로그'에서 '디지털'로 패러다임 전환이 이루어질 당시, 아날로그적 방식에 더 집착했던 제품과 기업들은 쇠락(衰落)의 길을 피하지 못했다. 일례로, CD플레이어의 전성기가 지나고 mp3라는 디지털 음원이 출시됐을 때에도 여전히 CD의 부피와 무게를 줄이는 데 골몰해 MD(Mini-Disk) 플레이어를 내놓았던 사업자들 대부분은 이제 미래시장에서 제일 끄트머리에 머물고 있거나 이미 사라지고 없다.

미래 세상의 주도권은 정보를 누가 어떻게 더 많이 갖고, 더 빠르게 처리하며, 더 나은 가치로 재창조해 낼 것인가에 달려 있다. 그저 '그렇게 해왔다'는 이유만으로 패러다임 대전환기에도 기존의 방식을 고수하며 정보의 보고(寶庫)인 '문서의 전자화'를 지연한다면 우리는 4차 산업혁명으로 가는 문을 스스로 닫는 우(愚)를 범하게 된다. 디지털 데이터 없이 지능정보사회는 결단코 오지 않는다. 지금도 이미 많이 늦은 상태다.

사회적 신뢰로 갈등비용 줄여야

"인간은 사회적 동물"이라는 아리스토텔레스의 말처럼 사람들은 서로의 필요에 의해 모르는 사람들과 집단이나 사회를 이루고 서로 어우러져 살아간다. 이렇게 사람들이 모여 있는 곳에서는 소통과 문화도 꽃을 피우지만 한편으로는 피치 못할 갈등과 다툼도 일어나곤 한다. 우리 주변에서도 골목길 주차나 아파트 층간소음 같은 일상의 갈등이 수시로 발생하며, 때로는 이런 사소한 문제가 이웃의 생명을 앗는 참사(慘事)로 번지는 모습을 종종 볼 수 있다.

물론 정부는 그럴 때마다 갈등을 줄이고 문제를 해결할 여러 가지 대책을 마련해 보지만 환경이 변화하는 속도에 따라 새로운 불만과 다툼은 끊임없이 일어나며, 국가를 상대로 한 구성원들의 분쟁과 갈등 해결 요구도 나날이 늘어만 간다. 더욱이 모든 거래나 생활이 인터넷을 통해 이루어지는 요즘에 들어서는 사이버공간의 익명성 뒤에 숨어서 벌이는 악의적 행위들로 인한 다툼과 갈등이 기하급수적으로 늘어나고 있다.

이런 연유로 인간이 사회적 삶을 시작한 이래, 오랜 시간에 걸쳐 경제·사회적 관계 속에서 발생하는 분쟁의 해결을 위한 다양한 규율과 제도적 장치들을 모색하고 실험해 왔다. 가장 일반적인 방식으로는 족장이나 추장, 또는 신을 대신하는 종교지도자, 군주나 왕 같이 집단 내에서 최고의 권위를 지녔거나 지혜롭다고 추앙되는 인물의 판단을 통해 분쟁과 갈등을 해결하고자 했다. 근대에 들어서는 법적 소송을 통해 보다 전문적이고 체계적으로 다툼을 다루게 되었고, 시시비비를 분별해 내는 국가의 역할에 대해 더욱 강력한 요구가 제기되고 있다.

인간사에 분쟁과 갈등이 없을 수는 없다고 하지만, 막상 내 자신이 법률적 쟁송(爭訟)에 휘말린다면 무척 골치 아픈 게 사실이다. 분쟁 당사자는 소송을 진행하느라 경제적·시간적 비용을 감수해야 하고, 다행히 이겨서 경제적 손실을 입지 않더라도 심리적으로 받은 고통까지 보상을 받기는 힘들다.

문제는 초(秒) 단위로 진화하는 ICT에 힘입어 연일 새로운 상품과 서비스 플랫폼이 등장하고, 다양한 형태의 거래가 이루어지면서 사업자와 소비자 사이에 경험해 보지 않은 분쟁들이 더욱 빈발하고 있다는 점이다. 개인정보 유출로 인한 분쟁, 인터넷을 통한 물품 또는 콘텐츠 구매과정에서 발생하는 분쟁, 인터넷 주소의 소유권을 놓고 다투는 일 등은 불과 얼마 전까지만 해도 생소했던 분쟁들이다. 하지만 앞으로는 로봇과 인간의 권리 충돌이나 AI의 판단에 대한 판단(?)이라는 듣도 보도 못한 이슈들로 분쟁을 겪을 날도 그리 머지않아 보인다.

분쟁의 규모와 범위, 성격이 전례 없이 복잡해지면서 국민들의 중재 요구도 갈수록 세분화, 구체화되고 있다. 4차 산업혁명에 따라 이종(異種) 분야 간 융합이 이루어지고 산업과 경제 시스템이 급변하면서 발생하는 제도의 공백이나 지체를 즉각적으로 해소하거나 대안을 일거에 마련하기는 어려워 보인다. 그러나 그렇다고 해서 발생하는 많은 분쟁을 법적 쟁송이나 법외(法外) 다툼으로 방치하는 것은 사회안정과 산업발전에 큰 부담이 될 것이다.

바람직한 해법은 다수가 수긍할 수 있는 '상식의 합의점'과 인간을 중심에 두는 '기술의 지향점'을 마련하여, ICT 혁신이 가져오는 경제·사회적 변화를 선제적으로 관리해 나가는 것이다. 건전한 사회상식과 기술의 이해(利害)에 대한 진지한 성찰, 다수를 위한 양보와 타협, 상대와의 개방적 협력 의지 등 미래를 향한 마음의 준비(mind-set)가 선행되어야 후일(後日) 일어날 분쟁과 비용을 최소화할 수 있다는 사회적 공감대가 필요하다.

특히 소통과 화합을 통해 갈등을 완화시키며 합의를 만들어 가는 미래 지향의 정치·사회적 리더십도 요구된다. 이러한 리더십을 통해 OECD 내 최고 수준의 '사회갈등요인 지수'와 최저 수준의 '갈등관리 지수'를 개선하고, 연간 약 250조 원로 추산되는 갈등비용도 경감해 나갈 수 있을 것이다.

이와 함께 소송에 비해 경제적·시간적 비용은 적게 들면서 분쟁당사자들을 원만히 합의에 이르게 하는 중재, 협상 조정과 같은 대안적 분쟁해결제도도 더욱 활성화되어야 한다.

우리 원에서 운영 중인 'ICT 분쟁조정 지원센터'에 접수된 전자상거래 분쟁상담 건수는 지난 3년간(2014~2016년) 연평균 3만 건에 육박하며, 2016년 온라인광고 분쟁상담 건수는 2015년(579건) 대비 65%나 늘어 1,279건에 달했다. 2017년에는 이미 6월 말에 전해 총 상담 건수에 달했다고 한다. O2O 서비스나 해외직구, 중고거래 등 인터넷거래 관련 분쟁유형도 빠르게 다양화하고 있다. 효율적 분쟁해결제도를 통해 급격히 늘어나는 ICT 관련 분쟁들이 고비용의 소송으로 가기 전에 원만하게 해결되도록 하는 노력이 필요하다.

두 번 다시는 오지 않을 기회인 ICT시대의 성공은 우리가 여하히 힘을 합치고 돕고 나누며 혁신과 성장을 만들어 낼 수 있느냐에 달렸다. 절차적 공정성, 합리적 제도, 그리고 서로를 어우르는 사회적 기반이 중요한 이유는 ICT시대를 다툼과 갈등으로 소모하지 않고 국가와 경제, 그리고 우리의 자존(自尊)까지 곧추세울 수 있는 '신뢰(信賴)의 대한민국'으로 거듭나기 위해서이다.

개인정보보호를 위한 창조적 시도들

흔히 21세기를 창조(創造)의 시대라고 한다. IoT 개념을 창시한 케빈 애슈턴(Kevin Ashton)은 그의 저서 《창조의 탄생》에서 "창조는 목적지이며 그 자체로 하찮게 보이는 행동들이 축적되어야 세상을 바꿀 수 있다"고 말한다. 애슈턴은 "창조성 신화야말로 '비범한 인물이 비범한 행동을 통해 비범한 결과를 낸다'는 편협한 주장과 편견을 정당화하려는 데서 기인한 실수이자 창조가 평범한 사람과 평범한 노동에서 비롯된다는 진실에 대한 오해"라고 말했다. 다시 말해 창조는 비범한 도약이 아니라 평범하지만 매일매일 이루어지는 작은 시도(試圖)들로부터 시작된다는 것이다.

이러한 시도는 과학기술 분야만 아니라 국민적 불안감을 키우는 주민등록번호 수집 관행의 개선을 위해서도 절실히 필요해 보인다. 일례로 2014년 8월 7일 시행된 '주민등록번호 수집 법정주의'는 그간 관행적, 관성적으로 해왔던 주민등록번호의 수집 및 이용 습관을 바꿔 내기 위한 창조적 결단이었다. 시행 당시, 이를 시작으로 개인정보보호의 새로운 기준을 실천하는 시도들이 끊임없이 이어질 것으로 기대했으나 현실은 그렇지 못했다.

주민등록번호는 1968년 도입된 이래 반세기 가까이 개인에게 부여되는 유일하고 영구불변한 식별번호로 공공행정과 각종 법률관계에서 개인의 신원확인 수단으로 사용되었다. 사인(私人) 간의 거래는 물론, ICT 발전으로 확산되는 전자상거래에서도 주민등록번호는 개인의 식별을 넘어 신용(信用)을 붙잡아 두는 분명한(?) 장치로서 과도하게 사용되었다.

이처럼 특별한 문제의식 없이 수집과 이용을 확대한 결과, 수집한 고객 주민등록번호의 관리 소홀로 인한 개인정보 유출사고가 빈번히 발생하면서 국민들은 불안에 가슴을 졸이게 됐다. 금전적 이득을 위해 개인정보를 불법으로 사고파는 유·노출 사고는 주민등록번호 등 개인정보를 수집, 이용하는 관행을 고치지 못하는 한 계속될 수밖에 없다.

이러한 악순환을 더 이상 반복하지 않기 위해 내린 특단의 조치가 주민등록번호와의 이별선언이었다. 2012년 8월 온라인상의 주민등록번호 수집을 금지하는 법이 시행됐고, 2년 뒤인 2014년 8월 7일에는 오프라인에서도 법령에 근거가 없는 주민등록번호 수집을 제한함에 따라 주민등록번호의 사용이 원천적으로 금지됐다. 정보통신 서비스 제공자가 기존에 보유하던 주민등록번호가 2년의 유예기간이 끝난 2014년 8월 초 완전 파기되었고 여행, 숙박, 의료, 부동산 등의 사업자들이 동의를 받고 수집한 오프라인 개인정보마저 파기되면 관행적으로 수집하던 주민등록번호와는 완전한 이별을 고하게 된다.

이 같은 조치들은 그간 우리 사회가 둔감하다 못해 안일함으로 일관해 온 개인정보보호 실태에 경종을 울리며 근본적으로 바꿔 내는 계기가 된 것이 사실이다. 멤버십 포인트 가입신청서, 입사지원서 등 생활서식에서 주민등록번호를 기재하는 난(欄)이 사라졌고, 해외구입물품 신고를 위해 적었던 주민등록번호도 개인통관번호로 대체되는 등 생활밀접 분야에서 크고 작은 변화가 일어났다.

하지만 여러 가지 개인정보들 가운데서도 주민등록번호는 일단 유출되면 심각한 정신적, 물질적 피해를 끼친다는 점에서 보다 근원적이고 지속적이며 과감한 보호방안이 요구된다. 2014년 한국인터넷진흥원이 국가법령센터에 등록된 대한민국 현행 법령 약 4,500여 개에 대해 일제 조사한 결과, 주민등록번호 처리를 허용하는 개별 법령이 무려 1,272개나 됐다. 근거 없이는 주민등록번호를 수집하지 못하도록 했지만 전체 법령의 4분의 1가량은 버젓이 주민등록번호를 붙잡고 있었던 것이다.

관계부처들과 협의를 통해 불필요한 법령들을 우선적으로 정비해 왔지만, 유사 이래 가장 많은 법령과 규칙 개정을 이루어 냈다고 하는 숫자가 절반에도 못 미치는 536개에 그쳤다. 관행적으로 주민등록번호를 수집 이용해 온 환경을 바꾸기 위해서는 보다 결연한 조치가 필요해 보인다. 아직도 못 고친 법령들 하나하나마다 '주민등록번호가 정말 필요한지' 꼼꼼하게 따져 봐야 한다. 공공기관 스스로 법정 서식과 형식에 녹아 있는 행정편의와 기존 관행을 끊어 내는 것이 개인정보가 보다 안전하게 보호되기를 바라는 국민적 기대에 부응하는 길이다. 각 법령을 담당하는 소관부처의 전향적인 자세를 촉구하지 않을 수 없다.

또한 주민등록번호 수집금지에서 한발 더 나아가, 주민등록번호 미수집 전환을 버거워하는 민간 중소기업들에게 주민등록번호 대체수단 도입을 위한 현장 맞춤형 컨설팅을 제공하고, 이미 수집된 주민등록번호 파기를 직접 지원하는 등 보다 실질적이고 적극적인 대책도 늘려야 한다.

애슈턴은 "우리가 첫 번째로 내딛는 창조의 걸음마는 훌륭할 가능성이 낮으며, 상상에는 반복이 필요하고, 새로운 창조물은 결코 완성된 상태로 세상에 흘러나오지 않는다"고 했다. 주민등록번호 정책 역시 한 번의 변화로는 부족하다. 이제 걸음마 단계에 불과한 이 정책이 완성된 형태로 나가기 위해서는 관행의 썩은 상처를 도려내고 새로운 살이 돋아날 수 있도록 뼈를 깎는 고통을 감내해야 한다.

이렇게 정부·공공기관, 민간기업, 국민이 한마음으로 기존의 익숙함을 버리려는 작은 변화들을 실천해 나가다 보면 어느새 우리는 모두가 안전한 희망의 인터넷 세상에 도달해 있을 것이다.

진화하는 '보호'(保護) 패러다임

3차 산업혁명의 기반 위에 디지털과 바이오, 물리학 등의 경계가 융합되는 4차 산업혁명은 그 규모와 범위, 복잡성에서 인류의 경험과 상상을 초월할 것이라는 예측이 정설처럼 굳어지는 분위기다.

이런 4차 산업혁명이 더욱 진전된다면 개인정보보호 환경에도 급속한 변화가 예상된다. 기존의 신상정보 위주의 개인정보를 넘어 위치정보, 영상정보 등 IoT와 빅데이터 환경에서 생성되는 무수히 많은 개인과 연계된 정보들이 축적될 것이다. 나아가 IoT와 자동화 시스템 기반의 개인정보 수집과 처리가 일반화됨으로써 현재와 같은 개인정보처리 사전동의제도 자체가 무의미한 절차로 전락될 수도 있어 보인다.

이처럼 정보권 보장에 현실적 어려움이 따르고, 온라인상에서의 개인정보 추적과 프로파일링이 성행하며, 수집·가공된 개인정보가 불법적으로 매매되는 현상도 늘어나면서 천부인권(天賦人權)이라는 프라이버시 침해에 대한 우려의 목소리가 높다. 네트워크의 글로벌화와 국경을 넘나드는 개인정보의 유통은 과거에도 있어 온 일이지만 ICT 비즈니스 영역이 세계로 확장됨과 동시에 그 속도 또한 빨라지면서 덩달아 개인정보 유통에 대한 이슈도 급증하는 실정이다. ICT 사업의 연결성과 개방성에 비추어 볼 때, 개인정보의 국외이전 문제와 관련하여 보호 수준이 다른 국가들에 대한 차별적 조치 요구 등 안전대책이 모색되어야 할 시점이다.

ICT 발전이 인류문명에 편리성만 제고한 것은 아니다. IT의 비약적인 발전은 수많은 정보의 수집과 처리를 용이하게 했고, 언제 어디서나 네트워크에 연결되어 있는 환경이 조성되면서 개인에 대한 감시와 사생활 침해, 개인정보 오남용 같은 위험성도 함께 증대되어 왔다.

이 같은 디지털화의 진행은 ① 접근성, ② 지속성, ③ 포괄성이라는 3가지 측면에서 개인정보에 대한 위협이 되고 있다.

먼저 접근 가능성의 문제이다. 정보화사회의 발달로 개인에 대한 정보의 수집·접근·확산 능력이 범위를 가늠할 수 없을 만큼 무한히 확장되었다. 게다가 해당 정보는 네트워크에 접속 가능한 누구나에게 전파될 가능성을 가지게 된다.

두 번째로, 지속 가능성의 문제다. 디지털 메모리 시대 이전에는 대부분의 정보가 비교적 쉽게 지워질 수 있었지만, 이제는 정확하고 영구적으로 남게 되면서 인간이 과거로부터 도피하는 것 자체가 불가능해졌다.

마지막으로는 포괄성의 문제이다. 오랜 기간 축적된 다양한 DB에 접근이 가능해짐으로써, 단순 열람만이 아니라 이를 이용하여 특정인에 관한 방대한 정보를 순식간에 수집할 수 있는 포괄성의 문제가 발생한 것이다. 부정확한 정보의 추론 위험성이 내포된 포괄성은 접근 및 지속 가능성의 확대와 함께 개인정보 오남용에 의한 사생활 침해 등 개인정보 자기결정권에 심각한 영향을 미칠 것으로 보인다.

개인정보 침해 행태도 매우 다양하고 지능적인 모습으로 진화하고 있다. 사람들은 누군가 '나'에 관한 엄청난 양의 개인정보를 수집, 가공, 공유한다는 사실을 인지하고 있지만, 그로부터 어떠한 해악이 있는지 분명하게 예측할 수 없기 때문에 늘 불안에 떤다. 이러한 이유로 보다 확실한 개인정보보호에 대한 요구가 늘어나고 국가 차원의 보호정책 등이 추진될 필요성이 제기되는 것이다.

빅데이터의 가치 있는 활용은 맞춤형 서비스 제공, 스마트사회 구현 및 AI산업 육성 등 정부·기업·개인 모두에게 막대한 효용을 제공한다. 하지만 데이터의 창의적 활용을 위해서는 데이터에 내장된 개인정보의 안전한 처리가 전제되어야 한다. 데이터의 소통이 대규모로 이루어진다는 것은 그 과정에서 개인정보의 통제는 어려워지고 침해의 위험은 커진다는 것을 의미한다. 기기별로 수집하는 정보가 개인을 식별할 수 있는 수준의 정보가 아닌 경우라 할지라도, 기기 간의 정보공유나 분석과정에서 개인정보가 식별되어 오남용될 여지가 확대된 게 사실이다.

또한 IoT는 다수의 사물들이 자율적으로 데이터를 수집하고, 수집된 데이터들은 네트워크를 통해 서로 결합되고 공유됨으로써 개인정보보호 측면에서는 큰 위협이 되고 있다. 즉, IoT 환경은 센서 (단말)를 통한 데이터 수집의 일상화, 대규모 개인정보의 상시적 생성, 사실상 사전동의 획득 불가능, 모니터링(추적) 또는 원격제어의 일반화, 데이터의 2차 가공 혹은 프로파일링의 보편화, 글로벌한 개인정보 침해사고 발생 등 수없이 많은 개인정보보호 이슈들을 우리 앞에 던져 준다.

동의에 의한 개인정보 통제는 확인과 인지의 문제로 보장받기 어려워

현대사회에서 개인정보보호는 단순히 사생활의 소극적 보호가 아니라 개인정보 주체의 적극적 통제, 즉 '자기정보 결정권'이라는 새로운 기본권의 형성과 실현을 중심으로 추진되어 왔다. 하지만 정보주체의 동의에 의한 개인정보 통제는 시간적 제약이나 확인 내용의 과다 등 인지적 문제로 그 실질적 보장이 어렵다는 한계가 있는 것이 사실이다. 게다가 개인정보 활용이 복잡다단해지면서 결합 가능한 대상을 명확히 인지하기도 어려운 상황이 벌어지고 있다.

개인 차원에서 프라이버시 침해나 개인정보 오남용에 따른 폐해를 산정하기가 어렵고, 개인정보처리자와의 협상에서 개인이 절대적으로 불리할 수밖에 없는 구조적 한계를 극복하기 쉽지 않다는 점에서 정보주체의 동의에 의한 개인정보처리는 형식적 절차로 남을 가능성이 짙어 보인다. 그렇다고 빠르게 현실화하는 4차 산업혁명의 상황만을 고려해서 사전동의제도를 완화할 수도 없는 노릇이다. 여전히 EU를 비롯한 주요국에서는 명백한 사전동의를 주장하고 있으며, 2018년 5월에 발효되는 GDPR(*General Data Protection Regulation*)에서는 더욱 강력한 실질적 동의를 요구하기 때문이다.

그렇다면 대안은 무엇일까?

개인정보보호법에 의하면 적법한 개인정보의 수집(제15조) 방법에는 동의에 의한 수집을 포함해 법률에 근거한 수집, 공공기관의 소관업무 수행을 위한 수집, 계약 체결 및 서비스 이행을 위하여 불가피한 수집 등 6가지가 있다. 정보주체의 직접적 동의에 의한 개인정보 처리는 이 6가지 방법 중 그저 하나일 뿐이다.

ICT 기반의 생활혁신은 돌이킬 수 없으며, 개인정보 수집을 위한 동의제도 또한 양보하기 어려운 원칙임에 틀림없다. 피할 수 없이 마주해야 하는 산업환경에서 적용 가능하면서도 정보주체 친화적인 동의제도를 마련해 내야만 한다.

무엇보다도 개인정보처리자가 개인정보보호 기능이 내재된 서비스(*privacy by design*)를 개발하는 것이 그 시작이 될 것이다. 이는 서비스에 대한 명확한 정의를 통해 서비스 이행을 위해 필요한 개인정보 항목이나 이용 목적을 분명히 하는 것이다. 개인정보처리자가 책임을 감수할 각오도 없으면서 정보주체에게 모든 책임을 전가하기 위해 '동의제도'를 남용하고, 나아가 서비스의 미진함을 핑계로 '동의제도 완화'를 언급하는 것은 오히려 신뢰와 경쟁력을 약화시키는 요인이 될 것이다.

　대개 인터넷은 익명의 공간으로 자신의 활동 흔적이 남지 않는다고 착각하지만, 인터넷이 등장한 이래 많은 사업자들은 이용자가 방문한 웹사이트나 수·발신한 이메일, 시청한 동영상, 구매 및 검색 이력 등 다양한 웹 이용행태를 추적하고 분석한다. 사업자가 이용자의 행태를 추적하는 이유는 웹사이트 유입경로나 이용패턴 등을 파악하여 서비스 품질을 개선하려는 목적과 더불어, 추적한 행태정보를 활용해 이용자의 관심, 흥미, 기호, 성향에 맞는 맞춤형 광고를 노출하려는 목적이 크다.

　이렇듯 온라인 맞춤형 광고에 이용자의 행태정보 사용이 활발해지면서 행태정보를 개인식별 정보로 볼지, 비식별 정보로 볼지에 대한 첨예한 논란이 지속되었다. 하지만 이 과정에서 이용자의 프라이버시는 실질적으로 보호되지 못하고 논란이 지속되는 사이, 웹사이트 방문·이용 이력 등의 행태정보가 이용자 모르게 수집되고 이를 활용한 맞춤형 광고가 무분별하게 노출되는 등 이용자의 피해 사례가 지속적으로 나타났다. 이에 행태정보 수집·이용의 투명성 원칙, 이용자의 통제권 보장, 행태정보의 안정성 확보, 인식 확산 및 피해구제 강화 등 4가지 원칙의 '온라인 맞춤형 광고 개인정보보호 가이드라인'을 마련하기에 이르렀다.

　무료로 제공되는 인터넷 서비스의 특성상 이용자의 행태정보를 활용한 온라인 맞춤형 광고가 필수불가결하게 사용되어야 한다면,

사업자는 행태정보 처리사항을 투명하게 공개하고, 이용자가 자신의 의사에 따라 행태정보의 제공과 맞춤형 광고 수신 여부에 대한 통제권을 행사할 수 있도록 보장해야 한다. 이는 온라인 맞춤형 광고에서의 개인정보 침해 우려가 해소되는 첫 단추이자 온라인사회 전체의 신뢰성을 강화하는 계기가 될 것이다.

역차별 해소를 위한 고민

정부는 국내 A 기업에 대해 개인정보 유출신고를 접수받고 현장조사에 착수했다. 사건이 발생한 지 3개월 만에 원인분석과 사후조사 결과를 내놓았고, 5개월 만에 시정조치 명령과 함께 과징금을 부과했다. 상당히 기민한 조치라 평할 수 있겠으나, 해외사업자에 대한 대응을 보면 이야기가 달라진다.

해외 B 기업에 대해서는 불법으로 개인정보를 수집한 사실을 알고도 현장조사는커녕 사건이 발생한 지 약 3년이 지나서야 B 기업이 제출한 자료를 토대로 서면조사만 실시한다. 사건 발생 후 4년이 지나서야 시정조치 명령과 함께 과징금을 부과했다. 이마저도 해외 여러 나라에서 B 기업에 대해 제재를 하는 바람에 등 떠밀리다시피 이뤄진 것이라는 지적도 있었다. B 기업이 우리나라에서만 불법행위를 했다면 제재하지 못했을 것이라는 게 정설(定說)이다.

개인정보보호 규제와 관련하여 글로벌기업과 국내사업자 간의 역(逆)차별 문제는 어제오늘 일이 아니다. 우리나라의 개인정보보호 관련법령이 해외사업자에게도 적용된다는 점에 대해서는 정부, 법원, 학계 등의 의견이 대부분 일치한다. 즉, 역차별 문제는 법률의 '적용'이 아니라 '집행'의 문제인 것이다. 국내사업자들도 그런

부분을 알고 있기에 개인정보보호 관련법령의 개정 공청회 등을 개최하면 다음과 같은 불만을 질문으로 한다.

"해당 규제를 해외사업자에 대해서도 동일하게 적용하고 위반하면 처벌할 수 있는 방안이 있나? 아무런 대책이나 방안도 없이 규제를 신설, 강화하는 것은 국내업자에 대한 역차별 아닌가?"

현실적으로 글로벌기업들이 우리나라에 현지법인이나 서버를 두고 있지 않은 경우가 대부분이기 때문에 단속과 집행에 한계가 있을 수밖에 없다. 정부가 전 세계를 돌면서 조사하고 처분하는 것도 어려운 이야기다. 현재로서는 정부가 해외사업자들에 대해 개인정보보호에 대한 규제 집행력을 실질적으로 행사할 수 있는 뾰족한 방안이 없는 것이다. 해외사업자에 대한 집행수단이 부재한 상태에서 새로운 규제를 만들면 당연히 국내사업자만 상대적으로 규제 대상이 된다.

그간 개인정보와 관련해 어떠한 문제가 발생하면 국회와 정부는 그 규제가 해외사업자에게도 영향을 미칠 수 있는지에 대한 깊은 고려가 부족한 채로 쉽게 새로운 규제를 만들어 해결하려는 경향이 있었다. 이는 되려 국내사업자들에게 큰 부담으로 작용해 온 게 사실이다.

이러한 현실적 한계 때문인지 국내 온라인 서비스기업들이 해외로 본사를 옮기는 사례가 늘고 있다고 한다. 온라인 서비스의 특성상 국내 서비스를 위해 반드시 국내에 본사를 둘 필요는 없기 때문이다. 4차 산업혁명시대를 대비해야 한다는 목소리가 높아지는 가운데 정작 그 주역이 되어야 할 국내기업들이 강한 규제, 차별적 규제로 인해 우리나라를 떠나는 아이러니한 상황이 벌어지고 있다. 국내기업과 해외기업의 규제 역차별을 해소하기 위해서는 해외사업자에 대해서도 국내사업자와 동일하게 규제를 적용하고 집행하거나, 우리나라 개인정보보호 수준을 글로벌 규제수준으로 높여야하지만, 이게 간단치 않은 것이 현실이다.

때문에 규제를 만들 때부터 해외기업에 대해서도 규제 집행력을 행사할 수 있는지를 신중히 검토해 봐야 한다. 해외기업에 대한 규제집행이 사실상 어렵다면 그 규제가 포기할 수 없는 중요한 가치를 지키기 위한 불가피한 경우가 아닌 이상 국내기업에도 적용하지 않아야 한다. 정부가 차별을 해소하지는 못할망정 국내기업과 해외기업 간의 규제 역차별을 방관하여 사업자 간 불공정 문제를 야기하고, 경쟁력을 약화시켜서야 되겠는가?

이러한 이유로 개인정보보호 규제에 대한 패러다임 전환을 더는 늦출 수 없다. 우리나라의 개인정보보호 규제는 다른 나라들에 비해 매우 강한 편에 속한다는 의견도 상당하다. 규제가 강해 사회적비용은 많이 드는 반면, 실질적인 보호 수준은 그에 미치지 못한다는 비판이 이는 것도 같은 맥락이다.

단순히 강한 규제가 실질적으로 개인정보보호 수준을 더 높이는 것은 아닐 수 있다는 것이다. 규제비용 대비 효과를 면밀히 분석하고 불필요한 규제는 과감히 폐지하여 기업의 자율성을 보장하되, 개인정보 침해사고 등 문제가 발생하는 경우 기업의 책임을 높이는 방향으로 규제를 개선할 필요가 여기에 있다.

이와 함께, 개인정보보호를 위해 반드시 필요한 규제는 국내외 사업자들에게 동일하게 적용하고 집행해야 한다. 정부는 해외사업자에 대한 규제 집행력 확보를 위해 국가 간 개인정보 공조체계를 구축하여 해당 국가의 적극적인 협력을 이끌어 내는 등 끊임없는 노력을 해나가야 할 것이다.

디지털경제로의 이행(移行)

EU 28개국은 2016년 개인정보보호 규정(GDPR: *General Data Pro-tection Regulation*)에 합의했다. 이는 EU와 유사한 수준의 국가에게만 EU 시민의 개인정보를 국외 이전할 수 있도록 한 규정으로, 최근 국가 간 개인정보의 이동 증가로 이용자 보호의 필요성이 급증함에 따라 1999년 제정된 'EU 개인정보 지침(*directive*)'이 이제 모든 회원국가에게 강제되는 '규정'으로 강화된 것이다. 이는 전자상거래, 디지털 헬스케어, E-TAX, 온라인강의, 전자정부에 이르기까지 일상에 스며든 인터넷을 이제는 단순한 기술 차원을 넘어 경제·문화적 차원의 미래가치로 접근하여 '디지털경제를 선점하겠다'는 EU의 의지를 표방한 것이라고 하겠다.

EU는 '디지털 싱글마켓' 전략을 통해 연간 4,150억 유로(약 517조 원)의 시장과 수십만 개의 일자리를 창출하는 동시에, 미국의 인터넷 다국적기업에 대한 견제도 병행하고 있다. 디지털 싱글마켓을 통해 각국 이용자의 ID와 PW, 계좌정보, 주소 등 다양한 개인정보의 전송과 교류에 따라 이용자가 더욱 안심할 수 있는 개인정보보호 정책의 중요성이 더욱 크게 부각되면서 EU의 GDPR 합의가 서둘러 이루어진 것이다.

개인정보는 전자상거래뿐만 아니라 IoT나 빅데이터 같은 디지털 경제의 핵심 자산이다. 이는 EU만이 아니라 미국, 일본, 중국, 러시아 등에서도 쉽게 확인할 수 있다. 미국은 아·태 지역 시장의 원활한 개인정보 활용을 위해서 APEC을 통해 CBPR(*Cross Border Privacy Rules*)의 도입을 주도하고 있으며, 일본은 개인정보 규제감독을 위해 특정개인정보보호위원회를 신설하여 신산업 활성화를 위한 개인정보 규제를 현실화했다. 중국은 2014년 11월 인민의 개인정보 해외전송을 제한하는 '반(反) 테러리즘법' 초안을 발표했다. 러시아는 자국민 개인정보의 수집 및 처리를 본국 내에서만 허용하는 '데이터 국지화 법률'을 이미 시행하고 있다.

우리나라도 EU의 GDPR 제정에 대비하여 'EU개인정보적정성평가'를 준비해 왔다. 조만간 우리나라가 이를 통과한다면 우리 기업의 유럽시장 진출과 EU 시민의 개인정보 활용에 큰 도움이 될 것이다. 아·태 지역에서의 원활한 기업활동을 위해 APEC이 추진 중인 CBPR 가입은 이미 확정한 상태다.

디지털경제시장은 무한히 개척해야 하는 신대륙과 같다. 다행히 우리는 디지털경제 진입을 위한 ICT 인프라와 정보보호, 개인정보보호 수준은 선진국과 대등하거나 앞서 있다. 문제는 리더십이다. 중국, 일본, 동남아시아와의 문화적·지역적 동질성을 토대로 공통의 지역적 개인정보보호 기준을 만들어 낸다면, 이는 우리에게 꿈의 기회가 될 수도 있다. EU나 미국과의 협력이라는 이름으로 끌려 다니기보다, 우리가 주도하는 아시아의 룰(*rule*)을 꿈꾸어 보는 노력도 펼쳐야 한다. 이런 모습들이 개인정보의 활용에 대한 국민적 동의를 높여 주는 상징적 전기가 될 수 있다.

디지털경제에서 산업진흥과 정보보호, 개인정보보호의 영역과 간섭을 두부모 자르듯 분명하게 구분하기란 쉽지 않다. 디지털경제 활성화의 핵심은 정보주체가 안심하고 경제거래에 참여할 수 있도록 하는 '정보보호'와 '개인정보보호'의 상호적 신뢰기반 구축이기 때문이다. 이를 위해서라도 복잡하고 신뢰가지 않는 법들과 허술한 관리체계의 정비를 무엇보다 서둘러야 한다.

스노든 사건, 세이프 하버(*Safe Harbor*) 무효 판결, 프라이버시 실드(*Privacy Shield*) 체결, EU 단일 개인정보보호 규정(GDPR) 제정 등 개인정보보호와 관련된 국제규범 변화 움직임들이 매우 분주하다. 국제규범은 규범의 협의와 제정 등의 형성부터 개별 국가의 적용에 이르기까지 막대한 사회적·경제적 비용과 고충을 수반한다. 그럼에도 불구하고 상당한 비용과 부담을 감수하면서까지 각국이 나서서 국제규범의 재정립 등 변화를 기하는 데에는 그만한 이유가 있을 것이다.

'개인정보는 기본적 인권의 하나로 보호되어야 한다'는 인식의 지구적 확산이 1차적 이유이겠지만, 개인정보를 기반으로 하는 글로벌 디지털경제의 주도권 확보가 그 저변에 깔린 중요한 이유가 아닐까 싶다. 참여국가의 제한이 없는 디지털경제가 오프라인 무역규모를 넘어 글로벌 경제활동의 중심으로 부상함에 따라, 천문학적 규모로 국경을 넘나드는 개인정보의 안전한 관리와 참여국들의 공영을 위한 수익분배와 협력을 도모하는 룰 세팅이 최우선적 당면과제가 된 것이다.

아시아태평양지역, 명실상부한 세계 1위 디지털시장 될 것

유럽과 미국 같은 디지털 선진국뿐만 아니라 ICT 인프라가 집약적으로 발달한 한국과 일본을 비롯하여 중국 등 아시아의 디지털경제 규모가 놀라우리만큼 폭발적으로 성장하고 있다.

대외경제정책연구원 보고서에 따르면, 2017년 우리나라를 포함한 아시아태평양지역의 전자상거래 시장규모가 북미지역을 추월할 것이란다. 특히 2012년부터 2017년 연평균 성장률 56.5%를 기록한 중국은 명실상부한 세계 1위의 시장이 될 것으로 예측된다.

이러한 변화를 주도하기 위해 2016년 11월, 제6차 한·중·일 정상회의에서 3국의 디지털 상거래시장을 하나로 묶은 '아시아 디지털 싱글마켓'을 만들기 위한 협력이 공동 발표됐다. 이제 한국이 세계 1위 규모의 중국, 세계 4위 규모의 일본과 결제, 배송, 조회까지 동일한 규제와 표준을 적용한 디지털 상거래시장을 운영할 수 있게 된 것이다.

앞으로 '아시아 디지털 싱글마켓'을 비롯한 글로벌 디지털 상거래 시장의 주도권 확보경쟁이 더욱 가속화될 것이 분명하다는 점에서,

예상되는 국경 간 개인정보 관련 분쟁의 효율적인 처리를 위해 역내의 개인정보 규범 마련논의에 보다 적극적으로 참여하여 주도적인 질서 구축을 도모해야 할 것이다.

먼저 개인정보의 국제이전 보호기준 마련에서부터 리더십을 발휘해야 한다. 보호기준 수립은 마켓 참여국가에 공통적으로 적용되는 국제표준으로, 국가 간 상호 운용성을 확보하기 위한 것이다. 개인정보보호 전담기관인 우리 원은 이를 위해 한·중·일을 중심으로 '아시아 프라이버시 브릿지 포럼'(Asia Privacy Bridge Forum)을 출범시키고, 각국의 개인정보보호 책임자와 학계 관계자들이 모여 분야별 공동연구를 추진하며 법제도와 정책 공유를 통한 실질적 협업이 이루어지도록 하는 중추적인 역할을 수행하고 있다.

이와 함께 개인정보보호 법제나 기술이 미비한 국가들에게 우리의 경험과 노하우가 담긴 '한국형 개인정보보호 모델'을 전수하고 발전을 돕는 것 또한 우리가 해야 할 역할이다. 이러한 활동을 통해 한국은 아시아를 넘어서 국제사회에서 개인정보보호 강국으로서 입지를 확보해 나갈 수 있을 것이다.

하지만 무엇보다 선결해야 할 과제는 개인정보와 관련된 국민들의 불신과 불안을 신뢰와 기대로 바꿔 내는 일이다. 과도한 수집, 불완전한 보호장치, 무분별한 활용 등을 감시하고 근절시키는 노력과 투자가 필요하다. 개인정보의 확실한 비식별화, 사고 발생에 대한 분명한 책임, 적절한 보상을 기반으로 하는 사회적 신뢰체계의 구축은 우리나라의 글로벌 개인정보보호 리더십에 아주 든든한 추동력이 될 것이다.

미래 인터넷의 필수 인프라, '국민 신뢰'

요즘 아이들에게 '바비'(Barbie)는 더 이상 말 없는 인형이 아니다. 클라우드와 AI를 이용해 아이들에게 말벗이 되어 주는 '헬로 바비' 인형이 출시됐기 때문이다. 국내에서도 AI 플랫폼인 '음성인식 스피커'가 경쟁적으로 등장하고 있다. 세탁기를 작동시키는 등의 가사도우미 기능은 물론, 날씨에 따라 음악을 선곡하고 뉴스에 관한 대화를 나누는 친구 역할까지 해준단다. 상상만 하던 미래 인터넷 시대가 눈앞에 펼쳐지고 있는 것이다.

하지만 이러한 지능정보기술 기반의 서비스는 생활패턴, 개인선호, 위치정보와 같은 수많은 개인정보의 활용을 통해 이루어진다는 점에서 사생활 감시, 개인정보 오남용 등 '개인정보보호'에 대한 논란이 필연적으로 야기된다. 미국의 한 소비자보호단체는 '스마트 장난감이 아이들의 대화를 녹음해 전송한다'는 의혹을 미 연방통상위원회에 제기했으며, 이와 유사한 불만이 프랑스, 네덜란드 등에서도 접수되고 있다고 한다.

때문에 국내외를 막론하고, 4차 산업혁명의 성장잠재력이 이용자들의 불안감에 가로막히지 않도록 '신뢰'를 확보하려는 논의가 뜨겁다. 기존의 '보호냐' '활용이냐'의 이분법적 논리나 관점을 뛰어넘어 '활용과 보호의 균형점'을 찾으려는 노력이 필요하다는 점을 간파한 것이리라. 지난해 발표된 '개인정보 비식별 조치 가이드라인'은 일부 법적 근거나 유연성에서 아쉬운 점을 남기긴 하지만 '개인정보에서 개인을 식별할 수 있는 요소를 제거하는 비식별 조치' 방법을 제시하여 개인정보의 안전한 이용을 통한 산업 활성화의 초석을 마련했다는 점에서 갖는 의미가 크다.

연결과 지능화를 핵심으로 하는 ICT시대의 서비스 경쟁력은 '단순 편리성'이 아니라 '안전이 확보된 편리성'에 달려 있다. 개인정보보호가 불편과 불만의 원천이 아니라 지능정보사회와 4차 산업혁명 시대를 움직이게 하는 핵심 에너지원이 되어야 한다. 개인정보보호에 대한 국민의 신뢰가 없고, 활용에 대한 국민의 합의도 없다면 그 어떤 국가나 기업도 다가오는 혁명적 시대변화에서 승자(勝者)가 될 수 없다.

까다롭기로 소문난 우리나라의 개인정보보호와 활용 환경은 과연 국민들의 신뢰를 얻고 기업의 경쟁력을 높일 만큼 성숙되어 있을까? 안타깝게도 전혀 그렇지 않은 것 같다. 개인정보보호 실태조사에 의하면 우리 국민의 91.7%가 개인정보보호법을 알고 있을 만큼 관심이 높지만 많은 국민들이 '개인정보보호 관련 규제가 형식적'(35.5%)이며, 심지어 '개인정보보호법 시행 후에도 달라진 것이 없다'(13.5%)고 응답한다. 개인정보처리 사업자는 개인정보보호법, 정보통신망법, 신용정보법 등 법체계가 혼란스럽고, 관리·감독이 여러 부처로 나뉘어 불편을 느낀다고 한다. 개인정보보호와 활용의 주체인 개인은 물론, 개인정보처리자인 사업자들로부터 현행 개인정보보호체계가 그다지 신뢰를 받지 못하는 것이다.

개인정보보호 정책이 국민과 기업의 신뢰를 회복하기 위해서는 공감 가능한 원칙과 분명한 관리체계를 갖추는 것이 급선무다. '형식적 관리'와 '중복 규제'는 상식을 무시한 다원적 관리체계가 원인이다. 온·오프라인의 경계가 사라진 시대임에도 이를 구분하여 관할 부처가 나누어지고, 정보통신망법과 개인정보보호법이 각각 따로 규율하는 현실에서는 국민과 기업의 혼란과 부담을 해결해 줄 수 없다.

예외 없는 철저한 법집행과 합리적 보상체계도 마련되어야 한다. 국민적 동의를 얻기 위해서는 개인정보처리자와 정보주체 사이에서 개인정보의 확실한 처리에 대한 약속으로서 '개인정보보호법'이 중심을 잡아야 한다. 약속을 성실히 이행한 데 대한 인센티브와 불이행에 따른 처벌이 엄격해야 하며, 개인정보 활용으로 발생한 이익이 합리적 기준에 따라 공정(公正)하게 나누어져야 한다.

지난 3년간 개인정보 유출사고의 65%가 해킹에 의해 발생됐다는 점에서 '개인정보보호'와 '정보보호'의 노력이 따로 있지 않다는 인식하에 서로 공조 보완하는 노력도 필요하다. 효과적 개인정보보호를 위해서는 서비스 설계 단계부터 기술적, 관리적, 물리적 보안의 내재화(security by design)가 기본이 되어야 한다. 특히, 주무기관이 되면 수족 같은 기관을 수하에 두고 싶은 욕심이 드는 것이야 어떻게 할 수 없지만, 개인정보보호와 정보보호 기능을 분리시켜 별도의 실행기관으로 가져가겠다는 발상은 협력적 사고조사나 대응, 후속보완조치 모두를 어렵게 만드는 일이라는 점을 알았으면 한다.

4차 산업혁명의 기치는 날로 드높아 가지만 정작 성패의 관건인 개인정보 활용의 전제가 되는 '신뢰'(信賴) 기반 구축의 목소리는 허허롭다. 보호와 활용의 균형을 찾지 못한다면 지능정보사회는 그저 허울에 불과하다는 점에서 지금 우리에게 절실한 ICT 인프라는 '국민의 신뢰'이다.

조화와 균형의 미학(美學)

방송 프로그램 〈복면가왕〉(覆面歌王)의 인기가 쉽게 식지 않는 것 같다. 얼굴을 가리는 복면을 쓰고 가창(歌唱) 실력으로만 승부를 겨루는 서바이벌 경연 프로그램으로, 경연자들을 식별할 수 없도록 조치한 뒤 평가자들이 편견과 선입견에 좌우되지 않고 원형질의 목소리와 재능만으로 평가할 수 있도록 한 것이다.

참여가수 고유의 특징이 다양한 형태의 복면으로 가려진 탓에 시청자들도 궁금증과 호기심은 물론, 기대 이상의 감동을 만나곤 하는 것 같다. 개인정보도 마찬가지가 아닌가 싶다. 엄정하게 비식별화된 개인정보는 잘 활용하면 국민에게 감동을 주는 서비스로 재탄생할 수 있고 사회와 산업의 발전에도 엄청나게 긍정적인 기회와 경쟁력을 가져다줄 수도 있다.

앞으로는 기계가 정보(data)를 스스로 인지하고 학습, 추론하는 능력을 통해 우리 인간에게 편리한 맞춤형 서비스로 제공하는 형태가 일반화될 것이다. 축적된 데이터를 스스로 학습하며 지식과 기회를 뽑아내는 것이 지능정보사회 발전의 핵심이기 때문이다. 다가올 지능정보사회에서는 종류를 불문한 정보가 무한한 영역에서 활용될 것이며, 이들 정보 중 개인과 관련한 내용은 비식별 조치가 철저하게 이루어진 후에야 이용할 수 있게 된다. 개인정보에 복면(覆面)을 씌워 활용하는 것과 같은 이치이다. 특정인을 파악할 수는 없지만 비슷한 유형이나 성향 분석을 통해 특정 그룹의 선호와 필요를 파악할 수 있도록 하는 것이다.

지능정보사회로 성큼 이전되고 있는 오늘날에는 사업성공의 기본적 요건인 고객의 니즈 파악이 용이해짐에 따라 정보를 기반으로 하는 신규사업과 서비스가 무수히 태동(胎動)하고 있다. 심야시간대의 통화량을 이용하여 유동인구를 분석한 빅데이터로 버스 배차 간격을 최적화하여 평균 1천 명 이상의 승객이 이용하는 심야버스 서비스가 탄생하기도 하고, 고객들의 카드사용 실적을 토대로 소비패턴, 선호 트렌드를 분석하여 성별과 연령대에 적합한 맞춤형 상품과 안내 서비스가 나오기도 한다. 21세기의 원유(原油)라고 불리는 빅데이터가 우리 사회 전반의 새로운 에너지로서 개인들에게는 감동을, 기업에게는 새로운 시장을 만들어 주고 있는 것이다.

미국의 철학자 벤저민 프랭클린은 "인간은 도구(道具)를 만드는 동물"이라고 했다. 더 나은 생활을 위해 도구를 사용하고 제작할 줄 아는 '도구의 인간 - 호모 파베르(Homo Faber)'와 일맥상통(一脈相通)한다. 이제 사람들에게 ICT가 기본적 환경이 되어 버린 상황에서, 개인정보와 빅데이터의 분석은 '인간이 더 나은 삶을 위해 도구를 사용하는 것'과 하등 다를 바 없는 것이다.

헌법적 가치로 규정된 개인정보의 자기결정권을 보호하는 동시

에 '비식별 조치를 거친 개인정보'라는 도구의 활용은 4차 산업혁명
의 촉진과 삶의 질 향상을 위해 필요하다. 이에 따라 다가오는 시대
의 갈등과 혼란을 줄이며 지혜로운 발전을 모색해 나가기 위한 개
인정보 비식별 조치 가이드라인이 마련됐다.

하지만 선한 의도로 추진한 제도임에도 불구하고 논란의 여지가
있다. 개인정보 자기결정권이라는 헌법적 기본가치를 가이드라인
수준으로 다루는 것은 한계가 있다는 지적 때문이다. 기업들이 가
이드라인에 따라 비식별 조치된 정보를 활용하다가 문제가 발생할
경우, 현행 개인정보 관련법의 위반인지라 그 책임을 질 수 있다는
규범력의 한계를 지적하는 것이다.

기업들은 상위 수준의 명확한 기준을 기대했는데 정부에서 단지
참고자료 정도만 제공한 것이라고 불평하는 소리도 들린다. 빅데이
터시대에 개인정보를 보호하는 동시에 신산업에 적극 활용하기 위
해서는 가이드라인 마련에 그칠 것이 아니라 법제화까지 가야 한다
는 것이다. 개인정보 비식별 조치를 담당하는 기관의 장으로서 이
러한 현실을 마주하니, 과연 다른 나라에서는 비식별 조치라는 도
구를 어떻게 활용하고 있을까 궁금해졌다.

보호에 실린 무게를 활용 쪽으로 조금 옮겨 균형점을 찾아야

미국의 경우, 의료·교육 등 분야별로 개인정보보호에 관한 개별
법령을 운영하고, 개별 법령에서 제한하지 않는 한 자유로운 데이

터 이용이 보장된다. 미국 보건복지부(HHS)의 HIPPA(*Health Insurance Portability and Accountability Act*) 프라이버시 규칙기준에서는 "개인을 식별하지 않는 개인정보와 개인을 식별할 수 있게 한다는 합리적 근거가 없는 건강정보는 개인식별이 가능한 건강정보가 아니다"라고 규정하고 있다.

통계적이고 과학적인 원칙을 적용하여 개인을 식별할 수 있는 위험성이 매우 적다고 판단되면, 해당 정보는 식별할 수 없는 데이터로 간주되어 규제 대상이 되지 않는다. 개인을 식별할 수 있는 위험성이 매우 적을 때 비식별 데이터로 간주된다는 것은, 다시 말하면 아주 작은 수준의 재식별 위험성에 대해서는 어느 정도 수용하고 데이터의 활용을 허용하는 것으로 볼 수 있다.

미국은 비식별 조치와 관련하여 개인식별 가능성을 최소화하는 것을 기본으로 하되, 개인정보 비식별화 범위를 업계 자율적으로 판단하도록 조치하고 있다. 프라이버시 정보도 상업적 거래가 가능한 대상으로 간주하는 것이다. 기술발전으로 완벽한 비식별화가 불가능하기 때문에 재식별 방지 등 사후관리를 강조하는 것이 정책 기조이다.

철저하게 사전 규제가 아닌 사후 대응이고, 민간기업에 대한 자율성(自律性)을 존중하는 문화다. 누구나 결정할 자율권을 지니며 그것이 타인에게 피해를 주지 않는 한 어느 누구도 그 권리를 침해받아서는 안 된다는 원칙이다. 사상가 존 스튜어트 밀(John Stuart Mill)이 주장한 "개인은 절대적 자유를 누리되, 행위의 영역에서 타인에게 피해를 끼치지 않는 한 그 자유가 허용되어야 한다"는 자유주의 기본원칙이 민간기업에도 그대로 적용되는 것이다.

그렇다면 EU는 어떠한가? EU는 최근 개인정보보호 법제를 지침(*directive*)에서 규정(*regulation*)으로 전환하였다. '지침'은 '달성된 결과에 대해서만' 구속력이 있기 때문에 형식과 방법의 선택은 EU 회원국들마다 다를 수 있다. 따라서 '규정'으로의 전환은 EU 회원국 전체에 보다 통일된 개인정보보호 법제체계를 구축한다는 의미이다.

'규정'으로 채택된 EU GDPR에서는 정보주체를 알아볼 수 없도록 익명처리한 정보에는 개인정보보호 원칙이 적용되지 않는다고 규정한다. 익명처리된 정보는 자유롭게 활용이 가능하다는 것을 인정한 것이다. 이는 정보 활용성을 강조하되, 개인정보의 보호와 활용의 두 가지 목적을 조화시키고자 하는 취지라 해석된다.

EU는 가명처리(*pseudonymization*)란 개념도 GDPR에 포함하였다. 가명처리란 추가정보의 이용 없이는 정보가 특정 개인에게 더 이상 연결되지 않도록 개인정보를 처리하는 것을 의미한다. 가명처리된 개인정보의 광범위한 목적 외 활용 가능성을 열어 두어 개인정보의 활용이라는 측면을 강조한 것이다. 이와 동시에 가명처리된 개인정보는 GDPR 규제를 통해 기술·관리적 조치를 의무화함으로써 개인정보보호 이념도 동시에 충족하는 것이다. 근대 미국 사상가 에머슨(R. W. Emerson)이 강조한 조화와 균형을 4차 산업혁명시대에 맞게 빅데이터산업에도 적용하고자 한 것으로 보인다.

　일본은 개인정보 활용을 촉진하기 위해 대폭 개정한 '개인정보보호법'을 2017년 7월부터 전면 시행했다. 일본 정부는 익명가공정보와 취급사업자 개념을 포함하는 법률 개정을 통해 IoT, 빅데이터산업 등 새로운 산업 환경에 대비하고 있다. 다만 개인정보 취급사업자가 익명가공정보를 작성한 경우에는 익명가공정보에 포함되는 개인정보 항목을 공표하도록 의무화하였다. 이는 익명가공정보를 활용할 수 있게 하여 정보의 활용 가능성을 높이고, 개인의 권익을 보호하는 개인정보 자기결정권도 함께 보장하기 위한 조치이다.

　또한 익명가공정보는 비개인정보로 취급하기 때문에 제3자 제공이 자유로우나 재식별 금지 의무, 안전관리조치 등 일정한 기술적 관리적 보호조치를 취할 의무도 함께 부여함으로써 안정적 활용과 보호의 두 가지 목적 달성에 중점을 둔 것으로 평가된다.

　특히 일본은 비식별 조치 관련사항을 개인정보보호에 관한 법률에 직접 규정함으로써 정보의 활용을 적극적으로 도모하고 있다. 이러한 일본의 법제는 법률에 직접적 근거를 둠으로써 민간기업들이 책임소재를 명확히 알고 비식별 조치를 활용할 수 있도록 한 것이다. 기업들 입장에서는 빅데이터 활용이라는 망망대해의 해무(海霧)가 걷혀 어느 방향으로 조타해야 할지 판단할 수 있는 상황이 열린 것이다.

우리의 현실은 어떠한가?

지난해 정부가 관계부처 합동으로 발표한 개인정보 비식별 조치 가이드라인에 따르면, 우리나라에서는 개인을 식별할 수 있는 요소를 전부 또는 일부 삭제하거나 대체하는 등의 방법을 활용하여 개인을 알아볼 수 없도록 조치하고, 다른 정보와 쉽게 결합하여 개인을 식별할 수 없도록 적정성 평가절차를 거쳐 전문평가단으로부터 적정성을 인정받은 정보를 '비식별 정보'라 정의한다.

이는 EU GDPR의 익명처리정보와 일본 개인정보보호에 관한 법률의 익명가공정보와 유사한 개념이다. 다만, 우리의 개인정보 비식별 조치 가이드라인은 다른 나라들에 비해 적정성 평가절차 및 사후관리 조치 등 명시적인 요건들을 구체적으로 요구한다는 점에서 개인정보의 활용 측면보다는 보호에 더 힘이 쏠려 있다고 봐야 할 것이다.

뿐만 아니라 비식별 처리요건들이 매우 엄격하게 정해져 있음에도 불구하고 법적 근거가 약한 가이드라인 상태여서 혹여 법적 분쟁 시, 가이드라인을 준수하고도 법을 어기게 되는 기(奇) 현상이 발생할 수 있다. 가이드라인의 법적 지위 확보를 위한 상향입법이 필요한 이유이다.

에머슨(R. W. Emerson)이 강조한 조화와 균형은 사물의 본질과 정체성을 통합적 관점으로 바라볼 때에 이루어질 수 있다. 보호만 강조한다면 인간의 호모 파베르적(的) 욕구를 채울 수 없으며, ICT

기술혁신시대에 더 높은 성장과 발전을 꾀하기도 어렵다. 반면에 활용만 강조하다가는 사회를 구성하는 개인의 인권이 무너질 수 있다는 점에서 양극성(兩極性)을 조화시키는 중용의 지혜가 발휘되어야 한다.

보호 방향으로 기울어져 있는 무게 축을 활용 쪽으로 조금 이동하여 균형점을 찾는 비식별 관련 법제도 마련이 시급하다. 이를 통해 새로운 산업과 서비스에 선명한 방향성과 신(新) 동력을 제공해 주는 것이 필요하다.

에머슨은 총체성(總體性)이 이상(理想) 세계에서만 존재하는 것이 아니라 현실에서도 구현 가능하다고 했다. 개인정보 비식별 조치를 통해서도 개인정보의 보호와 활용이 조화와 균형을 이루는 총체성을 갖도록 서로 머리를 맞대야 한다.

호 수

— 백기승

술은 호수가 마시고
나는 취(醉)해
뭉게구름 멈추어도
하늘은 흐른다.

일탈(逸脫)의 해방감으로
목청껏 노래 부르면
하늘, 산자락, 물짐승
뭉게구름 그늘 아래
몸을 숨긴다.

소요(騷擾)함에
눈 들어 호수를 보니
술은 내가 마셨는데
호수가 취해
장단 맞추고 있다.

나가는 말

응답하라 '2045'

지금, 우리, 여기

행운처럼 다시 한 번 주어진, 그러나 정말 마지막 기회 ⋯.
ICT시대를 성공시키는 일은
우리가 여하히 힘을 합치고 서로 돕고 나누며
새로운 혁신과 성장을 만들어 내느냐에 달렸다.

융합 · 협업 · 연결 · 공유 · 개방이라는 ICT적 가치의 구현이
더욱 절실한 이유는 우리의 미래를 막아서는
반목과 부정, 배척의 구태(舊態)와 결별하기 위해서이다.

단시간 안에 성장과 좌절의 양단(兩端)을
모두 경험해 본 우리는 어쩌면 행복한 나라이다.

작게 속삭여도 그 무게를 헤아릴 수 있으니.

이번이 진짜 마지막 기회다.

ICT로 나라를, 경제를, 우리의 자존(自尊)을 다시 세울···.

해마다 보내던 설 인사를 대신해 2017년을 시작하며 지인들에게 안부 겸 전한 글귀다. 몇 줄 안 되는 걸 써놓고는 연초부터 너무 무겁고 비장하지 않을까 걱정도 했고 '지가 뭔데'라고 주제넘어 보일 것 같아 망설이기도 했지만, 용기를 내어 그냥 우체통에 넣어 버렸다. 고상한 척하기에는 지금 우리 경제가 처한 상황이 어려운 정도를 넘어 아주 위태로운 지경에 이르렀다는 우려가 더욱 컸기 때문이다.

알다시피 우리 국민은 가난에 찌든 이 땅을 희망과 열정으로 개간하며 변화무쌍한 대한민국 정치·경제·사회·문화의 위기적 상황들을 어느 나라 국민들보다도 현명하게 헤쳐 나왔다. 미래 세상을 열어 갈 ICT 기반의 4차 산업혁명도 누구보다 앞서 내다보고 준비해 왔기에 우리가 가장 잘할 거라는 남다른 자신감에 차 있었다.

하지만 막상 뚜껑을 열어 본 현실은 전혀 달랐다. 연습을 게을리한 합창단처럼 우리들은 서로 다른 음들을 내며, 시간이 갈수록 빨라지고 거세지는 물결을 이겨내지 못한 채 속수무책으로 부유하는 형국이 벌어졌다. ICT 혁신 지수 1위, 기반 지수 1위 등 모든 지표에서 우리가 최고의 위치를 점해 왔는데 무엇 때문에 이런 참담한 일이 벌어진 걸까?

그 이유는 의외로 간단하고 선명하다. 외형중시시대의 정량적 평가체제를 바꾸지 못했기 때문이다. 콘텐츠와 데이터의 질적 가치 증폭이라는 정성적 성과를 중시하지 않은 탓에, 융합·협업·공유·개방·연결이라는 ICT시대의 기본적 가치창출 구조가 우리에게 정말 생경하고 어려운 난제가 된 것이다.

영국의 브렉시트나 미국의 트럼피즘, 유럽 곳곳의 제3정치세력 등장 등에서 보듯이, ICT 진보에 힘입어 힘없던 대중들이 협력과 연결을 통해 공동의 이익을 지키고 관철해 나가는 시대가 되었다. 시공을 넘어 언제든 메시지 자체만으로 미디어가 되고, 어디서든 직접 참여가 가능하며, 누구나 정치적 의견 표출이 자유로운 시대가 되었다.

반면에 우리는 여전히 아날로그시대의 시스템, 이슈들과 씨름하며 시대변화의 본질에서 벗어나 있다. 여태까지의 제한적 소통과 우위적 분배구조에 집착하는 국가 시스템을 바꿔 내지 못한다면 갈수록 깊어지는 갈등과 간극을 극복하고 글로벌 경쟁력을 갖춘 경제와 산업, 미래를 키워 낼 수 없다.

우리나라에서는 이루어진 적도, 이루어지는 구조도, 이루어 내고자 하는 의지도 없는 융합·협업·공유·개방·연결의 혁명적 가치들을 입만 열면 조건반사처럼 내뱉는 이들의 모습은 부끄럽기조차 하다. 서로를 견제하고, 더 많이 차지하려 다투는 현실을 감추기 위해 연일 국민들에게 "융합과 협업을 통해 …", "미래경쟁력을 …", "국가 재도약 …" 운운하며 허약(虛約)들을 발표하는 당국

자들을 보면서 머지않아 마주할 미래가 더욱 두려워진다.

　기술적 우위도 우위지만 어쩌면 지금 우리에게 진짜로 필요한 것은 생각과 행동을 시대의 요구에 맞게 뜯어고치는 의식의 현행화가 아닐까 싶다. 시대 가치에 걸맞게 나 혼자가 아니라 함께 생각하고, 과거가 아니라 미래를 생각하며, 말로만이 아니라 몸소 실행하고, 헤게모니(hegemony)가 아니라 하모니(harmony)를 통해 우리만이 가진 고유의 기술적 역량과 열정을 배가시키는 지혜와 노력이 필요하다.

　정책을 만들고 추진함에 있어 정치인이나 관료들의 생각과 이해만이 아니라 시장의 변화와 요구를 담아낸다면 경쟁력은 자연스레 높아질 것이다. 예산과 지원이 관계와 정실이 아니라 능력과 필요에 맞게 집행된다면 결실은 더욱 커질 수 있다. 서로 빼앗고 견제하기보다 도우며 함께 해나간다면 가능성은 무한히 커질 수 있다.

이 모든 문제에 대한 해결방안을 우리는 이미 너무 잘 알고 있다. 문제는 실천하지 않는다는 것이다. 하지만 더 큰 문제는 언제쯤 실천하게 될지 모른다는 것이다.

'실천궁행'(實踐躬行), 이제는 말만이 아니라 내가 직접 하자!

과학기술정보통신부 신임장관님께

대한민국의 미래창조 경쟁력과 과학기술 역량 제고를 위해 만들어진 과학기술정보통신부(이하 과기정통부)를 새롭게 이끌어 주실 장관님께 먼저 진심의 축하와 기대를 전합니다. 아울러 꽉 막힌 대한민국의 미래를 어떻게든 열어 가야 하는 과기정통부의 역할과 장관님의 노고를 떠올려 보면서 심심한 위로와 걱정도 함께 전해야 할 듯합니다.

장관님의 탁월한 경륜과 혜안이라면 안팎에 산적한 문제들을 잘 해소해 나가시리라 기대합니다만, 그래도 혹시나 하는 기우(杞憂)에서 지난 3년 동안 산하기관장으로서 일해 온 저의 경험과 생각이 부처 운영에 미력이나마 보탬이 될까 싶어 몇 자 적어 봤습니다. 외람(猥濫)되다 여기지 마시고 그저 과기정통부가 국가·경제·산업 경쟁력의 중심에 서 있기를 바라는 충정(衷情) 때문이라 여기시고 너그러이 혜량하여 주시기 바랍니다.

이하 참고를 위한 정리사항에서는 편의상 존칭을 생략하는 것도 이해를 부탁드립니다.

국가의 미래 경쟁력을 못 만들어 낸 'ICT 컨트롤타워'

지난 시간 동안 지근거리에서 바라본 과기정통부는 ICT와 과학기술을 바탕으로 '대한민국의 미래 경쟁력을 여하히 확보하겠다'는 부처의 분명한 비전이나 중장기 전략지도가 없는 상태에서, 분야별로 수많은 정책들을 분절적이고 중복적으로 양산해 왔다는 지적을 면(免)하기 어려워 보인다. 이는 국가의 미래보다 정권의 관심과 쇼윈도(show window) 정책에 치중함에 따라 부처 내부 조직들이 전시적 시책들을 경쟁적으로 양산하는 상황이 촉발된 탓이다.

이처럼 과기정통부가 시류(時流) 영합적인 보여 주기식 정책에 매몰된 결과, '단기간에 성과를 창출하겠다'는 과욕(過慾)과 부담이 지속적으로 증가하면서 산·학·연·관의 실질적 융합(融合)과 협업의 고리이자 판(板)의 기능을 제대로 수행하지 못했다. ICT와 과학기술로 국가의 창조적 가치와 역량 확장을 주도하는 4차 산업혁명의 실질적 컨트롤타워로서 책임과 역할을 방기(放棄)한 것이다.

과기정통부가 국가 ICT 경쟁력을 총괄하는 컨트롤타워 부처로서 새롭게 거듭나기 위해 시급히 해야 할 일은 향후 5년, 10년의 국가 ICT전략 맵(map)을 마련하는 일이다. ICT와 과학기술만이 아니라 이런 역량이 발현될 수 있도록 우리 사회의 변화와 준비 또한 선도

해야 한다. 이를 위해 부처별 ICT 융합전략을 효율적으로 조정하는 협업체계의 거버넌스를 확립해야 한다. 물론 이런 일들을 잘 추진할 수 있는 전략기획 역량과 전문성을 겸비한 인재를 널리 구해 보강하는 일은 쉽지 않더라도 무엇보다 먼저 추진해야 하는 선결과제이다.

보여주기 'ICT 하드웨어 리더십' 탈피, 소프트 경쟁력에 집중해야

국가·산업·경제·사회 전 분야의 소프트 경쟁력을 선도적으로 높여 나가야 할 과기정통부가 고유의 미션은 외면한 채 전시적 홍행 프로젝트와 하드웨어 기반의 ICT 진흥정책에 집중함으로써 산업의 경쟁력과 자생력을 동시에 후퇴시켰다. 과거 미래부 출범 이후 발표된 수많은 진흥정책들이 클러스터, 센터, 타운, 캠퍼스 등의 이름을 내걸고 물리적 시설을 건립하거나 전담조직을 신설하는 형태의 하드웨어적 과시사업에 집중됐다.

이러한 정책들이 분위기 진작과 성과를 보여 주는 상징성에 기여한 부분이 없지는 않을 것이다. 하지만 막대한 재원이 본질적이지 않은 허장성세에 투입되었다는 점과, 이를 기획하고 추진하는 동안 빼앗겼을 인력과 공력도 엄청났을 것이라는 아쉬움이 남는다.

더욱 큰 문제는 해당 정책에 따르는 후유증이다. 엉뚱한 곳에 정신을 쏟은 결과, 세계 최고의 ICT 인프라를 자랑하던 한국이 UBS 은행 평가에서 '4차 산업혁명 준비도 29위'라는 불명예를 떠안게 되면서 국가의 사회·경제 시스템이나 가치구조, 인식 등 소프트파워의 혁신은 이루어 내지 못했다. 스타트업 등 기업 지원의 과잉(過剩), 과도한 간여(干與), 불필요한 호화(豪華)로 인한 예산낭비와 창업기업들의 자생력 약화(弱化)가 우려되는 상황도 초래됐다.

스타트업이나 영세 사업자들이 정부가 폼(?) 나게 지어 놓은 공간에서 적은 돈을 내고 사업을 시작하는 것이 기회의 균등인진 모르겠지만, 경쟁이라는 생태계의 논리나 자생력의 관점에서 합당한 배려인지는 의문이 남는다. 미래의 불확실성을 핑계로 구조조정을 미루는 기간산업군(群), 작고 영세하다고 경쟁 없이 물량을 나눠 주는 중소기업군, 이제 시작하는 싹들을 돌본다며 마구잡이로 지원하는 스타트업 정책은 바람직하지 않다. 경쟁과 생존이라는 생태계의 법칙 속에서 보다 강건하게 성장할 수 있도록 도모하는 관리가 바람직하다는 점에서, 물량공세보다 기술과 경쟁력을 강화할 수 있는 차원의 지원방안이 더욱 절실하다.

보다 실효성 있는 성과창출을 위해서는 전문성과 현장감이 부족한 부처가 독단적으로 정책을 입안하기보다 산업계·학계·산하기관과의 정책 공조와 부처 간의 협업구조로 바뀌어야 한다. 아울러 급증하는 ICT 이슈에 보다 신속하게 대응하기 위해서는 전담조직보다 태스크포스(task force)나 위원회 형태의 한시(限時)적이고 유연한 조직 운영을 통해 성과를 물리적으로 과시하려는 습성(習性)을 원천적으로 차단해야 한다.

과기정통부의 새로운 리더십은 융합·협업·공유·개방·연결의 ICT적 가치가 구현되어 사회 전(全) 분야에서 4차 산업혁명이 원만히 이행될 수 있도록 제도와 시스템, 인식의 혁신을 보다 강력하게 견인하는 것으로 나타나야 한다.

관행에 묶인 묵은 사업의 구조조정 필요하다

ICT 융합시대, 세상의 빠른 진보에도 불구하고 신규사업의 과감한 도입이나 기존 사업에 대한 실효성 검토 없이 해마다 목적과 효과성이 떨어진 묵은 사업예산의 연명(延命)에 올인(all-in)하며 방어논리를 내어놓으라고 산하기관을 압박해 오곤 한다. 실제로 기존이든 신규든 사업의 실질적인 집행을 맡은 산하기관은 계속 늘어나는 관리인력 확보에 애로를 겪다 보면 새로운 사업을 자발적으로 제안하기가 쉽지 않은 것이 사실이다.

이대로는 광속(光速)으로 진화하는 ICT의 '중흥'은 고사하고 '따라잡기'도 난망(難望)이다. 양산된 정책을 '사업추진예상성과평가' 같은 실효성 점검 툴(tool)을 만들어 시대의 트렌드 선도(trend leading), 관련산업 진흥, 일자리 창출 등의 효과를 가늠해 보고 그 결과에 따라 매년 일정 비율의 기존 사업을 솎아내는 구조조정을 추진해야 한다. 이를 통해 인력과 예산과 노력을 신규 업무에 효율적으로 배분하고 투입할 수 있는 여력을 확보해야만 한다.

이를 위해서는 정부가 주도하여 A에서 Z에 이르기까지 모든 지원사업을 기획하고 추진하기보다 민간이 필요로 하는 기술, 투자,

M&A, 창업 등의 사업과 산업생태계의 확장성을 실효성 있게 간접 지원하는 절제된 정책 추진이 바람직하다.

의전(儀典) 행보보다 전문가 중심 소통(疏通) 확대해야

과거 미래부장관의 일정 기획은 대통령의 관심사안을 중심으로 산업계, 학계 등과의 공개행사 위주로 접점 관리에 치중되어 온바, 극히 짧고 상징적인 일정으로는 각 분야가 가진 심층적 애로의 소통이나 공감 효과를 거둘 수 없었다.

더욱이 이와 같은 행사 일정은 내부 조직들 간에 민감한 경쟁을 촉발하며, 다툼 양상은 물론 과시적 정책의 양산과 정책성과의 조기채근 현상을 부추기며 시장과 산업의 기대에 반(反) 하는 과도한 개입으로 나타났다. 이러한 공(功) 다툼은 현장의 생생한 목소리마저 담당자들의 필터링에 의해 위로 정직하게 전달되기 어려운 구조를 만들어 낸다.

따라서 행사나 현장방문 등 의전 중심의 행보보다는 산·학·연 전문가 중심의 정책간담회나 부처 간 협의회 등의 소통을 통해 현장과 시장의 애로와 필요를 선제적으로 관리 해소해 줌으로써 정책 지원의 실효성을 구현해 나가는 것이 중요하다. 한 가지 첨언(添言) 한다면, 각 국이나 과에서 준비토록 하는 업무 중심의 일정보다 정책보좌관 중심으로 주요 이슈와 현안에 대해 분야별 전문가 의견을 청취하는 '노변담화'(爐邊談話) 형식이 바람직하다는 것이다.

법적 권한과 책임의 분명한 이행이 필요하다

———

법제도의 시행에 있어 이른바 '힘 있는' '실세'(實勢) 기관이나 금융계, 학계처럼 영향력과 파급력을 가진 특정 집단의 반발에 대해 무사안일한 태도로 면제(免除)와 유예(猶豫), 예외의 특권을 허용하는 것은 부처의 권위만이 아니라 법의 공정성을 훼손하며 국민 신뢰를 악화시키는 행위이다.

더욱이 제정된 법률과 가이드라인에 따라 시장에서는 기술 개발, 인력 양성, 채용, 투자같이 중요한 결정과 행위가 이뤄진다는 점에서 ICT 총괄부처인 과기정통부가 용인한 다양한 예외 인정과 특례의 양산이 시장혼란의 원인이 되어서는 곤란하다.

이를 방지하려면 범(汎)부처 협의와 같이 기관 내부의 소통과 협업 장치를 마련하여 제정된 법률의 명확한 적용 의지와 집행 여건을 확립하고, 면제나 유예 같은 임의적 조치는 최소화해야 한다. 이에 앞서 중복적인 정책과 법, 규정의 사전 정비와 함께 자격, 인증, 시험 등의 기준도 재정비하여 시장의 혼선을 줄여 주는 것이 마땅하다.

산하기관의 전문성과 파트너십 존중해야

———

과거 미래부는 여타 부처에 비해 산하기관에 대한 '갑(甲)질'이 심하다는 평을 들었다. 소속 공무원들이 정책의 입안과 같이 자신들이 해야 하는 공적인 업무는 물론, 다분히 사적인 일도 산하기관 직원들에 떠넘기는 등 올바르지 않은 행태로 논란을 빚기도 했다.

이른바 '산하기관 길들이기'라고 불리는 근무시간 외 업무지시, 부처 내부 일 떠넘기기, 본부장급 소집회의, 보도자료 사전점검, 출장제한 등 산하기관을 파트너가 아닌 '갑'과 '을'의 관계로 압박하는 행태도 심했던 것 같다. 특히, 산하기관의 고유권한인 조직개편과 인사이동에도 지나친 간섭을 하여 기관의 효율성과 기관장의 업무추진력을 저해하는 경우도 다반사였다.

부처와 산하기관 간의 바람직한 관계는 상급기관이 산하 각 기관에 부여된 기능과 업무성격 등을 분명히 인식하고, 그에 적합한 합리적인 활용과 상식적인 업무관계 조성, 전문성에 합당한 대우 등으로 산하기관 직원들의 사기(士氣)와 업무 준비도를 극대화하는 것이다.

이를 위해 산하기관의 전문적 역할 수행에 필요한 권한과 위상을 살펴 주어야 하며, 장관이 직접 정례적으로 주재하는 (가칭) '정책추진협력회의'를 통해 새 정부의 정책기조와 정신에 걸맞은 기관장 책임운영제를 보장해 주는 것도 필요해 보인다.

언젠가는 반드시 오늘 누가 대한민국의 ICT와 과학기술을 이끌었는지 확인하고자 할 것이다. 그때 누군가가 우리들의 성과를 기려 줄지, 아니면 우리들에게 책임을 물릴지가 지금 이 순간 우리가 무엇을 어떻게 하느냐에 달려 있다. 부처 내부 과 단위의 소통과 협업도 어려운 구조, 국가가 아니라 자신의 앞날만 내다보는 단견,

모두를 아우르고 세상을 바꿔 내려는 열정과 패기의 부재 상태로는 책임을 묻는 자리에 설 가능성이 커 보인다. 늦었다. 많이 늦었다. 하지만 늦었다고 생각할 때가 가장 이른 때라는 말처럼 어쩌면 지금 새로운 리더십이 출범한 때가 가장 바꾸기 좋은 때일지도 모른다. 달려드는 화마 앞에서 깨어나지 않는 주인을 물어서라도 깨우려는 충견의 안타까운 심정으로 이 글을 적는다.

덧붙이는 글 - 둘
한국인터넷진흥원 직원 여러분께

부임(赴任)하고 처음 들어선 원장실을 둘러보다, 잎새들이 거의 다 떨어진 채 말라 있는 나무 하나를 발견했습니다. '발견'이라니, 우주 탐사를 한 것도 아니고 좀 유난한 표현 아니냐는 핀잔이 나올 법하지만, 그래도 굳이 발견이라 쓴 이유는 이게 원장실 옆에 있는 화장실 기둥 뒤편에 감춰져 있었기 때문입니다. 아마도 원장 자리가 오래 비워진 탓일 겁니다. 그래도 새로 사람이 오게 됐으면 오기 전에 치워 버려야지 기둥 뒤로 슬쩍 숨겨 놓은 것은 아니다 싶어 잠시 괘씸한 생각이 들기도 했지요.

그러다 나도 모르게 연둣빛 새순이 마른 가지 끄트머리를 비집고 나오는 것을 보고 말았습니다. 가볍지 않은 화분을 눈앞에 끌어당겨 놓고 보니 앙상하게 마른 가지들 사이로 새 잎 순 네댓 개가 힘들게 올라오고 있었습니다. 서둘러 물 한 컵을 받아 주었습니다. 그 날부터 지금까지 이 아이에게 물 한 컵 부어 주는 일은 나에게 아주

중요한 아침 일과(日課)가 되었지요. 출장으로 부득이 주기 어려울 때면 미리 두세 컵을 줘놓기도 하고, 오자마자 부랴부랴 '잘 지냈니?'라는 인사와 함께 서너 컵의 물을 부어 주곤 했습니다. 잎은 동백처럼 생겼는데 하얀 꽃을 아주 드문드문 피우는 걸 보면 동백은 확실히 아닌 것 같습니다. 그래도 너무 싱싱하고 탐스럽게 살아나 줘서 늘 기쁜 마음으로 보게 됩니다.

이렇게 뒤늦게 보이고 깨달은 기쁨 중에 또 다른 하나가 바로 하늘에 떠 있는 별들을 보는 겁니다. 요즘에는 어지간한 산골이나 농촌지역에서도 빛 공해가 심해져 별을 제대로 보기가 어렵게 되었지요. 저 어려서는 서울 한복판에서도 평상에 누우면 하늘에서 쏟아질 듯한 은하수를 볼 수 있었는데, 황사에 미세먼지에 이제 낮 하늘도 밤하늘도 제 것 같지가 않습니다. 그래서 가끔 낚시를 갈 때면 골짜기나 산 깊숙한 웅덩이를 찾으려 합니다. 그곳에서는 그래도 빛 간섭은 피할 수 있기 때문이지요.

우연히 그런 곳에 가면 낚시보다도 밤하늘의 별을 보는 재미에 빠져들곤 합니다. 별 그 자체가 신비롭기도 하지만, 처음에는 듬성 듬성 보이는 별들을 한참 지켜보고 있으면 여기저기 반딧불처럼 간헐(間歇)적 발광(發光)을 하면서 존재를 드러내는 별들로 하늘이 가득 차는 경이로운 장관을 만날 수 있기 때문입니다. 그래서 밤비행기를 타면 남들은 다 잠든 시각에 하늘을 나는 비행기 창문 덮개를 조심스레 밀어올리고 구름 없는 밤하늘의 별들을 하염없이 바라보곤 하는 버릇이 생겼답니다.

저는 이런 놀라운 경험에 빗대어 "처음에는 잘 안 보이더라도 그 자리에서 빛을 계속 내다 보면 반드시 누군가 그것을 바라볼 것"이라며 빛나는 별이 되어 주기를 여러분에게 주문하곤 했습니다. 그러면서 여러분 한 분 한 분이 스스로 빛나는 별이 될 수 있도록 다듬어 드리고 도와 드려야겠다는 다짐을 하곤 했습니다.

"괜찮니?", "잘 지냈지?", "잘 살아 줘서 고맙다!"는 몇 마디와 물 몇 컵에 바싹 말라 가던, 그래서 포기할 뻔했던 그 나무는 늘 푸른 싱싱한 잎으로 "이제 괜찮다"고, "아주 잘 지낸다"고, "보살펴 줘서 고맙다"고 답을 전해 줍니다. 저에겐 정말 고마운 일이었습니다.

보일 듯 말 듯 자신을 비쳐 내는 별들을 보면서도 제 자신을 어떻게 비쳐 내야 할지를 배우고, 저렇듯 치열하게 태우다 스러지면 다른 별빛으로 채워지는 이치도 깨달을 수 있었습니다.

지난 3년, 제 방안의 화분처럼 직원 여러분에게도 매일같이 물을 주고 안부를 건네며 초(超) 변화의 시대에 반듯하게 자리매김해 주시기를 소망해 왔습니다. 물과 관심은 제가 드릴 수 있지만 생존의 의지는 여러분 스스로 발현하지 못하면 여하한 물과 비료도 무효(無效)하다는 사실도 애써 숨기지 않으면서 말이지요.

그리곤 여러분과 함께 밤하늘의 은하수를 찾아 나섰습니다. 대한민국에서 우리 한국인터넷진흥원이 갖는 의미와 책임의 빛이 보일 때까지 밤하늘을 함께 바라보았습니다. 그 별빛 뒤에서 더욱 빛나는 미래의 역할과 위상도 함께 찾아보려 했습니다. 어렴풋하게나마 찾아낸 우리의 별빛을 놓치지 않으려면 눈을 부릅뜨고 밤하늘을 지켜봐야 한다는 당부도 잊지 않고 전했습니다.

어쨌거나 이제는 작별을 고해야 할 시간입니다. 매일같이 주던 물을 여러분이 이어서 주지 않는다면 화분이 금세 말라 제가 처음 만났던 모습으로 되돌려지는 것은 시간문제가 되어 버릴 겁니다. 우리가 함께 찾은 우리의 별자리도 여러분이 자주 바라보고 함께 기억하지 않는다면 어디 있는지조차 잊기 십상일 것입니다. 이 모든 것들을 이제는 누구의 채근이나 강제 없이 여러분 스스로 해나가야 합니다.

길 것 같았던 3년이 어느새 지나가고 있습니다. 젊어서는 알 수 없었던 시간의 소중함을 여러분과 헤어지면서 깨우치게 됩니다. 인연의 소중함도 다시 한 번 생각하게 되는 만남들이었습니다. 적지 않은 나이에 전문분야도 아닌 곳에 와서 시대의 첨단을 만들어 나가는 여러분과 함께 일할 수 있었다는 것만으로도 큰 영광이었고 값진 경험이었습니다.

인터넷 진흥과 정보보호라는 시대의 첨단은 그냥 만들어지지 않는다는 것을 확인하는 소중한 기회였으며, 여러분이 그런 소명을 완수하기 위해 얼마나 많은 땀과 노력을 경주하는지도 알게 되었습니다.

제가 만난 여러분은 주는 것만 알고 요구할 줄 모르는 착한 사람들이었습니다. 권한도 없고 존중도 없는 열악한 여건에서도 참 무던히 견디며 자신에게 주어진 일을 묵묵히 해나가는 모습은 그 자체로 드라마였으며 감동이자 숙제였습니다. 어느 것도 다 해결해 놓지 못하고 떠나는 미안함에 마음이 무겁습니다.

부디 이후에는 칠흑같이 어두운 우리 대한민국의 미래를 비추는 별빛이 되겠다는 자존감으로 살아 주시기를 부탁드립니다. 어려운 국가경제 상황의 위중함을 살피어 쓸데없는 것도 맞춰 주고 참아 주는 착함 대신에 보다 효율적이고 전략적인 성과를 내기 위해 요구할 것들은 물론, 안 해야 할 것, 반드시 해야 할 것에 대한 '촉구'와 '실천'에 힘을 실어 주셨으면 하는 마지막 바람을 전합니다.

한국인터넷진흥원 임직원 여러분, 정말 감사했습니다!

에필로그

인생유전(人生流轉)이라고 했던가? 공교롭게도 2017년은 IMF 경제위기가 벌어진 지 꼭 20년 되는 해이다. 지금은 사라진 대우그룹 기획조정실에서 근무하던 1997년 당시, IMF 사태로 공들여 쌓아 올리던 '세계경영'이 무너져 내릴지 모른다는 위기감에 뜬눈으로 밤을 새웠던 일이 주마등처럼 지나쳐 간다. 그리고 20년 후, 나는 대한민국의 ICT 진흥과 정보보호를 맨 앞단에서 이끌어 나가는 한국인터넷진흥원의 원장으로서 어쩌면 대한민국이 공들여 쌓아 올린 'ICT 대국', '정보보호 강국'의 명성이 무너져 내릴지도 모른다는 데 자뷔(déja-vu)적 위기감에 사로잡혀 있다.

만약에 우리가 1997년 IMF 경제위기를 보다 시장적 관점에서, 국가적 이익의 관점에서, 국민적 고통의 관점에서 고민했더라면 그처럼 무조건적으로 '우리 스스로의 잘못 탓'이라 규정하고 수세적으로만 대응했을까? 그렇게 하기보다는 우리의 경쟁력을 좀더 지켜

내며, 보다 지혜롭고 공세적인 이익방어전략을 가져갈 수도 있지
않았을까 하는 아쉬움을 나는 지금까지도 떨쳐 내지 못한다.

　만약, 당시에 우리 기업을 '과욕과 방만으로 자초한 일'이라며 죄
(罪)와 벌(罰)로 다스리지 않고 '선진국 문턱에서 넘어야 하는 통과
의례'이자 '비열한 견제(牽制)'라며, 국민들의 삶과 국가의 이익을
지키기 위해 마지막까지 모두가 힘과 마음을 모았다면 어땠을까?
모두가 하나 되어 반만년을 괴롭혀 온 가난의 고통을 넘어섰던 우리
가, 다시 한 번 외부로부터 강요된 위기를 이겨 내며 새로운 결속의
자긍심과 경험을 국민적 DNA로 체화시켰다면 우리 사회에 격차와
좌절, 투기와 이기, 무능과 무소신, 무책임과 무관심, 부정과 비난
이 지금처럼 우려스러운 모습으로 굳어 버리진 않았을 텐데 ….

　우리는 IMF 경제위기를 우리 경제의 비틀리고 치우친 불균형 구

조를 바로잡는 절호의 기회로 삼아 오래 지속되는 안정되고 공정한 국가와 국민의 성장체계를 강구했어야만 했다. 안타깝게도 우리가 그렇게 하지 못했기에 20년이 흐른 오늘, 저성장과 청년실업, 산업 경쟁력 상실, 기업가정신 실종과 같은 고통과 좌절의 위기를 다시 마주하고 있는 것이다.

하지만 엄밀하게 따져 보면 이번 위기는 1997년처럼 '외부로부터의 위기'가 아니다. 자칫 '4차 산업혁명'이라는 국가 재도약의 기회를 날려 버릴 수 있는 '내부로부터의 위기'여서 더욱 심각하다. 놓치면 정말 가슴을 치며 통탄할 상황이 벌어지는 것은 불문가지(不問可知)이겠으나, 문제는 4차 산업혁명의 핵심인 협력과 상생을 이끌어 나가는 일사불란한 리더십이나 체계, 법과 제도, 역할과 책임 등이 적절히 뒷받침되지 않고 있다는 것이다.

결론적으로 1997년의 위기는 우리에게 닥친 위기를 여하히 극복할 것인가의 문제였다면, 2017년 대한민국이 마주한 위기는 절호의 기회를 여하히 우리의 것으로 만들어 갈 것인가의 문제이다. 문제의 원인은 상당히 달라 보이지만 '국가와 국민의 이익만을 위해 보다 전략적이어야 한다'는 해결 원칙이 달라서는 안 된다. '전략의 합당성을 살피지 않고 기술적 대응의 성과만을 늘어놓는 것은 무의미하다'는 값비싼 교훈을 우리는 한 세월이 지나서야 확인할 수 있었다.

대한민국의 시장을 지구 전체로 넓히는 원대한 구상에 매료되어 '세계경영'이라는 전략 브랜드(*brand*)를 고안했던 나로서는, 글로벌시장 확보전략의 완성이 'IMF 외환위기'라는 외생변수에 의해 좌초된 아쉬움과 충격은 실로 컸다(대다수 국민들도 당시 선진국 문턱에서 좌절된 대한민국의 꿈에 짙은 아쉬움을 함께 느꼈을 것 같지만…).

　20년의 시간이 흐른 지금, 대한민국이 누구보다 앞서 준비하고 도전해 온 세계 최고 수준의 ICT 인프라와 역량을 기반으로 펼쳐지는 4차 산업혁명시대를 내부의 변화 거부와 혁신 소홀로 그냥 흘려보내는 것을 또다시 보게 된다면 실로 견디기 어려울 것 같다.

　때문에 우리 사회에서 여전히 바뀌지 못한 여러 문제들을 아프게 지적하고 잘못된 행태와 인식에 대해서도 뾰족하게 언급하지 않을 수 없다. 그러다 보니 본의 아니게 잘하고 있는 분들이나 제대로 된 정책에 대해서도 듣기 거북한 소리를 쏟아 냈을지도 모르겠다.

　누구를 탓하고자 시비(是非)를 가리는 것이 아니라, 시비가 있는 것들을 이제라도 바르게 풀어 가자는 충심(忠心)에서 이 글을 쓰게 되었다는 점을 이 자리를 빌려 분명하게 말씀드리고 양해를 구하고자 한다.

　본의 아니게 상처와 심려를 드린 분들께는 넓은 이해와 아량을 구하며, 이런 과정을 통해 덜 보이던 진심들이 우리 사회의 이정표로 좀더 드러나고 비춰지기를 기대해 본다.

감사의 글

—

쉽지 않은 원장을 만나
시대변화의 해법을 짜내느라 고생한 임직원들과
시작부터 한결같이 힘이 되어 준 신한철 군,
안목과 영감으로 책의 격을 만들어 준 안예나 양에게
각별한 고마움을 전한다.

아무런 상의 없이
또 한 번 세상을 향해 종주먹을 들이대는
철딱서니 없는 남편을 지켜보며
흔들리는 삶을 묵묵히 붙잡아 주는 아내와
격려와 자랑으로만 지지해 주는 아이들에게도
미안함과 고마움을 말하고 싶다.